U0877771

开放与创新
粤港澳大湾区建设国际金融枢纽研究

Opening and Innovation
Research on the Construction of International Financial Hub in Guangdong-Hong Kong-Macao Greater Bay Area

刘佳宁 等 / 著

社会科学文献出版社
SOCIAL SCIENCES ACADEMIC PRESS (CHINA)

目　录

绪　论

世界发展史表明，经济的崛起必然伴随金融的崛起，而金融枢纽建设则是金融崛起的一个重要标志。国际金融枢纽作为一个崭新的概念，在内涵和外延方面尚未形成统一的界定，是国际金融中心的升华。从经济地理理论的角度来看，金融枢纽是一个资源聚流型的网络化中心，国际金融枢纽则是金融市场与资源交互的中心节点。当某地区存在多个相互联系的不同金融等级结构形成的空间网络体系，包括单极的国际金融中心和多维的金融腹地（相关的金融支点及金融增长极）时，这种拥有独特且强大的空间结构、等级、功能和规模的空间网络系统，就是国际金融枢纽。随着全球金融系统在全球经济中协调、存储和交流各种信息流、资金流和物质流方面的能力和作用日益凸显，国际金融枢纽作为经济、金融发展的制高点和资源定价、配置中心，必将成为全球经济和金融竞争的焦点。

透视全球经济发展格局，世界级湾区必然是产业集聚和创新发展的高地，也必须有国际化的金融体系做支撑。粤港澳大湾区作为中国最大的湾区，是中国开放程度最高、经济活力最强的区域之一。党和国家十分重视粤港澳大湾区的发展，从2017年3月粤港澳大湾区首次写入《政府工作报告》，到习近平总书记宣布将粤港澳大湾区打造成为国际一流湾区和世界级城市群，再到《粤港澳大湾区发展规划纲要》（简称《规划纲要》）发布，标志着粤港澳大湾区发展正式上升为国家战略，粤港澳大湾区经济实力、区域竞争力显著增强，已具备建成国际一流湾区和世界级城市群的基础条件，成为新时代推动形成全面开放新格局、推动“一国两制”事业发展的创新实践。《规划纲要》清晰定位，粤港澳大湾区要逐步成长为具有全球影响力的国际科创中心和国际金融枢纽，推动中国金融业形成相互联系、相互促进、相互补充的“一中心”“一枢纽”格局。这一定位有着“天然”的“必然性、特殊性和使命性”。“必然性”体现在开放性、创新性、国际化是世界级湾区最重要的特征，世界级湾区具有完善的经济结构、较强的金融资源配置能力、强大的集聚外溢功能和发达的国际交往网络。粤港澳大湾区的金融市场既包括重要的国内金融重镇，也涵盖开放性的国际金融市场，是国际和国内资金市场化配置的枢纽，人民币国际化战略实施的重要载体，金融创新与科技创新联动发展的典范，具有全球影响力的金融总部、金融平台集聚地，有条件、有能力建设成为国际金融枢纽。“特殊性”体现在中国已向全世界宣布“要进一步加大金融开放”，金融开放相对有其自身的独特性，既要求内外发展的平衡性，更需要稳健推进。这就需要有一个战略窗口，既能把国际与国内市场连接起来，又能有效防范金融风险。通过打造粤港澳大湾区国际金融枢纽，可以为实验推广国家开放政策提供战略缓冲窗口，放则可以快速取得成效，收则可以有效减小政策影响。“使命性”体现在“丰富‘一国两制’实践内涵、保持港澳长期繁荣稳定”的国家战略部署中，粤港澳大湾区通过打造国际金融枢纽，整合湾区经济地理空间；通过金融资源的集聚与扩散，建立共识通道，确立互信机制，提供平等机会，保持香港、澳门长期繁荣与稳定。这是历史赋予粤港澳大湾区的重要责任与国家使命。为此，本书在开展研究之前，以打造粤港澳大湾区国际金融枢纽的必然性、特殊性、使命性为切入点，对其历史逻辑、实践逻辑进行梳理分析，以便对研究有更深刻的理解和思考。

一　粤港澳大湾区建设国际金融枢纽的历史逻辑

枢纽经济是一种能够嵌入全球创新体系的创新型经济，交通枢纽、金融枢纽、信息枢纽等是其重要载体，它以优化发展要素时空配置为目标，以集聚和辐射为手段，通过重塑产业空间分工体系来全面提升城市的能级，是一种综合性的新经济发展模式（吴海瑾，2018）。国际金融枢纽包含国际金融中心，两者在发展上又互相促进。国际金融枢纽要有金融中心建设的基础，枢纽内的金融中心可以充分利用自身优势发展成为不同类型的金融中心，比如绿色金融中心、科技金融中心和海洋金融中心等，使得整个枢纽一体多面，具有发展的多样性和无穷的潜力。建设国际金融枢纽实际上是一场国际竞赛，抢先建设国际金融枢纽的国家就抢占了先机，更易于形成优势相对突出的金融中心。

粤港澳三地属于同一个社会地理单元，文化同源、人缘相亲、民俗相近、优势互补，具有一个国家、两种制度、三个关税区的复合型特征。三地金融合作与发展可划分为初始探索阶段、政策驱动型合作阶段和“竞合协同”发展阶段。第一阶段是从改革开放到港澳回归时期，粤港澳金融合作与发展（主要是粤港合作）始于贸易合作的兴起，由此开启了粤港澳区域合作进程。这一时期香港发挥国际金融中心的辐射带动作用，为广东改革开放的先行先试和“经济起飞”提供融资服务。第二阶段是从 CEPA 协议签署到粤港澳大湾区成立前的政策驱动型合作阶段。香港、澳门相继回归后，在“一国两制”基本方针指导下粤港澳金融合作进入新的发展时期。为促进港澳经济的稳定与繁荣，中央政府于 2003 年 6 月与香港特别行政区政府签署《内地与香港关于建立更紧密经贸关系的安排》（Closer Economic Partnership Arrangement，CEPA）；2003 年 10 月与澳门特别行政区政府签署《内地与澳门关于建立更紧密经贸关系的安排》。两份 CEPA 协议的签署，标志着粤港澳经济和金融合作由原来的“自发合作”进入“制度驱动”阶段，粤港澳三地以连接国内与国际两个市场为特色，形成了以香港、深圳、广州、澳门等城市为核心的金融网络体系。但粤港澳三地在金融深度合作、开放创新方面仍存在一定制约，亟须通过制度建设、融合协同来提升发展能级，促进金融要素在风险可控的前提下自由流动、优化配置。第三阶段为粤港澳大湾区成立以来的“竞合协同”发展阶段。为了更好地提升金融协同与融合发展层级，在中国“一带一路”倡议和“双区”建设等国家开放举措的带动下，2017 年 7 月 1 日，《深化粤港澳合作　推进大湾区建设框架协议》正式签署，标志着珠三角地区与香港、澳门地区将作为一个整体进行统筹谋划，“粤港澳大湾区发展”正式上升为国家战略。2019 年，《粤港澳大湾区发展规划纲要》和《中共中央　国务院关于支持深圳建设中国特色社会主义先行示范区的意见》相继出台，构成“双区”战略指引，打造国际金融枢纽的目标构想为粤港澳金融协同发展进一步带来了新的历史性机遇。2020 年，在《关于金融支持粤港澳大湾区建设的意见》指导下，以《横琴粤澳深度合作区建设总体方案》和《全面深化前海深港现代服务业合作区改革开放方案》为代表的粤澳、粤港合作平台成为国家战略平台。在一系列政策加持下，粤港澳三地金融合作与发展格局不断深化，竞合有序、协同发展层级进一步提升，为粤港澳大湾区建设国际金融枢纽提供了重要的战略指引。

二　粤港澳大湾区建设国际金融枢纽的实践逻辑

粤港澳大湾区既有国家经济增长极的经济功能，又有在“一国两制”框架下实现港澳长期繁荣与稳定的政治功能，还有为“一带一路”建设提供支撑的国际功能。粤港澳大湾区建设国际金融枢纽有三个有利条件：其一，大湾区的整体经济发展水平、产业结构、金融实力，特别是金融的市场化程度，在国内处于领先位置，有利于参与国际金融的合作与竞争；其二，大湾区具有改革开放基因，在实践中积累了开放经验、培育了开放文化、形成了开放精神；其三，粤港澳大湾区拥有广州、深圳和香港三个金融重镇，以及港交所和深交所两大证券交易所。2020 年，粤港澳大湾区金融业增加值占 GDP 比重达 12%，显著高出 8% 的全国平均水平；香港、深圳和广州分别在全球金融中心排行榜的第 3 位、第 16 位和第 32 位，在全球金融科技中心排行榜中分别排在第 8 位、第 7 位和第 13 位，展示了粤港澳大湾区在国际湾区的金融影响力。

在新发展格局下，金融业贯通产业链全流程、连接国内与国际两个市场，粤港澳大湾区国际金融枢纽也被赋予了新的使命，将更加注重发挥在资源配置和资金交互中的中枢调节作用，更加关注整体谋划和战略先导，更加侧重金融要素联动、协同发展，最终通过枢纽的建设，提升金融发展竞争力和国际话语权。就实践而言，要重视发挥以下四大功能。一是发挥枢纽的要素联通功能，突破顶层设计的障碍，持续推动规则对接。对于粤港澳大湾区而言，要以完善三地金融合作机制、加强金融规则和标准对接为抓手，通过产品互认、平台共享、政策互通、服务互利，构建多层次、广覆盖、深融合的跨境金融联通体系，推动不同框架下的金融市场、金融规则以及金融人才、信息技术等生产要素互联互通。二是发挥枢纽的发展集聚功能，培育重大金融发展平台，提升优质资源吸附能力。加快集聚一批重要金融机构，培育一批金融高端集聚功能区，打造一批重大金融发展平台，通过载体搭建实现金融资源的吸附、积聚与整合重塑，打造具有重要影响力的风险管理中心、资产管理中心、财富管理中心和金融资源配置中心。三是发挥枢纽的辐射带动功能，积极参与全球金融格局重塑，着力提升金融服务实体经济的水平。加大对基础设施领域、战略性产业集群的金融资源投放力度，研究推动一批有首创性、引领性和显示度的重要金融举措落地。通过金融枢纽的辐射带动引领，更加主动地参与全球金融竞争和治理格局的重塑优化，形成湾区“内循环”与全球“外循环”的新型良性互动模式。四是发挥枢纽的协同发展功能，优化区域金融资源配置，形成协调有序、错位发展的金融空间布局。注重内部协同，发挥香港、澳门、深圳、广州四大核心城市的引领带动作用，实现金融资源在湾区的便利流动和高效配置。深化外部协同，使粤港澳大湾区国际金融枢纽与世界湾区、国际金融中心对标联动、错位发展，提升国际影响力、竞争力和话语权。

展望未来，世界与中国的变化可能比过去更快、更大，粤港澳大湾区也将在打造中国经济升级版、实现中华民族伟大复兴中国梦中承担更大的责任和使命，粤港澳大湾区金融业发展应胸怀大局、把握大势，因势而谋、因势而动、顺势而为，谋划面向粤港澳大湾区未来金融枢纽建设的发展战略。习近平总书记赋予广东在全面建设社会主义现代化国家新征程中走在全国前列、创造新的辉煌的使命任务，要求广东在构建新发展格局这个主战场中选准自己的定位。同时，“十四五”时期也是广东省全力建设粤港澳大湾区、深圳社会主义先行示范区的关键时期，粤港澳大湾区应以国际一流金融中心为标杆，对标其他湾区的先进经验和综合优势，把金融工作放在践行国家战略、提升国际影响力中去谋划思考。本书抓住国际金融枢纽集聚性、辐射性与协同性的基本要求，以开放与创新为主线，对粤港澳大湾区建设国际金融枢纽的理论逻辑、功能定位以及基本特征等进行深入梳理和分析，充分借鉴国际经验，系统总结和研究建设粤港澳大湾区国际金融枢纽的发展基础与外部环境，提出建设国际金融枢纽的战略构想，明确建设国际金融枢纽的突破路径，细化重点领域的建设要求、重要内容，为粤港澳大湾区建设国际金融枢纽提供决策参考，以期助力现代金融服务体系建设、推动金融高质量发展，提升粤港澳大湾区金融业的国际竞争优势。

第一章
建设国际金融枢纽的理论基础

作为重大国家战略，粤港澳大湾区肩负中国金融发展高地和对外开放窗口的双重使命，《粤港澳大湾区发展规划纲要》（简称《规划纲要》）提出建设国际金融枢纽这一全新目标。广东省金融改革发展“十四五”规划提出“携手港澳共建粤港澳大湾区国际金融枢纽”。本章从金融中心和金融枢纽相关理论出发，剖析国际金融枢纽功能和内涵，并展望国际、国内金融中心发展趋势。

第一节　金融集聚、极化与枢纽

资源禀赋的差异使金融资源在地域上呈现非均质或不连续分布，从而催发最初的金融跨区域运动。各地区位的优劣以及经济结构主导金融资源的开发、传输、配置，因而决定金融集聚的强度和方向（张凤超，2003）。本节按照金融发展水平、开放程度以及金融集聚强度依次论述金融集聚发展理论、国际金融中心理论与国际金融枢纽理论，为国际金融枢纽的提出和完善奠定理论基础，厘清国际金融枢纽的成长脉络，为后续国际金融枢纽功能和内涵辨析以及国际、国内金融中心发展趋势展望提供理论支撑。

金融地域运动中，不同城市逐渐演进为金融支点、金融增长极、金融中心等，分别处于不同的金融级别，发挥各自的金融功能。立足于地理优势、内部需求、科技创新和政策支持而进一步发展的金融中心，逐渐具备跨境金融服务能力，从而升级为国际金融中心。当某地区存在多个相互联系的不同金融等级结构形成的空间网络体系，包括单极的国际金融中心和多维的金融腹地（相关的金融支点及金融增长极）时，这种拥有独特且强大的空间结构、等级、功能和规模的空间网络系统就是国际金融枢纽。各金融级别之间的联系与区别见表1－1。这种差异化的金融等级既是金融地域运动的结果又是空间载体。

表1－1 金融中心、国际金融中心与国际金融枢纽的联系与区别

比较对象	联系	区别
金融中心与国际金融中心	金融中心是国际金融中心的前身，国际金融中心具备金融中心的所有功能和内涵，国际金融中心是金融中心更成熟的形态	国际金融中心比金融中心多具备跨境金融服务功能；金融集聚和金融辐射强度高于金融中心
国际金融中心与国际金融枢纽	国际金融中心具备的功能，国际金融枢纽均具备。国际金融中心是国际金融枢纽的组成部分	国际金融中心是单核放射状，国际金融枢纽是多核放射网络状；国际金融中心的金融要素流动较为单一，即金融要素向国际金融中心集聚，以流入为主，辐射有限，而国际金融枢纽中的金融要素流向多元，呈现网络状

资料来源：笔者根据公开资料整理。

一　金融集聚发展理论

微观上金融集聚效应来源于规模经济、信息溢出、市场流动性等（Gehrig，1998），宏观上国际金融中心的形成条件包括经济发展、金融发展、对外经贸联系、金融管制、金融人才、金融运行与监管效率（Choi et al.，1986，1996，2002；Poon，2003；苏立峰、雷强，2009）。综合微观与宏观机制，这里从区位选择、规模经济、信息流动、金融科技四个方面，探讨金融集聚问题。

（一）区位选择与金融集聚

区位选择理论历史悠久，代表性人物有Kindleberger（1974）和Davis

(1990)。Kindleberger（1974）基于区位优势展开分析，如时区优势、地理优势以及市场优势等。不同市场因时差导致工作日的衔接不畅，时区优势使得早期的纽约、北美西海岸金融市场、多伦多、蒙特利尔以及欧洲在相互竞争中迅速成长、彼此抗衡。气候、地形、水文、交通等方面的优势为地理优势，例如巴黎、伦敦、罗马、科伦、法兰克福以及蒙特利尔皆位于大河沿岸，能够降低运输成本。市场优势是指人口和资金优势，例如人口密集意味着人力资本的提升，更能吸引金融机构进驻。区位优势有利于提高金融企业的业务效率，降低经营成本，提高竞争优势。国际知名湾区一般坐拥世界级金融中心城市，金融与产业相互促进、耦合发展，形成良性循环，湾区产业集群为金融业的发展提供了土壤，发达的金融业反过来支撑产业集群发展（何诚颖、张立超，2017；郑晴，2020）。

Davis（1990）提出沉没成本、供给与需求、不可分性影响金融企业的区位选择。沉没成本是指工厂或企业因为迁移所造成的成本损失以及因新建网点所要支付的有关支出。供给因素包括经营场所、经营特许权、资金状况、专业人才、社会环境等；需求因素为市场与客户的可得性，通信技术发展实现了金融机构与客户的空间分离。不可分性是指金融企业进行产品业务多样化能创造范围经济。三方面相互影响、限制，综合决定了金融企业的区位选择。

总部经济理论也可用于金融领域，这构成了国际金融中心或国际金融枢纽建设的重要理论基础。赵弘（2004）认为总部经济是通过人为创造有利条件，吸引跨国公司和外国大型企业总部入驻，通过极化与扩散进一步形成合理的价值链分工。

（二）规模经济与金融集聚

规模经济理论强调要素集聚对金融中心形成所起到的重要作用。Park（1989）认为规模经济充分显现的城市可能成为金融中心。规模经济有内外部之分。

内部规模经济是指，金融机构随规模扩大，能共享内部信息、降低管理成本、优化要素配置与提高生产效率，消除金融市场的不完全性（黄解宇、杨再斌，2006；潘英丽，2006；王力，2008；陈铭仁，2010）。金融机构的内部规模经济产生于经营成本节省、专业分工协作的经济性、技术开发与装备的规模效应、风险防范能力提升等。

外部规模经济是指，金融机构在地理空间内集聚，通过金融机构之间的联系与协作共享基础设施、接近消费者、减少流通环节、加强信息沟通、降低交易成本等（Park and Essayyad，1989）。一方面直接作用于金融产业本身，即金融机构的协作，例如银团贷款与联合票据结算中心；共享基础设施；形成多样化的劳动力市场，便于各产业部门的人才交流；金融辅助型产业得以发展，反过来为金融发展提供高质量的服务。另一方面体现在通过促进其他产业的发展反作用于金融集聚，比如提供融资和投资便利、提高市场流动性、降低融资成本和投资风险。Kindleberger（1973）认为外部规模经济具有自我加强的特征，众多金融机构集聚在一个区域，将会增加这一区域对其他金融参与者的吸引力，集聚到一定程度就会形成金融中心，产生更强的集聚效应，提高跨地区支付效率和金融资源配置效率，并使先形成的金融中心在竞争中拥有先发优势（李兵兵，2012）。

规模经济也可分为金融产品规模经济、分支机构规模经济和金融企业规模经济三个层次。第一个层次为金融产品创新、金融产品生产的分工和专业化；第二个层次为扩大经营规模，在不同的金融中心设立分行进行全球服务成本分散；第三个层次为金融企业兼并、收购、增资扩股、上市等（黄解宇，2011）。

（三）信息流动与金融集聚

信息理论基于金融产品的信息特征解释金融中心的形成，代表性人物有 O'Brien（1992）、Clark and Connor（2011）、Porteous（1995）等。

O'Brien（1992）提出“地理终结论”，即地区的经济信息特殊性会随信息技术的发展而逐渐消失，地理因素对金融活动的影响微乎其微，国际金融活动将塌陷于某点，或者分解为随机分布的无数“小碎片”。

Clark and Connor（2011）持不同观点，认为金融产品生产已包含特殊的地方信息，地理影响会因信息特征的差异而不同。证券信息透明度差异会导致金融中心的等级结构与金融活动空间分布始终存在差异，从而影响金融业的空间结构。Clark and Connor（2011）根据信息特征把金融产品划分为透明、半透明与不透明共三种类型，可集聚程度随着透明度的下降而降低。信息透明的金融产品易于标准化、批量化生产，具有同质性、价格波动小、风险收益低的特点，更容易降低交易成本，交易量巨大，如黄金、股票及各类金融衍生产品；信息半透明的金融产品能够体现行业和规模特征，如平衡股权产品；信息不透明的金融产品通常基于长期关系设计，以私人信息为基础，投资者无法从外部获取相关信息，如财产信托。金融产品信息周期随时间变化，可能由不透明的金融产品变成透明的金融产品。

Porteous（1995）提出"信息腹地"理论，基于辅助性服务配套便利、劳动力市场效应、技术外溢、国际依附性、信息外在性、信息不对称以及路径依赖等解释金融机构集聚或扩散效应。信息腹地是金融集聚于特定区位的重要原因。信息腹地的信息流主要取决于交通运输网状况，内部与外部贸易的模式以及历史、制度和政体更替因素。他另外强调了社会制度与文化、信息外溢、金融制度与监管三种力量的作用。社会制度与文化为金融信息传播提供了渠道，习俗和规则是金融集聚的基础条件，同时金融集聚反过来强化习俗和规则。处于集聚地的金融机构处理信息的效率大大提高，信息总量增加，盈利能力和信息质量提高，信息获取的及时性也增强了。

（四）金融科技与金融集聚

金融科技是指信息技术与金融的有机结合，应用科技来改变金融活动，包括新兴金融产品、金融服务和金融模式，在创新的同时破坏了原有金融体系的秩序（Arner et al.，2015；Schueffel，2016；Gomber et al.，2017）。金融科技是影响金融集聚的一股新兴力量。金融科技对金融集聚影响的方向较为复杂，大致可分为促进效应与抑制效应。

金融科技的本质是金融创新活动，其促进效应体现在通过多样化的金融产品吸引货币资金流入；通过提升行业规模效应降低交易成本；通过增强金融独立性强化金融中心的地位；通过刺激区域经济发展带动金融发展。

金融科技通过把软信息变成硬信息提高金融市场信息透明度，有效降低信息不对称造成的逆向选择风险，减弱金融交易的地理特性，从而推动提升市场集聚程度。例如，大数据增加了信用风险评估的信息供应量，可有效降低借款方的贷款准入壁垒，大型信贷机构将会具备优势。金融科技不仅可以提高区域货币供给能力，也可以降低筹资成本和风险，促进金融极化（李兵兵，2012）。

金融科技的抑制效应体现在金融领域的去中心化和多样化趋势。例如，区块链作为底层技术的数字货币，是去中心化的，很可能改变金融交易的传统方式，影响传统金融中心的金融集聚（李刚、高洪民，2020）。数字货币支付使得交易双方实现点对点支付，部分替代了传统金融中心的功能，金融中心的地位受到威胁。

二　国际金融中心理论

国际金融中心是在金融中心的基础上增加跨境金融服务功能形成的，其更高强度的金融集聚和金融辐射以及配置国际金融资源的能力使得国际金融中心问题颇受学界关注。

（一）国际金融中心的定义

国际金融中心是国际金融中介和金融市场聚集之地，是一国金融体系的核心，也是国际金融市场的重要组成部分。从历史上来看，国际金融中心大多位于地理位置优越的交通枢纽，经济贸易发达，基础设施完善，是在同时代具有一定的国际影响力的城市。

Kindleberger（1974）首次对国际金融中心提出明确的定义，根据国际金融中心的功能将其定义为："为资金需求者以及储蓄用户提供跨时段的资金中介服务与跨地区的金融中介服务。"随后金融中心的定义为：银行或其他金融中介的分支及附属机构集中的一定区域。国际金融中心是产生国际金融流量的中介，匹配资金的供给与需求（Roberts and Amit，2003）。

一些文献强调国际金融中心是资金的集散地（曾康霖等，1995；唐旭，1996；王力、黄育华，2004a），也有一些文献强调国际金融中心是金融市场聚集地（杨咸月、何光辉，2005）或金融机构聚集地（倪鹏飞、孙承平，2005；黄解宇、杨再斌，2006），还有一些文献强调国际金融中心是国际金融交易的集中地（洪葭管，2008）。

（二）国际金融中心的分类

根据成长模式，国际金融中心可大致分为自然形成型和政府主导型（孙国茂、范跃进，2013）。纽约等世界五大国际金融中心的形成历史与条件、模式比较见表 1－2。自然形成型是指国际金融中心由强大的经济实力推动而形成，即当经济发展到一定水平时，自然产生了对国际金融中心的需求，国际金融中心应运而生（周光友、罗素梅，2011）。自然形成型的国际金融中心遵循经济发展—金融体系发展—地区金融中心—全国金融中心—国际金融中心的渐进式发展过程。

表 1－2　主要国际金融中心的形成历史与条件、模式比较

国际金融中心	形成历史与条件	形成模式
伦敦	工业革命；19 世纪英镑的国际货币地位；英国世界强国和海上霸主；金融大爆炸	自然形成型
纽约	发达的贸易；优越的海港条件；经济实力雄厚；美元的国际货币地位；创新能力	自然形成型
东京	地理、时区优势；制造业的腾飞；日元国际化水平的提高；跨国投资的兴盛；成熟的金融市场；金融自由化政策	政府主导型
新加坡	良好的金融业基础；政府的鼎力支持；优越的地理位置；亚洲美元市场的创立	政府主导型
香港	成熟的转口贸易和加工工业；政府放松管制，提供优惠政策；较高的金融自由化与国际化水平	自然形成型

资料来源：笔者根据公开资料整理。

伦敦是自然形成型国际金融中心的典型。17 世纪末伦敦成为国际贸易中心，贸易发展引发结算融资需求进而促进货币市场兴起。英法战争结束后，伦敦通过国际汇票发展成为世界贸易融资中心。18 世纪末，伦敦开始逐渐成为国际金融中心。19 世纪，伦敦银行体系与金融市场逐步完善，国际金融业务渐渐占据主要地位，一战前夕成为当之无愧的国际金融中心（向君，2004；胡方荣、张恒安，2005；张志刚、黄解宇，2008；李嘉晓，2007；陶硕，2005）。

政府主导型是指政府利用地理位置、经济环境等优势，人为设计战略政策，短期快速形成功能性国际金融中心，例如新加坡（张云等，2007）。新加坡独立时不具备成为国际金融中心的条件，政府充分利用经济、地理、时区优势，大力引进并扶持国际金融业务，同时创造低税收、营业便利等有利条件吸引和鼓励外资银行进驻新加坡，逐步形成亚元市场和亚元债券市场。国际金融驱动国内金融发展，新加坡的资本市场、外汇市场和保险市场悉数进入发展快车道，20 世纪 80 年代新加坡成为亚洲的主要国际金融中心（倪权生，2009；王传辉，2000）。

（三）国际金融中心的功能

区别于普通金融中心，国际金融中心的金融集聚和金融辐射处于更高水平，具有跨境金融服务功能。早期国际金融中心理论表明国际金融中心决定了国际投资区域、规模和格局，对于国际投资活动至关重要，一个强大的国际金融中心有助于一个国家和地区形成霸权效应（Reed，1989）。

Kindleberger（1974）认为国际金融中心应具备储藏功能、交易功能和中介功能。国内学者认为国际金融中心应当包括但不限于以下功能：交易功能、金融信息形成及传递功能、投融资功能、资产重组功能、风险防范功能、创新功能和综合服务功能（曾康霖，2003；黄解宇、杨再斌，2006）。而国际金融中心执行两个基本的功能：金融中介功能和年期转移功能（即平衡地区间资金供求关系以及利用短期负债支持较长期的资产）（潘英丽，2006）。国际金融中心的主要功能体现在金融资源的聚集和辐射、优化资源配置、价格发现、金融信息集散、风险管理、金融创新引领六个方面（杨咸月、何光辉，2005；余秀荣，2009a）。国际金融中心的最终功能是国际融资和贷款（胡坚，1996）。

（四）国际金融中心的量化标准与指标体系

20 世纪 80 年代后，伴随定量研究热潮，大量文献使用定量方法分析世界国际金融中心的层级结构与产生原因。Reed（1980，1981）采用层级研究法对国际金融中心分级并运用阶梯式的综合判别法对其进行检验，调查国际金融中心形成的原因，引入了国际金融中心网络的概念以强调国际金融中心之间的关系。Choi et al.（1986，2002）运用 OLS 和非线性加权最小方差等方法，采用银行办事处数量这个指标对国际金融中心排名。Hepworth（1991）通过金融机构的总部数量、资产资本量与交易量等指标对金融中心排序，同时观察金融中心的发展和萎缩。

国内学者在国际金融中心方面也著述丰富。饶余庆（1993）运用 24 个经济、金融环境指标，对世界各国际金融中心城市进行了排序，并对国际金融中心进行界定。胡坚和杨素兰（2003）构建了国际金融中心的评估指标体系，并实证检验了该指标体系对国际金融中心评估的显著性。知名的全球金融中心指数（Global Financial Centers Index，GFCI）通过"因素评价模型"建立"全球金融中心竞争力预期模型"，通过关联分析和敏感分析得出全球金融中心的排名。

三　国际金融枢纽理论

《规划纲要》提出建设国际金融枢纽这一全新目标，作为响应，《广东省金融改革发展"十四五"规划》提出"携手港澳共建粤港澳大湾区国际金融枢纽"。本小节基于文件背景和国际金融中心与金融集聚的相关理论，从定义、空间结构和与国际金融中心的关系三大方面提出国际金融枢纽相关理论，为国际金融枢纽建设略做理论思考。

（一）国际金融枢纽的定义

枢纽经济是一种能够嵌入全球创新体系的创新型经济，交通枢纽、金融枢纽、信息枢纽等是其重要载体，它以优化发展要素时空配置为目标，以集聚和辐射为手段，通过重塑产业空间分工体系来全面提升城市的能级，是一种综合性的新经济发展模式（吴海瑾，2018）。枢纽的提法广泛见诸相关领域，[①] 在金

① 成都提出建设"一带一路"创新枢纽，杭州提出建立长三角人才枢纽，上海提出建设以交汇核心区、中转站、辐射中心三种形态混合的全球科技人才枢纽（吴贵明等，2016）。

融领域的提法是伊斯兰金融枢纽，它与粤港澳大湾区国际金融枢纽存在明显差异。白鹤祥（2019）提出粤港澳大湾区国际金融枢纽的具体内涵，即内地与港澳金融深度合作的示范区，金融“引进来”和“走出去”的重要门户，国际和国内资金市场化配置的枢纽，人民币国际化战略实施的重要载体，金融创新与科技创新联动发展的典范，具有全球影响力的金融总部、金融平台集聚地。

国际金融枢纽是一个新的概念、新的论述，是国际金融中心的升华，它与粤港澳大湾区建设的目标和规划相匹配。解读国际金融枢纽的内涵，“国际”与“枢纽”是出发点与落脚点。“国际”是指国际金融枢纽要国际化，各项金融相关要素在枢纽内形成爆炸性的集聚与辐射，金融开放水平空前提高、金融资源配置能力国际领先。“枢纽”是指国际金融枢纽要网络化，以枢纽内的国际金融中心为点，点、线、面结合形成高效流通、立体互补的庞大金融网络。拥有国际金融中心是建成国际金融枢纽的前提和基础，根据金融集聚和辐射强度，国际金融中心呈现单核放射状，国际金融枢纽则呈现多核放射网络状，每个核心都是一个国际金融中心（见图 1－1）。

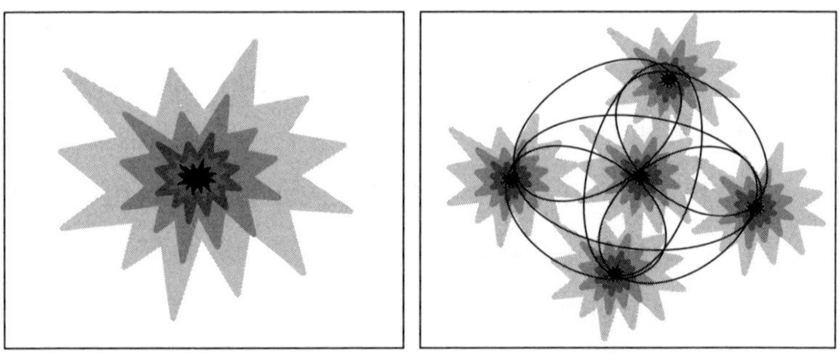
国际金融中心　　国际金融枢纽

图 1－1　国际金融中心与国际金融枢纽示意

（二）国际金融枢纽的空间结构

根据新经济地理理论的“核心－外围”理论，核心区具备更高的创新和增长潜力，外围区与核心区相互依存，但整体发展方向仍然主要取决于核心区。根据“核心－外围”模型，国际金融枢纽的空间结构包括金融核心、金融腹地与金融网络体系。

金融核心指的是金融等级城市结构中的金融中心，是国际金融枢纽形成和发展的动力源。金融产业到达高级阶段时跃升为主导产业，此时金融机构规模和金融业务量趋于庞大，金融操作几乎规范透明，金融市场日趋成熟；其他指标也逐渐符合等级要求，如国际性、经常项目盈余、经济基础强大、集中使用国际电信设施、全球特许银行总部及分支数量确定。在扩散与辐射效应作用下，金融核心源源不断地把金融资源传输至腹地，整体提升国际金融枢纽的金融效率。

金融腹地是国际金融枢纽的基本雏形，由多个相互联系的金融增长极和金融支点构成，金融腹地的中心对周边地区溢出促使周边地区发展，辐射区域承接外溢资源。金融腹地可以帮助解决金融集聚可能存在的不经济问题，是一个过渡空间（张凤超，2003）。金融腹地的发展状况既反映金融核心的影响力，也决定金融核心的发展潜力与上升空间。金融腹地有直接腹地和拓展腹地之分，主要差异在于地理距离的远近以及联系的亲疏。拓展腹地虽然与金融核心的距离较远，受辐射强度较小，但也因此可以承接多个金融核心的辐射，成为交叉辐射地区，享受重叠的扩散效应与外溢红利（张凤超，2003）。

金融网络体系则是金融地域运动的空间载体，将金融核心与金融腹地有机结合，包括但不限于在地域方面，整合统一金融机构、金融市场以及金融制度与法规，普及金融工具、进行货币资金选择和改变地域投向等，这些皆要通过电子信息网络、通信线路、交通运输线路进行资源的流转与配置，因此稠密、连贯、通畅、灵敏的金融网络体系是国际金融枢纽具备生命力的关键环节。

尽管国际金融枢纽空间结构的形成具有一致性，但是各个国际金融枢纽的空间结构却千差万别。金融核心的经济基础、区位条件、社会条件和金融产业成长状态，金融腹地的结构及金融产业成长状态、金融网络体系的组合状况与分布形式均变化万千（张凤超，2003）。

此外，国际金融枢纽始终处于开放状态，依靠金融资源的循环与交换，始终保持并加强与系统外部环境的联系。任何因素变化都可能导致地域范围和规模扩张或紧缩，结构类型复杂或简单，功能和等级提升或降低。

（三）国际金融枢纽与国际金融中心的关系

国际金融枢纽包含国际金融中心，两者在发展上又互相促进。

纵观世界，可以称为国际金融枢纽的屈指可数，国外三大湾区因其活跃发达的经济而上榜，它们基本符合国际金融枢纽的定义，湾区内拥有世界领先的国际金融中心，也拥有其他表现不俗的金融中心城市。这些国际金融中心皆定位精准和特色鲜明。纽约代表总部金融，拥有众多银行总部；伦敦代表跨国金融，主打跨国金融业务和金融资源的配置，外汇市场是其特色；旧金山代表科技金融，主打风险投资；东京代表产业金融，实体经济与金融机构互促发展（周权雄，2019）。

第二节　国际金融枢纽功能和内涵辨析

国际金融枢纽是金融要素自由流动、金融产品和金融服务交易平台完善、金融监管协调有效、金融发展水平高的国际金融要素的有机网络，是一个双向开放的金融生态循环系统。国际金融枢纽具有区别于普通金融中心和国际金融中心的特征和功能，这也是粤港澳大湾区建立国际金融枢纽的意义所在。本节从金融中心、国际金融中心和国际金融枢纽三个层次循序渐进地描述国际金融枢纽的形成机制，并进一步辨析不同层次具备的功能和内涵，为粤港澳大湾区国际金融枢纽的建设路径提供理论基础。

金融中心与金融枢纽的区别主要体现在：金融中心的金融要素流动较为单一，即金融要素向金融中心集聚，以流入为主，辐射范围有限；而金融枢纽的金融要素流向多元，呈现网络状，建设要点不仅仅在于引导金融集聚，更在于引导金融辐射。金融中心可分为国际、区域、国家金融中心（Vo and Daly，2005；蒋海玲，2017）。本书认为金融枢纽包括三个层次，即金融中心、国际金融中心和国际金融枢纽，从少到多渐次具备六个特征，即集聚性、辐射性、国际性、协同性、嵌入化和网络化（见图1－2）。特征对应层级，层级越高，功能越多且越强。

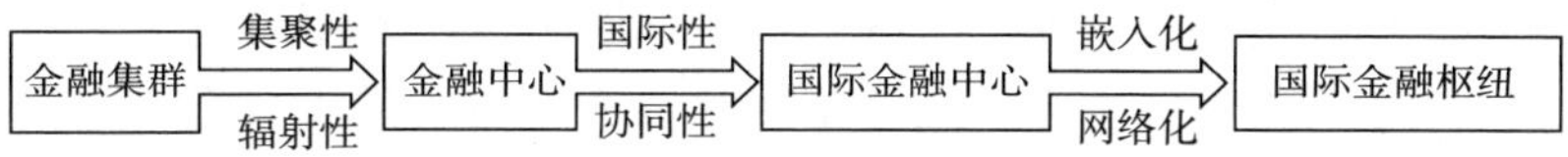

图 1－2　从金融中心到国际金融枢纽

一　集聚性与辐射性互动：金融中心

形成国际金融枢纽的第一个层次是形成金融中心，集聚性是形成金融中心的必备条件，辐射性是金融中心的必备属性。仅具备集聚性与辐射性，只能成为普通的金融中心。在由金融中心进化成国际金融中心，进而发展成国际金融枢纽的过程中，金融集聚与金融辐射持续存在并不断扩展提升。金融集聚加强表现为金融资源不断增加种类、提高质量和扩大规模。金融辐射加强表现为金融辐射源能量的扩张和辐射力的增强，辐射媒介稳定且呈现增加趋势，区域内及跨境流量日益增多，金融中心的具体金融功能不断升级变异（余秀荣，2011）。

（一）集聚性

金融集聚功能是指金融资源与地域条件进行协调、配置、组合的时空动态变化的能力，存在于金融枢纽的整个生命过程中。依托金融集聚功能，金融产品以及工具、金融机构等在空间上向特定区域集聚；金融制度和相关政策法规不断衔接融合（许传华等，2017）。国际金融枢纽应当具备的集聚性是指，能够拥有对全球金融要素的强烈吸引力并集聚在固定地域上，进一步产生创新效能和吸引力，形成不断壮大的集聚效应。

金融集聚降低了金融机构的交易成本。集群中的金融机构能够共享通信、网络等基础设施，降低物质信息传递和交流的成本；集群内相同的社会文化背景，便于形成共同的行为准则，深化彼此的信任合作，因此更易达成交易并促使双方充分履行合约，有效降低金融交易成本。金融集聚有利于金融机构协同营销。形成金融产业集群后，集中广告宣传，易于打造集群的“区位品牌”，降低营销成本，对金融机构具有很大的经济外部性

（孙国茂、范跃进，2013）。

金融集聚能够充分利用各种资源。集群内聚集了大量的资金、技术和金融专业人才，人力资本定价充分市场化，金融机构因为具有获取资源的便利性而可以快速成长；有限的地理空间内聚集了从事各种业务的金融机构和配套服务机构，更有利于分工协作。分工促进专业化发展，促进从事具体金融服务的机构发展壮大。

（二）辐射性

金融辐射功能指的是，金融枢纽充分利用金融资源，形成具有强大经济能量的辐射源，通过金融辐射媒介把这些经济能量输送到其他地区，并对某一区域或全球经济、金融产生渗透和引导的能力。金融辐射体现了金融枢纽与其他经济区域之间在经济、金融发展方面相互影响的关系，不同金融中心的辐射强度存在明显差异，同一个金融中心的辐射强度与空间距离负相关。

国际金融枢纽具备辐射性，可将杂乱无章的各种信息整理、翻译成高价值金融信息，转化为金融资产的定价依据，进而搭建国际资本流动平台，将“货币引力中心”转化为“货币控制中心”，主导金融领域的规则，成为国际资本的控制中心和分配中心，确立金融资产的定价权，成为全球金融资源的控制中心、国际财富的再分配中心、国际风险分配和再分配的中心。

金融枢纽的金融辐射功能与金融集聚功能是一个事物的两个方面，同时表现为金融资源在时空上的双向运动。金融集聚是金融辐射的前提和基础，金融资源大量集聚才能形成辐射源和辐射力，同时金融辐射反过来促进金融集聚（许传华等，2017）。

二　国际性与协同性提升：国际金融中心

在金融集聚与金融辐射的基础上，金融中心新增国际性与协同性两大特征后，会升级成为国际金融中心，这是形成国际金融枢纽的第二个层次。国际金融中心内部金融机构的大量聚集和巨大信息流量是进行金融创新的肥沃土壤。在过去 50 多年里，重大金融创新活动大都发生在主要国际金融中心（莫利纽克斯、沙姆洛克，2003）。

（一）国际性

国际性是指金融市场的国际性，能够承接容纳更多全球创新产品和业务，又包含法律的国际性，能够解决国际规则对接难题。放开资本管制和货币自由兑换是国际金融中心的必备要素，这是金融中心升级为国际金融中心的关键，因此不仅需要金融市场的自由开放，恰当的法律保障亦是至关重要。许多学者研究法律对国际金融中心形成的影响，总结出通常资本乐于流向法制宽松的地区的结论。但无论宽松与否，都会陷入“宽松（或缺少）法律和监管制度—金融中心繁荣—泡沫危机—严厉法律和监管制度”的周期律。要想促进国际金融中心的发展，法律应当与基础设施、政治、经济等的发展水平相适应，金融法律和监管规则应该按照金融的发展保持弹性、因势而变（周仲飞、弓宇峰，2016）。国际金融枢纽作为拥有多个国际金融中心的金融系统，国际性是必需的，且其超越国际金融中心，在国际社会上具有更强的话语权和掌控力，影响全球金融脉络。

（二）协同性

协同性是指国际金融枢纽作为全球金融要素汇聚的中心节点，包括各种类型、不同区域、不同制度和政策背景的金融资源，通过资源整合达到协同合作，以期建立并产生相互作用关系和共振放大效应。协同性是比集聚性更高层次的特征，在国际金融中心和国际金融枢纽中，金融行业带动金融辅助性行业发展壮大，例如律师、咨询、信用评估等，同时金融辅助性行业的蓬勃发展为金融行业提供多样化的优质服务，进而满足金融市场的开放发展需求，在各行业、各要素的协同发展中，实现共振放大效应和螺旋式上升发展。国际金融枢纽还包括其所含的国际金融中心节点之间的协同效应，体现在枢纽内的国际金融中心功能互补，在竞争中成长，在合作中达到共赢。不可否认，拥有多核国际金融中心的国际金融枢纽比拥有单核国际金融中心在国际社会上具有更加强大的竞争力，协同性便是其中的重要一环。

金融枢纽内大量的金融机构和金融中介服务机构联系紧密，跨行业业务合作频繁进行，开发出更多的合作项目，使原来基于资源禀赋的比较优势发展为区域金融创新优势。金融机构之间相互竞争和学习，竞争压力是创新的动力，迫使金融机构加快金融创新步伐，提升金融服务的广度、宽度与深度。知识外溢效应使得领域创新迅速被其他金融机构模仿，实现传播、共享，“乘数效应”使金融枢纽获得金融创新的区域比较优势。

粤港澳大湾区建设国际金融枢纽，应当加强湾区城市间的金融分工协作与功能互补，进一步巩固提升香港的国际金融中心地位，推动广州、深圳建设成为与国家中心城市、中国特色社会主义先行示范区作用相适应的国际金融中心，支持澳门打造中国－葡语国家金融服务平台，提高区域金融发展的协同性，构建结构科学、集约高效的大湾区金融发展格局，促进港澳地区深度融入国家金融改革发展大局（白鹤祥，2019）。推动湾区金融机构充分对接建设重大项目和重点产业融资需求，开展常态化产融对接活动，发挥各级各类产融对接机制的作用，提高金融对接服务湾区项目的效率，使金融更好地服务实体经济。

三　嵌入化和网络化赋能：国际金融枢纽

在国际金融中心这样的第二个层次上新增嵌入化和网络化两个主要特征，国际金融枢纽最终形成。嵌入化和网络化加强了信息在枢纽内部的集聚、扩散和外溢。一方面国际金融中心时刻产生交易记录、信息披露、产品设计、研究报告等新的金融信息；另一方面金融机构的集中便于有效扩散信息，深化机构之间的交流，有利于从业者进行各项创新（孙国茂、范跃进，2013）。

（一）嵌入化

嵌入化是指在打造国际金融枢纽的过程中，通过一系列的政策、创新、协作等实现金融要素的多边关系性嵌入和结构性嵌入，国际金融枢纽在内生力量和外源力量共同作用下进入螺旋式生长，是集金融开放、金融创新、科技金融、绿色金融等于一体的“巨无霸”“全家福”式的综合型金融枢纽。

历史上的国际金融中心经历了产业发展迭代，在城市区域以服务业为主，实体经济比重下降，应对金融风险的能力减弱，形成“外强中干”的局面，存在产业结构短板。嵌入化利用地区资源优势，通过合理分布产业，打造地区之间优势产业互补共赢的局面，形成完整的产业链和价值链，对于稳定经济、促进金融开放发展大有裨益。国际金融枢纽在地理层面广于国际金融中心，各项要素优于国际金融中心，在金融产业上有更大的发展潜力。

（二）网络化

从全球金融要素流动和经济重心转移情况来看，国际金融枢纽的形成就是不同金融要素按照金融机构、制度规则、平台等形成不同层级、不同能级的全球性集聚中心节点，从而构成一个极为复杂、多元、多样的网络化金融生态系统，同时通过不同枢纽中心网络节点的协作，可以在更大范围内统筹金融资源配置。多核网络与单核中心的重要区别在于，多核网络之间的影响是多向的，单核中心的影响是单向的。在这个有机网络上，国际金融中心是重要的节点，部分节点暂时不是国际金融中心，但在枢纽的协同发展运作中，金融市场互促发展，部分节点会逐渐发展成为国际金融中心，又会促进国际金融枢纽的繁荣。

在国际金融枢纽网络中，各类机构长期紧密合作，有助于分散风险。首先，在有限的地域里集聚了众多的金融供给方和需求方，在不断竞争中有利于促进各种要素和金融产品的科学定价，这也是有效管理风险的前提；其次，因为时空距离短而彼此熟悉，金融产品和要素的供需双方能够有效甄别信用状况，减少因信息不对称而出现的逆向选择或者道德风险，因此有效降低了信用风险；再次，由于信息外溢效应的存在，经济运行中存在的风险可以被敏锐感知，参与者就可以提前规避和预防；从次，由于国际金融枢纽的网络化特征，不同地区、不同机构进行专业化分工、地区功能互补、环节互补，将金融风险进一步分摊到众多群体和地区；最后，先进的风险管理技术和风险预警系统也会迅速地在集群中传播并被广泛使用，枢纽内部丰富的金融工具和风险管理工具也可有效化解非系统风险、降低系统性风险，这样一个完整的链条可以显著提高金融企业分散和规避风险的能力，提高应对金融危机的能力（连建辉等，2005）。

第三节　国际、国内金融中心发展趋势展望

第一节按照金融发展水平、开放程度以及金融集聚强度依次论述金融集聚发展理论、国际金融中心理论与国际金融枢纽理论，为国际金融枢纽的提出和完善奠定了理论基础；第二节从金融中心、国际金融中心和国际金融枢纽三个层次循序渐进地描述国际金融枢纽的形成机制，厘清发展脉络，并进一步辨析不同层次具备的功能和内涵，为粤港澳大湾区国际金融枢纽的建设路径提供理论支撑。本节将从历史现实角度展望国际、国内金融中心的发展趋势，首先介绍国际金融中心的格局与演变趋势，其次分析国内金融中心发展的四大趋势。

一　国际金融中心的格局与演变趋势

（一）国际金融中心的格局与变迁

自1900年以来，国际金融活动越发集中于少数主要地区，并且逐渐发展形成了一些区域性和国际性的金融中心（倪鹏飞，2004）。

在全球国际金融中心的层级方面，存在激烈的竞争和城市地位的不断变换。有一些曾经重要的国际金融中心经不起时间的考验，在竞争中落败，地位逐渐下降，如蒙特利尔、柏林、大阪等；而另一些城市在时间的洪流中一直保持着优势地位，是举足轻重的国际金融中心，如伦敦、纽约和巴黎等；还有一些城市立足自身发展优势，抓住发展机遇，快速提升了自己的国际金融中心地位，如新加坡、旧金山等。

在区域内的国际金融中心的变化同样值得关注，本书主要介绍美洲、欧洲和亚洲的变化，因为其集中了绝大多数的国际金融中心。

在美洲，纽约先是于20世纪初确立国际金融中心地位，在一战后其地位超过伦敦，在20世纪60年代有所落后。1981年，美联储批设“国际银

行业务设施”，可在国内经营“欧洲货币”业务，这使纽约的地位显著提高，并一直保持绝对优势。曾经重要的国际金融中心蒙特利尔最后在竞争中不敌多伦多而被其取代。20世纪后期旧金山、温哥华、檀香山以及加勒比群岛等的国际金融中心地位日益提高（倪鹏飞，2004；伦波，2003）。

在欧洲，国际金融中心不断发展转变，14～15世纪是佛罗伦萨、威尼斯等地中海商业城市，随后到18世纪末是阿姆斯特丹。19世纪初到一战前，伦敦银行体系和各类金融市场逐步健全，国际金融业务逐渐占主导地位，从而确立了国际金融中心地位。20世纪30年代以前巴黎和柏林是重要的国际金融中心，苏黎世、布鲁塞尔、阿姆斯特丹等国际金融中心皆具备优良坚实的发展基础。1960年后，巴黎及法兰克福发展欧洲美元市场，对先行者伦敦构成较大威胁，因此1986年伦敦实施了“金融大改革”以应对欧洲大陆国际金融中心的挑战。二战以后，欧洲的国际金融中心竞争一直很激烈。总体来看，伦敦居于全球国际金融中心的顶级，一直保持着地区绝对优势（倪鹏飞，2004；王传辉，2000；向君，2004；伦波，2003；王欣，2005；陶硕，2005；黄雪晴，2018）。

在亚洲，上海在20世纪伊始是远东国际金融中心，30年代首先崛起的是东京，二战后其地位有所下降，60年代后仰仗战后经济快速崛起和国际化，其国际金融中心排名跃升至全球第三位。大阪、横滨也曾是重要的国际金融中心。二战后香港金融业迅猛发展，在20世纪60年代超过新加坡，在80年代末成为亚太地区的国际金融中心。新加坡在20世纪60年代独立后通过20多年的政策推动形成亚太乃至全球的国际金融中心。到20世纪80年代，亚洲地区有5个国际金融中心，即东京、新加坡、香港、台北和马尼拉，它们在竞争与合作中相互依存。

在同一国内的国际金融中心方面，经过不同时期的竞争，加拿大的多伦多已经超过蒙特利尔，日本的大阪无法与东京匹敌，德国的法兰克福在与慕尼黑的竞争中取胜，澳大利亚的悉尼和墨尔本在发展中也逐渐拉大了距离，俄国的莫斯科已经战胜了圣彼得堡。

离岸金融中心于二战之后产生，是一个相对新颖的国际金融中心形式，贮藏全球大量货币，作用不可替代。全球离岸金融中心主要分布在欧洲、亚太地区、加勒比地区与中东海湾地区，区域内的离岸金融中心分别是瑞士、中国香港、巴哈马和巴林，在这些中心的周围又分布着次级的离岸金融中心，未来可以进一步发展转变。

（二）国际金融中心的特征与趋势

开放发展是国际金融中心的本质特征。新加坡自20世纪60年代以来实行“自由主义的门户开放政策”，同期香港既保留了外币利息税也没有发放外资银行的营业执照，发展态度保守导致其金融业的发展与国际化进程逊色于同期新加坡。香港国际金融中心的地位逐渐崛起与开放发展分不开。1978年，香港放宽外资银行营业执照的限制，大量外资银行涌入香港开业；1982年，香港撤销了外币存款利息税，又促使大量国际资金回流。历史经验显示，金融对外开放是促进本国金融中心发展的重要举措，粤港澳大湾区国际金融枢纽建设需要围绕发展与稳定两大主题，把握好开放自由与防范风险的关系，避免因过于开放自由而造成经济泡沫和金融风险加剧。

创新发展是国际金融中心的第一动力，科技进步促进金融创新。科学技术在金融领域的运用为国际金融中心功能的演进提供了技术条件和客观需求。信息技术如互联网、金融业务如离岸金融业务、交通运输如航空高铁等各方面的重大革新，经交叉影响和催化也能导致金融资源流向产生重大变化，从而产生新的金融资源集聚过程。例如，阿姆斯特丹、费城的衰落，伦敦、纽约的崛起就与工业革命的技术创新、交通运输方式的创新等有密不可分的关系。进入移动互联网时代，科技创新颠覆了传统的金融业务，催生出许多新的业务、服务生态和工具，使其产生了质的变化，金融业日趋多样化、全方位化和国际化，例如网络银行、自助银行、企业银行、家庭银行、无人银行等金融主体纷纷出现，近年来兴起的金融科技正使金融业务数字化程度逐渐加深。信息技术和金融工程的结合加快了金融产品创新，各类金融衍生产品如雨后春笋般涌现。粤港澳大湾区国际金融枢纽应当牢牢抓住创新这个发展引擎，坚持创新驱动战略，加大对科技研发的投入力度，在倡导创新的同时亦要建立完善的法律框架，对可能发生的风险进行约束，方能使粤港澳大湾区国际金融枢纽根基牢固，发展动力强劲（余秀荣，2009b；陈金明，2005）。

信息优势是国际金融中心的先决条件。无论是古代的阿姆斯特丹、佛罗伦萨、威尼斯或者热那亚，还是近现代的纽约、伦敦、香港等，交通便利、商贸频繁等特征均赋予其信息优势，突出了其金融功能。经贸中心在时空上不断变换转移，国际金融中心出现两极分化——衰落和繁荣。世界范围内政治、金融双中心的案例屡见不鲜，拥有政治决策的信息优势增强了国际金融中心的竞争优势。莫斯科成为首都后金融业也迅猛发展，没有回流到圣彼得堡；北京具有建设国际金融中心的政治竞争优势。许多区位因素具有政治性，政治相比其他因素是一个相对好改变和赋予的因素，因此一些偏僻的地区可以通过被赋予政治重要性而成为离岸金融中心。信息优势的多样性和普遍性使其并不算稀缺，而信息优势唯有结合机遇才可以决定国际金融中心的未来发展以及是否占主导地位（倪鹏飞，2004）。粤港澳大湾区拥有得天独厚的地理优势和信息优势，在开放、自由、创新的氛围下，应当充分利用区位优势与政策支持，抓住发展机遇。

非线性速度是国际金融中心发展的内在规律。国际金融中心的形成和发展是一个逐步积累的自然历史过程，“形成”作为一个增速分界点，先慢后快，服务范围也从直接腹地逐步拓展至腹地外甚至邻近国家。国际金融中心的发展变化是一个良性循环，发展机遇与政策支持共同决定地位是否稳固，东京的衰退能够提供一个历史教训。粤港澳大湾区国际金融枢纽的提出处于两大历史性变局的交汇期，是难得的机遇，在国际金融中心格局变化的关键时期，应尊重经济规律和市场选择，充分利用制度优势，因势利导，以促进枢纽内各个金融中心和增长极的发展，力争取得发展先机，赶超其他金融中心。

国际金融中心的格局已经从单极走向多极，全球的几个超级中心和较多的次级中心并存。鉴于时区因素，国际顶级金融中心应当不少于三个，经济大国的国际金融中心亦非只有一个，且具有浓厚的地区特色。美国的国际金融中心包括纽约、旧金山、洛杉矶、芝加哥、檀香山等；日本除了东京外，还包括大阪和横滨；德国包括柏林和法兰克福。中国的北上广深四大一线城市和港澳两个特别行政区可以因势利导，建设成为具备地方特色的国际和国内金融中心，错位协调发展，辐射全国，功能互补。粤港澳大湾区国际金融枢纽内存在香港、深圳、澳门三个重要金融中心，与其他城市一起推动大湾区金融要素集聚和产业发展，多个城市之间应当注意分工合作，避免同质竞争，提升整个枢纽的金融效率和优化资源配置。

二　国内金融中心的发展趋势

中国自建立社会主义市场经济体制以后，一些经济中心城市逐渐发展成为金融中心，上海辐射长江三角洲乃至全国；京津冀区域形成北京和天津两个区域性的金融中心，主要对中国北部区域经济起重大影响作用；珠江三角洲的深圳、广州辐射华南经济。以此为基，建设金融中心的热潮于全国各地迭起，如华中地区的武汉和重庆、中原地区的郑州、东北地区的沈阳和大连、西北地区的西安等；继上海之后，北京和深圳也提出建设国际金融中心的目标（张亚欣、陈茜，2008）。

（一）金融中心城市的定位和分工日渐清晰

中国目前已形成多层次的金融中心城市体系，差异化错位发展。根据2020年中国金融中心指数（CFCI），中国金融中心建设“分层效应”正在显现，上海、北京、深圳分别位列全国金融中心前三名，优势更加凸显；广州、杭州、成都、天津、重庆、南京、武汉、郑州、苏州、西安跻身区域性金融中心十强，它们竞相创新发展（刘宁，2020；刘泰山，2020；詹钰叶，2020）。

从功能定位上看，北京、上海、深圳三个城市的目标是建设国际金融中心；也有一些城市的目标是建设服务城市群的区域性金融中心；除此之外，还有一些城市的目标是建设特色区域金融中心，例如，具有特色功能的区域性金融中心（如昆明“人民币跨境结算中心”、天津“中国北方的金融改革创新基地”）、服务国际金融中心的功能性金融中心（如杭州“长三角南翼的区域性金融中心”）、离岸金融中心（如福州“海峡西岸的离岸金融中心”）（王伟，2012）。

（二） 金融中心城市体系逐步完善

中国金融中心城市体系是由4个区域性金融中心集群和若干功能性节点城市组成的。这4个区域性金融中心集群分别是：以上海为龙头的泛长三角经济圈，以北京为首的环渤海经济圈，以深港为代表的泛珠三角经济圈，以重庆、成都、西安、兰州、贵阳为支撑的西部地区金融中心城市带。功能性节点城市中，南宁面向东盟，哈尔滨面向东北亚，昆明面向东南亚和南亚，乌鲁木齐面向中亚，皆为人民币国际化重点区域，持续推进金融业对外开放（王伟，2012）。

北京、上海和深圳是当之无愧的中国金融中心城市的龙头，主要体现在金融竞争力、功能定位和对周边金融中心城市的影响上。首先，北京、上海和深圳是全国金融中心城市，其他金融中心城市是区域性金融中心城市和功能性金融中心城市，发展和定位层次的差异决定了京沪深在全国金融中心城市体系中的领跑者地位。其次，北京、上海和深圳皆为所在经济圈金融中心城市体系的中心，其他区域性金融中心或功能性金融中心是它们的服务者。

中国金融中心城市纷纷提出要建设自己的金融功能区或中央商务区。规模相对较大的主要有：北京的金融街和朝阳CBD、广州天河CBD、深圳的“两圈一线”、天津滨海新区、上海的陆家嘴金融城和外滩金融聚集带、杭州钱江新城、南京河西CBD、厦门滨北金融商务区、福州海峡金融街、南昌红谷滩新区CBD、合肥滨湖金融城、郑东新区CBD、成都天府新城、哈尔滨群力新区金融商务区、沈阳金融商贸开发区、西安浐灞金融商务区和乌鲁木齐高新区CBD等。这些商业区都聚集了大量的金融机构，是当地金融业的核心区域，极大地促进了当地经济发展。

（三） 离岸金融与在岸金融的相互补充

深圳是大陆离岸金融的最早起点，1989年5月后各大银行纷纷开展离岸银行业务。深圳离岸金融主要服务跨国企业，随后依托香港发展人民币离岸金融业务，协同推动人民币跨境业务创新。上海建设开放金融，发展跨国金融机构，主要为境内企业“走出去”提供金融服务。国内的其他金融中心城市也纷纷将离岸金融写入发展规划。未来在岸金融与离岸金融将共同发展，内外一体，做到充分利用国内外资源以及对外开放。

中国政府选择香港作为人民币国际化的窗口和前沿阵地，以开放、自由的市场氛围发挥人民币交易清算投资的主中心作用。随着人民币国际化进程的不断推进，香港人民币离岸市场加快发展，人民币离岸金融中心的地位不断得到巩固加强。同时在定位方面，香港和上海要有所差异，避免无序、同质竞争。作为人民币离岸金融中心的香港，其制度建设要接轨国际；作为在岸金融中心的上海要充分利用国内金融资源，在开放创新中发展壮大。港深一体化建设如火如荼，深圳抓住香港建设人民币离岸金融中心的机遇，选定前海作为两地联系的主要基地，开展深港合作的重要业务，加快融入和建立香港、深圳大都市国际金融中心圈层。自此在岸金融与离岸金融齐头并进、共同发展繁荣。

（四）金融中心建设的“马太效应”越发明显

金融中心的辐射功能主要依靠金融机构和金融市场，从 GFCI 多项指标都可以看出中国金融中心建设的“马太效应”明显。第 29 期全球金融中心指数（GFCI 29）指出，31 个金融中心集聚的法人商业银行总资产占全国的 79.6%，法人保险公司总资产规模占全国的 87.2%，法人公募基金管理资产占全国的 91.2%，法人证券公司总资产占全国的 95.8%。2020 年纳入 GFCI 指数的 31 个金融中心的金融业增加值累计达到 4.44 万亿元，占全国金融业增加值的比重为 57.7%，同比提高 1.6 个百分点。31 个金融中心本外币存、贷款余额分别占全国的 51.5%、52.3%，单位金融从业人员占全国的 48.6%（刘宁，2020；詹钰叶，2020）。

在 31 个金融中心内部，也呈现强者恒强的集聚态势。多期 GFCI 指数报告中，上海、北京、深圳三者居 31 个金融中心中各城市综合竞争力得分增速榜首。2020 年国内新增持牌金融机构绝大部分落户在三大全国金融中心，三者金融机构实力得分之和超过其他 28 个区域金融中心的总和。这反映了在金融中心之间亦存在明显的“马太效应”。

附表 1－1　GFCI 29 全球十大金融中心排名与评分

金融中心	GFCI 29		GFCI 28		较上期变化	
	排名	得分	排名	得分	排名	得分
纽约	1	764	1	770	0	▼6
伦敦	2	743	2	766	0	▼23
上海	3	742	3	748	0	▼6
香港	4	741	5	743	▲1	▼2
新加坡	5	740	6	742	▲1	▼2
北京	6	737	7	741	▲1	▼4
东京	7	736	4	747	▼3	▼11
深圳	8	731	9	732	▲1	▼1
法兰克福	9	727	16	715	▲7	▲12
苏黎世	10	720	10	724	0	▼4

资料来源：中国（深圳）综合开发研究院与英国智库 Z/Yen 集团联合编制的全球金融中心指数。

第二章
建设国际金融枢纽的经验借鉴

“他山之石，可以攻玉。”建设国际金融枢纽需要“运用人类历史上积累和储存的智慧和力量”，古为今用、洋为中用，在借鉴代表性国际金融中心经验基础上革故鼎新。[①] 本章采取比较分析法和历史研究法，通过横向对比和纵向分析代表性国际金融中心的基本情况和发展历程，探究国际金融中心的共同特征和发展规律，为建设粤港澳大湾区（简称“大湾区”）国际金融枢纽提供经验借鉴。

第一节 国际金融枢纽对标分析

本节基于国际金融中心的分级文献，结合大湾区国际金融枢纽的特征，首先筛选国际金融中心标杆，然后对标大湾区国际金融枢纽城市与标杆城市的经济、金融主要指标，明确国际金融枢纽建设的差距。

一 筛选原则和范围

（一）国际金融中心分级研究的文献述评

自 20 世纪 80 年代以来，使用量化方法对金融中心进行分级和排名的研

① 国际金融枢纽是一个新提法、新论述，是国际金融中心的升华，因此需要在分析国际金融中心建设经验基础上，总结提出建设国际金融枢纽的经验借鉴。

究从未间断。[①] 文献主要有两个特征。一是评价指标范围涉及政治、经济和文化等多方面，指标类型兼顾量化指标和质性指标。例如，Young 和 Mun（1990）构建的评价指标体系既有如金融产品范围的量化指标，也有如政治环境和资本自由流动情况的质性指标；Sagaram 和 Wickramanayake（2005）的评价指标体系包括经济、税收、金融、监管体制、社会经济特征五个方面，其中后两个方面为质性指标。二是对金融中心进行明确分类。一类是根据空间层次的分级：Harry（1976）将金融中心分为地区性金融中心（如中国香港和新加坡）和国际金融中心；Reed（1981）将金融中心分为省市一级的金融中心、国内地区性金融中心、全国的金融中心、区域性跨国金融中心和世界性金融中心五个等级，而这五个等级既可以是同一金融中心的不同发展阶段，也可以是同一时期存在的金融中心的分级；Jones（1992）将金融中心分为主要服务东道主国和周边地区的次区域性金融中心，服务亚洲、环太平洋或其他地区的区域性金融中心，以及伦敦、纽约、东京等服务全球的国际金融中心；Jao（1997）将金融中心分为国内地区性金融中心（如中国南部的深圳）[②]、国家（国内）金融中心、超越国界的区域性金融中心以及顶部的全球金融中心，其中后两者为国际金融中心。另一类是根据功能的分类：Dufey 和 Ian（1978）将国际金融中心分为传统意义上的资本中心、以提供服务为主的国际金融服务中心以及离岸金融中心；Park（1982）依据资金的来源和流向，将国际金融中心分为主要中心、记账中心、集资中心和融资中心四类；McCarthy（1997）将金融中心分为簿记中心和功能中心；Jao（1997）进一步将功能中心分为一体化中心和分离型中心。上述研究表明，金融中心因其服务的地理范围和主要功能的差异而有所不同，国际金融中心的服务范围至少应该包括五大洲或者环大洋；同时，国际金融中心应该至少具备一种服务资金跨国需要的功能。

从上述文献出发，本书考虑历史、文化、经济等维度，以已有的得到

① 常用的量化方法包括主成分分析法、成簇分析法、回归分析法等（蒋海玲，2017）。

② 1997 年深圳立市不足 20 年，当时尚未发展至如今的情况，以当前情况理解，Jao（1997）研究的国内地区性金融中心应该是成都、武汉、长沙等。

广泛认可的排名靠前的国际金融中心为基本范围，选择与大湾区国际金融枢纽的定位、区位、经济、文化特征具有相似性的标杆城市。

（二）国际金融枢纽对标城市的筛选原则和范围

一是立足全球视野，以历史的眼光选择对标对象。国际金融枢纽始终处于动态变化之中，[①] 探究屹立多年不变的国际金融枢纽的特征及其背后的原因，对大湾区国际金融枢纽的长久发展极有益处。

二是对标国际一流，以湾区城市为重点，兼顾中国和亚洲其他国家。大湾区国际金融枢纽建设的基础支撑是湾区，因此，要将湾区的国际金融中心纳入对比范围。大湾区地处亚洲的儒家文化圈，文化对经济发展具有重要影响（张世平，1994；高波、张志鹏，2004），因此，应该关注同一文化圈层和具有地理邻近性的国际金融中心。一个国家尤其是经济大国可能存在多个金融中心（倪鹏飞，2004），作为地处中国的大湾区，需要对比中国的国际金融中心，以获取更有指导性的建设经验。

三是满足大湾区国际金融枢纽的核心诉求，突出经济、金融和科技，避免过度关注具有政治中心背景的国际金融中心。政治中心带来的政治决策信息优势是国际金融枢纽发展的重要影响因素，但粤港澳大湾区并非政治中心，因此，关注重点应在于非政治中心的，因经济、金融、科技兴盛而形成的国际金融中心。

四是具备与大湾区类似的地理区位优势。大湾区位于中国南海边缘，拥有优良的海港条件，自然交通位置便利，既有利于使用成本最低的海运方式开展对外贸易，又方便收集海内外信息，强化信息优势。

中国（深圳）综合开发研究院与英国智库 Z/Yen 集团联合编制的全球金融中心指数影响广泛，这里主要考虑 GFCI 28 和 GFCI 29 中的 11 个城市，满足上述四个原则中两个及以上的城市作为建设大湾区国际金融枢纽经验借鉴的标杆，去除深圳以后，最终选择出纽约、伦敦、上海、香港、新加坡、

---

① 世界公认的国际金融枢纽有 17 世纪的荷兰阿姆斯特丹、18 世纪中期兴起的英国伦敦、第二次世界大战之后的美国纽约。

东京、旧金山7个城市（见表2－1）。其中，纽约、旧金山、东京、香港都位于四大湾区，伦敦是持续了两个多世纪盛名于世的国际金融中心，新加坡和上海是新兴的亚洲国际金融中心。同时，上述城市均为海港城市，在地缘特征、创新意识和金融变革等方面都有着不可替代的核心优势，并且分别分布在欧洲、美洲和亚洲三大国际主要经济区域，有利于全方位、多角度分析国际金融中心发展的共性特征和规律，有针对性地总结经验，为大湾区国际金融枢纽建设提供借鉴。

表2－1　可供借鉴的国际金融中心筛选

国际金融中心	筛选原则1	筛选原则2	筛选原则3	筛选原则4	是否进入对比范围
纽约	√	√	√	√	是
伦敦	√			√	是
上海		√	√	√	是
香港	√	√	√	√	是
新加坡		√		√	是
北京		√			否
东京	√	√		√	是
深圳		√	√	√	否
法兰克福	√				否
苏黎世	√				否
旧金山	√	√		√	是

注：由于本章的重点是对比大湾区国际金融枢纽和其他城市，因此去掉大湾区城市深圳，同时，尽管香港也处于大湾区之中，但其国际金融中心建设早于大湾区建设历史，且与大湾区其他城市同根同源，早期经验对当前尚处于建设阶段的大湾区国际金融枢纽具有一定的借鉴意义，因此予以保留；前10个城市分别为GFCI 29中的前10位，旧金山为GFCI 28中的第8位。

资料来源：笔者根据相关资料自行整理。

二　对标分析

与全球排名前列的国际金融中心相比，大湾区国际金融枢纽的经济基础、金融综合实力和金融供给均有较大差距，但金融需求潜力巨大。

表2－2显示，经济基础的差距体现在GDP、人均GDP、经济密度和产

表 2-2　2019 年国际金融枢纽和对标城市的经济发展情况

指标	纽约	伦敦	东京	新加坡	旧金山	上海	香港	深圳	广州
GDP（亿元）	53042.92	47932.07	63361.78*	3522.14	14033.87	38155.3	25643.48	26927.1	23628.6
常住人口（万人）	162.87	718.8	1382.21*	570	88.15	2428.14	752	1343.9	1530.6
人均 GDP（万元）	325.68	66.68	45.84*	45.3	159.20	15.73	34.10	20.3	15.6
面积（平方公里）	789	1580	2162*	719.3	116	6340.50	1107	1997	7249
经济密度（亿元/公里^2）	67.23	30.37	29.31*	35.9	120.98	6.02	23.16	13.48	3.26
第二产业增加值占 GDP 的比重（%）	2.25	—	14.26*	25.5	5.44	26.99	6.8	39	40.5
第三产业增加值占 GDP 的比重（%）	97.75	—	85.57*	74.5	94.56	72.7	93.1	60.9	55.5
JOC 全球五十大港口集装箱吞吐量（百万 TEU）	7.47	10.28（英国）	8	37.2	7.63	43.3	18.36	25.77	23.24
机场旅客吞吐量（万人）	6255.11	8088.43	8550.51	6828.3	—	7615.34	7141.52	5293.2	7339.62
2020 年世界 500 强企业数（家）	15	10	38	3	11	7	7	7	3
PCT 国际专利申请量（万件）	5.78（美国）	0.58（英国）	5.27（日本）	0.09*	5.78（美国）	5.9（中国）	5.9（中国）	5.9（中国）	5.9（中国）

注：标“*”的数据为 2018 年数据；标“—”表示缺乏确切的数据；纽约、东京、新加坡、旧金山、上海、香港、深圳的产业结构中第一产业增加值占 GDP 的比重微乎其微，可忽略不计。

资料来源：笔者根据美国经济分析局、日本内阁府、新加坡统计局、澳门统计暨普查局、Wind 数据库、同花顺数据库、CEIC 数据库、世界知识产权组织、深圳港引航站等官方网站数据综合计算得出。

业结构四个方面。香港、广州和深圳的 GDP 均远不及对标城市 GDP 排名首位的东京（63361.78 亿元）。人均 GDP、经济密度、产业结构基本上也不及其他排名前列的城市。如深圳 20.3 万元的人均 GDP 不到东京的 1/2、伦敦的 1/3、旧金山的 1/7；深圳 13.48 亿元/公里^2 的经济密度约为纽约的 1/5、旧金山的 1/9，不到东京、新加坡和伦敦的 1/2；广州和深圳的第三产业增加值占 GDP 的比重低于其他城市。但是，大湾区处于上升期的制造业、不断涌现的科技创新、巨量的集装箱吞吐量和常住人口等带来了巨大的金融需求潜力。

表 2－3 显示，大湾区国际金融枢纽的金融实力有待提高。根据 GFCI 29 综合排名，香港被上海以微弱优势超越，深圳处于前 10 名靠后位置，大湾区其他城市未进入前 15 名。在包括银行业、投资管理、保险业、专业服务、政府和监管、融资、金融科技和贸易等在内的金融业次级指数排名中，香港与上海不分伯仲，排名相对靠前，但深圳和广州距离榜单前列有一定差距。

表 2－3　2021 年 GFCI 29 金融中心排名

金融中心	综合排名	综合得分	细分排名	银行业	投资管理	保险业	专业服务	政府和监管	融资	金融科技	贸易
纽约	1	764	1	纽约	纽约	上海	纽约	纽约	纽约	纽约	纽约
伦敦	2	743	2	上海	伦敦	新加坡	伦敦	伦敦	上海	新加坡	伦敦
上海	3	742	3	香港	香港	北京	新加坡	苏黎世	北京	上海	新加坡
香港	4	741	4	伦敦	新加坡	纽约	香港	新加坡	伦敦	香港	香港
新加坡	5	740	5	北京	上海	香港	深圳	日内瓦	卢森堡	伦敦	上海
北京	6	737	6	深圳	北京	伦敦	上海	香港	香港	首尔	北京
东京	7	736	7	东京	深圳	卢森堡	温哥华	上海	深圳	北京	深圳
深圳	8	731	8	新加坡	法兰克福	深圳	东京	深圳	东京	东京	苏黎世
法兰克福	9	727	9	苏黎世	卢森堡	斯德哥尔摩	北京	东京	爱丁堡	深圳	法兰克福
苏黎世	10	720	10	墨尔本	悉尼	法兰克福	卢森堡	首尔	古吉拉特邦	旧金山	卢森堡
温哥华	11	719	11	巴黎	苏黎世	苏黎世	旧金山	卢森堡	新加坡	阿姆斯特丹	东京
旧金山	12	718	12	华盛顿	旧金山	首尔	首尔	德黑兰	法兰克福	洛杉矶	日内瓦

续表

金融中心	综合排名	综合得分	细分排名	银行业	投资管理	保险业	专业服务	政府和监管	融资	金融科技	贸易
洛杉矶	13	716	13	悉尼	波士顿	东京	苏黎世	迪拜	米兰	波士顿	芝加哥
华盛顿	14	715	14	广州	东京	巴黎	法兰克福	北京	巴黎	芝加哥	洛杉矶
芝加哥	15	714	15	维也纳	迪拜	波士顿	日内瓦	惠灵顿	布鲁塞尔	卢森堡	旧金山

资料来源：中国（深圳）综合开发研究院与英国智库 Z/Yen 集团联合编制的第 29 期全球金融中心指数（GFCI 29）。

表 2－4 至表 2－6 显示，大湾区国际金融枢纽的金融供给有待提升。一是股票市场发展略有差距，交易活跃度和市场规模有待提高。截至 2020 年底，全球主要证券交易所数据显示，尽管香港交易所和深圳证券交易所的 IPO 数量之和和融资额之和均超过了分领域前列的纽约证券交易所和上海证券交易所，但股票市值和交易额距离分领域前列的纽约证券交易所和纳斯达克证券交易所仍有较大差距。二是场内衍生品市场、黄金要素市场、外汇市场等仍有较大差距，缺乏国际话语权。大湾区的场内衍生品市场仅有香港交易所一处，且无论是整体衍生品成交量，还是分项商品衍生品成交量，世界排名均未靠前，2020 年香港交易所在上述两项排名中分别列第 17 位和第 9 位。黄金期货交易市场也仅有香港金银业贸易场一处，且无完善的统计信息，[①] 市场服务不足。外汇市场距离伦敦和纽约有较大差距，缺乏外汇市场话语权。2019 年，香港的外汇市场交易量不到纽约的 1/2 和伦敦的 1/5，全球占比仅有 7.6%，而深圳和广州未进入全球前 10 名。

表 2－4　2020 年全球主要证券交易所的股票市场比较

证券交易所	股票市值（万亿美元）	IPO 数量（家）	IPO 融资额（亿美元）	交易额（万亿美元）
纽约证券交易所	26.23	152	338.66	26.4
纳斯达克证券交易所	19.06	184	513.14	63.6

① 香港金银业贸易场官网无确切的交易量统计数据，其他黄金交易所的报告中也未找到相关数据。

续表

证券交易所	股票市值（万亿美元）	IPO 数量（家）	IPO 融资额（亿美元）	交易额（万亿美元）
日本交易所集团	6.72	92	—	7.2
上海证券交易所	6.98	233	532.72	12.9
香港交易所	6.13	144	516.17	3.3
泛欧证券交易所	5.44	28	77.46	1.6
伦敦证券交易所	4.05	72	—	4.8
深圳证券交易所	5.24	161	193.85	18.8

资料来源：上海证券交易所数据来自《全球证券交易所发展报告（2021）》、其余来自世界交易所联合会。

表 2-5　2020 年全球证券交易所场内衍生品成交量排名情况

2020 年排名	2019 年排名	证券交易所	2020 年成交量（亿手）	同比增长（%）
1	1	印度国家证券交易所（NSE）	88.50	48.07
2	3	圣保罗证券、商品和期货交易所（B3）	63.08	62.54
3	2	芝加哥商业交易所集团（CME Group）	48.21	-0.20
4	4	洲际交易所（ICE）	27.89	23.58
5	7	纳斯达克集团（NASDAQ Group）	26.61	49.02
6	6	芝加哥期权交易所（CBOE）	26.14	36.72
7	11	大连商品交易所（DCE）	22.07	62.83
8	8	韩国交易所（KRX）	21.85	41.26
9	10	上海期货交易所（SHFE）	21.29	47.04
10	9	莫斯科交易所（MOEX）	2120.00	45.70
11	5	欧洲期货交易所（EUREX）	18.61	-4.40
12	12	郑州商品交易所（ZCE）	17.02	55.75
13	16	伊斯坦布尔证券交易所（BIST）	15.17	291.11
14	13	孟买证券交易所（BSE）	9.24	-9.94
15	14	迈阿密国际证券交易所（MIAX）	8.27	88.04
16	17	日本交易所集团（JPX Group）	4.54	25.80
17	15	香港交易所（HKEX）	4.37	-0.37

续表

2020年排名	2019年排名	全球交易所	2020年成交量（亿手）	同比增长（%）
18	19	台湾期货交易所（TAIFEX）	3.41	30.92
19	22	多伦多证券交易所集团（TMX Group）	3.18	39.01
20	21	新加坡交易所（SGX）	2.47	3.04

注：2020年香港交易所场内商品衍生品成交量排名第9位。
资料来源：美国期货业协会（FIA）发布数据。

表2－6 2019年全球日均外汇交易前10名的外汇交易中心

排名	外汇交易中心	2019年交易量（亿美元）	2016年交易量（亿美元）	同比增长（%）	2019年全球占比（%）
1	伦敦	35760	24060	48.63	43.1
2	纽约	13700	12720	7.70	16.5
3	新加坡	6330	5170	22.44	7.6
4	香港	6320	4370	44.62	7.6
5	东京	3760	3990	－5.76	4.5
6	苏黎世	2760	1560	76.92	3.3
7	巴黎	1670	1810	7.73	2.0
8	上海	1360	730	86.30	1.6
9	法兰克福	1240	1160	6.90	1.5
10	悉尼	1190	1210	－1.65	1.4

资料来源：国际清算银行（BIS）发布的《全球外汇市场调查报告》。

第二节 国际金融中心建设的三种模式

本节遵循“以史为鉴，为我所用”的原则，注重从开放与创新的角度观察金融要素集聚和分散及其引发的国际金融中心变迁轨迹，将第一节筛选出来的对标城市发展分为三种模式（见图2－1），剖析其发展历程和特点，为总结国际金融中心发展的客观规律和共性特征提供历史和现实素材。

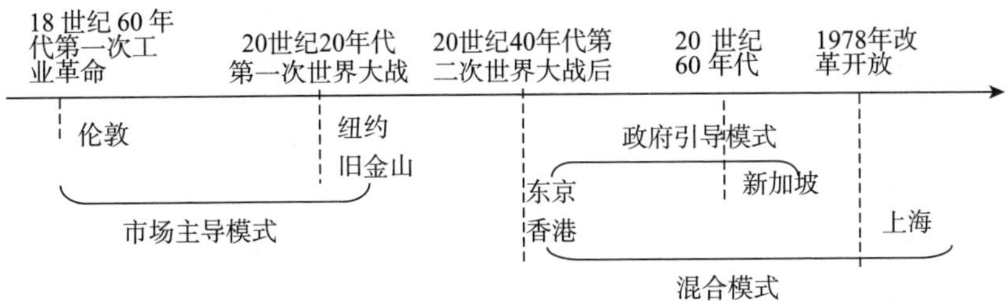

图 2－1　国际金融中心演进的时间轴

注：随着中国时局的变化，上海的国际金融中心地位在 20 世纪 40 年代至 70 年代出现剧烈波动乃至消失，本节重点关注其在改革开放后的发展，故图中将其开始时间定在改革开放。

一　市场主导模式下的欧美国际金融中心

欧美地区的国际金融中心形成时间早于亚洲地区。其中，伦敦接近三个世纪居于全球国际金融中心顶端，纽约是当代全球顶尖的综合性国际金融中心，旧金山是特色鲜明的全球科技金融中心，这三个城市也是早期、中期、晚期欧美地区国际金融中心的代表。

（一）伦敦：历久弥新的国际金融中心

伦敦是历史最悠久的顶尖国际金融中心，金融市场种类极其完备，几乎涵盖现代金融所有行业，具有较高的金融国际化程度（见表 2－7），在外汇交易市场、国际债券、跨境贷款和外资股权交易等细分市场全球排名第一。伦敦国际金融中心事实上已经成为整个英国经济的重要组成部分，是英国乃至欧洲在全球资本市场的引擎。英国金融服务业在 2018～2019 财年的税收收入占总税收的 10.5%，相当于英国 GDP 的 3.5%（《国际金融中心发展报告》编写组，2020）。莱坊发布的《2019 年财富报告》显示，伦敦是全球高资产净值人士首选的居住、投资和休闲娱乐城市。

表 2-7　2019 年英国外资金融机构持有的金融衍生品头寸

单位：百万英镑，%

机构类型	绝对值		占比	
	资产	负债	资产	负债
外资银行	992713	949574	40.42	39.37
其他外资机构	417899	423261	17.01	17.55
本地银行及建筑协会	450368	453384	18.34	18.80
公共部门	2501	2222	0.10	0.09
其他金融机构	567442	567741	23.10	23.54
其他机构	25209	15595	1.03	0.65
合计	2456132	2411777	100.00	100.00

资料来源：《国际金融中心发展报告》编写组（2020）。

伦敦国际金融中心的发展有三个阶段。一是在第一次工业革命的催化下，英国全球经济中心地位形成，英镑被确认为用于国际贸易结算的货币，推动伦敦确立国际金融中心地位。二是二战后英国经济受到重创，伦敦国际金融中心的地位开始被纽约超越；20 世纪 80 年代后英国发动两次放松监管的“金融大爆炸”，① 取消汇率管制，推动金融业持续开放发展，扭转了伦敦国际金融中心地位下降的趋势。三是进入 21 世纪，英国启动了国际化战略，倾力推动伦敦全球国际金融中心的建设，改革传统金融监管框架，②完成从英镑全球金融中心到美元欧洲离岸中心的转变，再次成为富有声望的国际金融中心。

完善的金融市场体系、国际领先的金融子市场和持续不断的金融创新确保了伦敦国际金融中心的地位长盛不衰。一是伦敦拥有完善的金融市场体系和国际领先的金融子市场。金融市场体系包括：贴现市场、银行同业拆借市场、地方政府借贷市场和银行英镑定期存单市场等短期资本市场；

① 它们分别为 1986 年和 1997 年伦敦证券交易所开启的持续推进金融开放、自由竞争改革。

② 分离英格兰银行金融监管职能，成立英国金融服务管理局（Financial Service Authority，FSA），使其成为英国唯一的、独立的、对英国金融业实行全面监管的执行机构。

伦敦证券交易所、伦敦新发行市场和伦敦国际债券市场等长期资本市场；黄金市场、有色金属市场和衍生品市场等要素市场，以及外汇市场、保险市场等。其中，外汇市场①、债券市场②、保险市场③、OTC 金融衍生品交易市场及有色金属交易所的交易规模均位居全球第一；证券交易所和黄金市场在全球同类型市场中历史最为悠久。二是伦敦抓住英国对金融市场宽松监管的契机，不断产生各类金融创新，巩固其国际金融中心地位。例如，离岸交易制度在伦敦的出现就推动全球建立起以伦敦为中心的离岸金融体系；④ 伦敦金融城社区自治制度最大限度地为区块链、金融衍生品、金融科技的创新和发展提供了优越环境。

（二）纽约：全球顶尖的综合性国际金融中心

纽约是当前全球最大的国际金融中心，是掌握全球金融命脉的华尔街所在地，拥有世界最大和第二大交易量的股票交易市场——纽约证券交易所（简称“纽交所”）和纳斯达克证券交易所，是美国证券交易所、纽约期货交易所的总部所在地，云集了众多全球顶尖的金融企业（见表 2 - 8），金融市场体系完善、功能多样，道琼斯指数和纳斯达克指数是世界上最有影响力、使用最广的股价指数。此外，纽约位于美国大西洋海岸东北部的哈德逊河入海口，这里坐落着世界上最大的天然港口之一。优越的地理位置带来贸易繁荣，进而吸引高素质人才集聚，催生科研教育和新兴服务业发展，资金流、信息流、人才流的集聚使纽约成为世界重要的贸易、零售、旅游、新媒体、医药、广告、娱乐和艺术中心。

---

① 全球的外汇市场是一个 24 小时连续交易的市场，英国市场因时区位置优越，可以与美洲、亚洲市场的时间相交接，这是英国外汇交易量全球第一的重要原因。2019 年，英国外汇市场成交量占全球成交量的 43.1%。

② 欧洲一级债券发行的 60% ~70% 在伦敦，全世界 70% ~80% 的国际欧元债券也在伦敦交易。

③ 世界上第一家保险公司，即著名的劳合社就诞生在伦敦，全球 20 家顶尖保险公司也都在伦敦设有分公司，国际保险业务在伦敦市场上的交易额达到 50% ~65%。

④ 伦敦主要承担交易结构设计、合同起草谈判、账户清算和资产管理等核心功能，外围百慕大、开曼、维尔京群岛等英属海外领土主要进行资产交易。截至 2018 年底，伦敦已经成为仅次于香港的世界第二大人民币离岸清算中心和世界最大的人民币离岸外汇交易中心。

表 2-8 2020 年世界 500 强位于纽约行政区内的企业情况

单位：百万美元

2020 年排名	2019 年排名	企业	行业	2020 年营业额	2020 年利润	2020 年资产
38	41	摩根大通公司（JPMORGAN CHASE）	金融	142422	36431	2687379.0
44	43	威瑞森电信（VERIZON COMMUNICATIONS）	电信	131868	19265	291727.0
70	71	花旗集团（CITIGROUP）	金融	103449	19401	1951158.0
149	142	大都会人寿（METLIFE）	金融	69620	5899	740463.0
160	154	百事公司（PEPSICO）	食品	67161	7314	78547.0
215	198	辉瑞制药有限公司（PFIZER）	制药	51750	16273	167489.0
202	204	高盛（GOLDMAN SACHS GROUP）	金融	5392	8466	992968.0
203	218	摩根士丹利（MORGAN STANLEY）	金融	53823	9042	895429.0
231	235	美国国际集团（AMERICAN INTERNATIONAL GROUP）	金融	49746	3348	525064.0
270	268	美国纽约人寿保险公司（NEW YORK LIFE INSURANCE）	金融	44116.6	2003.8	330806.3
251	270	美国运通公司（AMERICAN EXPRESS）	房地产	47020	6759	198321.0
306	297	美国教师退休基金会（TIAA）	金融	40454.4	2460.1	615042.3
383	449	StoneX 集团（STONEX GROUP）	房地产	32897	85.1	9936.1
399	413	Travelers 公司（TRAVELERS）	金融	31581	2622	110122.0
421	422	菲利普－莫里斯国际公司（PHILIP MORRIS INTERNATIONAL）	烟草	29805	7185	42875.0

资料来源：笔者根据 2020 年《财富》世界 500 强企业名单整理。

以美元国际化和国际资本流动方向为线索，根据国际金融中心地位变化，纽约国际金融中心的发展被分为四个时期。一是第一次世界大战爆发（1914 年）前的幼稚期。美国统一金融市场的形成①、权威金融机构的落地②、外来资金的汇聚推动纽约成为不同于伦敦和阿姆斯特丹的资本输入型

① 美国独立战争期间（1775～1783 年），华尔街初步发展，并于 1792 年开设股票交易所，创设证券交易佣金制度；美国南北战争期间（1861～1865 年），华尔街将私募债券创新为公募债券。

② 1913 年纽约联邦储备银行的落地强化了纽约在美国金融和支付体系中的调控功能。

国际金融中心。二是一战之后至二战结束的成长期。这一时期，纽约从一战结束前的资本流入变为二战期间的资本输出，[①] 以军备物资为主要内容的政府间交易资本推动美元成为国际贸易结算的重要货币之一，迅速提高纽约的国际金融中心地位。三是二战之后的成熟期。以布雷顿森林体系的建立为标志，[②] 美国建立了以美元为中心的世界货币体系，纽约超越伦敦，成为世界最大的资本供应中心、清算中心、风险管理中心、资产定价中心和融资并购中心。四是 20 世纪七八十年代以来的转换调整期。布雷顿森林体系崩溃之后，[③] 纽约于 20 世纪 80 年代获批离岸金融市场权限，取消资本管制，推动石油与美元挂钩，维护美元的霸主地位；90 年代，推进金融混业经营、衍生品市场和金融自由化改革，持续巩固国际金融中心地位。

国际顶尖金融机构云集、金融要素集聚、金融市场完备等特点确保纽约拥有金融领域的国际话语权、定价权，持续不断的金融创新确保纽约始终居于国际金融中心顶尖位置。一是丰富的金融平台和多样化的金融机构催生世界上最大的股票市场和位居世界前列的外汇交易市场、黄金场外交易市场和商品期货市场，[④] 推动纽约成为世界最大的资本供应中心、清算中心、风险管理中心、资产定价中心和融资并购中心。同时，吸引众多国际顶尖金融机构云集，2020 年《财富》世界 500 强企业中纽约上榜 15 家，其中 11 家是金融企业，数量居全球第一。此外，高质量的生活水平、优越的生活环境、良好的创业氛围使纽约吸引集聚了全世界各国各类型的专业人才，催生了金融科技的繁荣，《2020 全球金融科技中心城市报告》显示，纽

① 一战期间，大多数欧洲国家放弃金本位制，美国金融资源迅速填补国际货币和资本市场的空白，国际避险资本进入美国，美国对外投资大幅增加。

② 布雷顿森林体系是指基于 1944 年《布雷顿森林协议》而构建的以美元为核心的世界货币体系。具体而言，以黄金为基础，美元作为最主要国际储备货币的黄金 - 美元本位制（或金汇兑本位制）。美元与黄金挂钩，其他国家的货币直接与美元挂钩，间接与黄金挂钩。

③ 美元的国际货币中心地位（或者说国际贸易中用美元结算）导致美元源源不断流出，但是币值的稳定又需要美元不断流入，这两个相互矛盾的要求导致以黄金 - 美元本位制为核心的布雷顿森林体系崩溃。

④ 2020 年纽约各交易所股票交易量、股票筹资额和股票市值总额均居全球首位，黄金期货交易量全球第一、外汇交易量全球第二。

约位居全球第三，仅次于北京和旧金山。二是通过掌握大宗商品定价权，强化世界经济、金融领域话语权。纽约以“石油美元”为基础，[①] 通过美国的利率和汇率货币政策影响世界，掌握石油定价权；以纽约期货交易所和商品交易所为抓手，[②] 掌握原油、煤炭商品的定价权。三是以金融创新影响世界金融发展的整体走向，如汇率交易基金产品、债权衍生品、股权衍生品、信用衍生品等产品创新，全球首个商品指数期货的交易方式创新，以及以2020年《多德-弗兰克华尔街改革和消费者保护法》为近期代表的监管创新，都影响了相应领域的世界金融。

（三）旧金山：特色鲜明的全球科技金融中心

旧金山是美国西海岸的经济、金融、商业和文化中心，是太平洋证券交易所、旧金山联邦储备银行、美国最大的银行——美洲银行、美国唯一一家获得AAA评级的银行——富国银行总部所在地；人口密度在美国仅次于纽约；拥有良好的港口条件，是全球重要的经济中心、科技中心、金融中心和风险投资高地。全球创新中心硅谷位于旧金山东南部，云集了苹果、谷歌、Facebook、甲骨文、英特尔、特斯拉、AMD等众多科技巨头企业，是举世闻名的全球创新中心。

以金融机构集聚和风险投资发展为线索，旧金山国际金融中心有三个发展阶段。一是20世纪以前经济腹地发展促使旧金山成为区域金融中心。1846~1848年美墨战争中美国的胜利为旧金山带来了巨大的战略纵深，[③] 此后美国西部的淘金热带动旧金山迅速成长为移民和货物集散中心，进而发展为商业中心和美国西部金融中心。二是20世纪初至90年代大型金融机构和风险投资带动旧金山成为国际金融中心。随着二战前后大型金融机构

---

① 1973年，美国和世界第一大石油出口国沙特达成了被称为“不可改动”的协议，即沙特将美元作为石油定价的唯一货币，并说服石油输出国组织接受这一约定，形成现行的“石油美元”体制。

② 1986年纽约期货交易所推出的全球首个商品指数期货拉开了商品交易从现货、期货向指数化演变的序幕。

③ 美国取胜后，两国签订了《瓜达卢佩-伊达尔戈条约》，使美国获得了墨西哥割让的太平洋沿岸52.9万平方公里的土地。

在旧金山的设立发展[①]、风险投资在硅谷的萌芽[②]和美国西部移民、美日贸易爆发式增长带来的海量金融供给和资金周转交易的金融需求，以及金融创新[③]和金融机构重组[④]，旧金山逐渐成长为国际金融中心。三是20世纪90年代以来持续的科技创新推动旧金山成为全球风险投资大本营。作为全球最发达的风险投资中心之一，旧金山不断推动区块链、人工智能、信息服务等金融科技基础设施业态迅速发展，成为全球科技金融中心的典范。

旧金山以"风投-原创技术-产学研联动"为核心动力，依托人才、高校和科技型企业优势，形成"科技人才-科创企业-风险投资需求"良性互动，成为全球的风险投资高地和科技金融原创技术输出地。它拥有众多世界顶尖高校和研究机构（见表2-9），城市科研及名校综合实力排名全球第二，为科创企业的发展提供了丰富的人力资源，[⑤] 带动科创企业发展；全球科技企业TOP 200市值总额位列全球第二，集聚了谷歌、Facebook、苹果等全球科技巨头总部，使其成为全世界原创金融科学技术的输出地。科创企业的融资需求吸引了众多金融机构云集，代表性机构有McKesson、Wells Fargo、PG&E、Gap、Charles Schwab和Salesforce. com 6家世界500强企业，以及Walden International（华登国际）、WI Harper（中经合集团）、KPCB公司、红杉资本和私募股权公司（H&F）、银湖资本等众多全球知名风险投资机构，推动旧金山成为全球最发达的风险投资中心之一。诸多风

① 1904年意大利银行在旧金山成立，1930年易名为美洲银行，是全美国乃至世界第一大私营银行。

② 1946年世界上第一家正规风险投资公司——美国研究与发展公司（ARDC）成立，1958年第一家合伙制风险投资公司成立。

③ 自动化支票处理、磁性墨水认证、美洲银行卡（世界首张银行信用卡，VISA的前身）等技术创新和零售款、分期付款等业务创新。

④ 如美洲银行1992年与加利福尼亚州太平洋证券公司（Security Pacific Corp）的合并、1994年对Continental Illinois National Bank and Trust Company of Chicago的收购、1998年与国家银行的合并等。

⑤ 2019年旧金山从事专业信息技术服务的从业者占总就业人数的比重为5.89%，超过全美国平均水平4个百分点；从事金融保险业的从业者占总就业人数的比重为6.21%，超过全美国平均水平接近0.5个百分点。

险投资机构、大量的高科技企业和富裕家庭①极大地激发了风险投资（见图2-2）② 和科技金融的发展③。

表2-9 旧金山湾区著名高校和研究机构

高校	建校年份	2019年QS世界大学排名	主要成就
斯坦福大学	1891	2	81个诺贝尔奖，8个菲尔兹奖，27个图灵奖，4个普利策奖
加利福尼亚大学伯克利分校	1868	27	104个诺贝尔奖，14个菲尔兹奖，25个图灵奖
加利福尼亚大学戴维斯分校	1905	100	2个诺贝尔奖，1个菲尔兹奖，2个普利策奖
加利福尼亚大学旧金山分校	1873	—	5个诺贝尔奖，10个拉斯克医学奖，5个邵逸夫生命科学与医学奖，4个美国国家科学奖，1个生命科学突破奖
加利福尼亚大学圣克鲁兹分校	1965	336	13名美国科学院院士，26名美国艺术与科学学院院士，35名美国科学促进会会员
卡内基梅隆大学西海岸校区	1900	46	114个艾美奖，44个托尼奖，12个图灵奖，20个诺贝尔奖，9个奥斯卡奖
研究机构	成立年份	运营机构	主要成就
劳伦斯伯克利国家实验室	1931	加利福尼亚大学伯克利分校	13个诺贝尔奖
劳伦斯利弗莫尔国家实验室	1952	加利福尼亚大学等	发现了6种化学元素，创造了超级计算机、美国国家点火装置、高安保级别核材料
航空航天局艾姆斯（Ames）研究中心	1958	美国国家航空航天局（NASA）	旋翼飞行器、国家全尺寸空气动力学综合设施（NFAC）、新的空中交通管理技术

① 2019年旧金山人均年收入139405美元，在全美国排名第七位，前六位分别是Teton、New York、Pitkin、Bristol Bay Borough、Summit和Marin。

② 《美国风险投资报告2021》显示，2020年旧金山所在的加利福尼亚州以3726370万美元的风险投资额居于美国各州之首。

③ 以硅谷银行（Silicon Valley Bank）为代表的科技银行通过与风险投资机构的合作，专门服务科技型企业并向创业环节倾斜，拓展银行业发展新思路。

续表

研究机构	成立年份	运营机构	主要成就
斯坦福直线加速器中心	1962	斯坦福大学	发现“J”粒子、夸克、τ粒子等
农业部西部地区研究中心	1941	美国农业部	

资料来源：刘彦平（2019）。

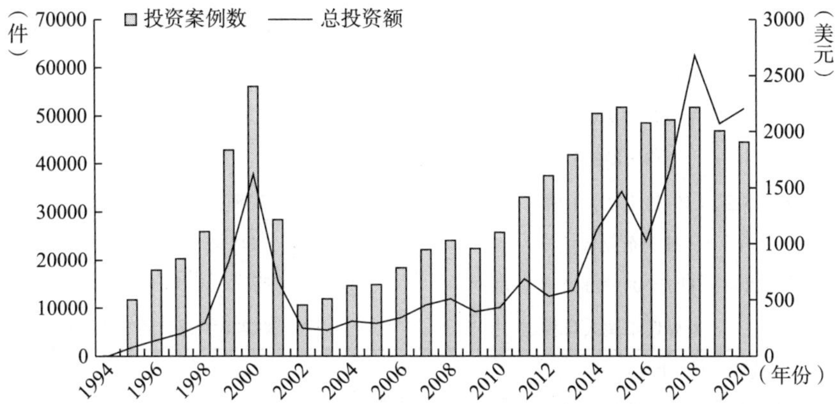

图 2－2　1994～2020 年圣何塞－旧金山－奥克兰都市圈风险投资情况

资料来源：普华永道数据库。

二　政府引导模式下的亚洲国际金融中心

亚洲地区的国际金融中心基本在二战之后形成，以政府引导模式为主、以市场自然选择模式为辅。其中的代表为东京和新加坡。

（一）东京：得天独厚的产业金融枢纽

东京的经济地位和影响力在全球举足轻重（见表 2－10），人口数量和密度居日本之首，是日本的政治、商业、贸易和文化中心，被称为“日本的心脏”。东京产业发达，处于服务、知识、技术密集化发展阶段，人力资本和营商环境位居世界前列。在金融业方面，日本最大的证券交易所——东京证券交易所坐落于此，几乎包括全日本证券交易量的 80%。2019 年东京证券交易所的市值规模为 6.2 万亿美元，居世界第 2 位；日元外汇储备规模仅次于美元和欧元。

表 2－10 “数”说东京（2020 年）

类型	相关数据
世界都市圈人口数量	第 1 位
旅游者进入的世界城市评价	第 1 位
《金融时报》最宜居城市世界排名	第 1 位
东京生产总值相当于世界的份额*	第 14 位
GN 全球城市竞争力排名	第 3 位
世界 500 强企业总数排名	第 2 位
全球化城市指数	第 4 位
资本金为 10 亿日元以上的大企业数*	2964 家，占日本的 50%
外资企业数量*	2419 家，占日本的 76%
《财富》世界 500 强的企业公司数量	30 家
世界城市圈人口排名	世界第 1 位，约 3740 万人

注：* 代表 2016 年数据。
资料来源：根据东京都政府网和相关网络资料整理。

以日本金融与产业互动为线索，东京国际金融中心发展历程分为三个阶段。一是二战后至 20 世纪 70 年代，日本金融与产业发展呈现产业需求拉动金融发展的特点。二战后，在外部需求和压力之下①，以利率自由化和金融国际化为标志的日本金融自由化改革拉开帷幕，推动东京金融业快速发展。二是 20 世纪 80 年代金融与实体经济的脱节、金融供给和实体经济需求错配引起的振荡期。以 1985 年《广场协议》为标志的自由化改革，使得日元兑美元大幅升值，在宽松金融政策刺激下，大量借贷资金涌入股市和房地产，挤出对实体经济的融资，与此时日本产业高级化和外向型经济引领转为内需引领的经济发展需求相违背。在随后过快、过急的紧缩信贷

① 外部需求如美国对日本实施的“经济稳定九原则”和“道奇计划”、朝鲜战争中来自美国的大量订单以及重工业化改造等。外部压力如 1973 年第一次石油危机刺激日本将固定汇率转向浮动汇率；1979 年的第二次石油危机推动日本再次进行财政金融改革。

政策下,[①] 虚高的资产价格被刺破，引发日本经济长达十年的低迷和不景气，东京在国际金融中心前列的地位也被动摇。三是 20 世纪 90 年代以来的衰败期。在比较优势理论和雁行理论指导下，日本将轻化工、纺织、钢铁、造船等失去比较优势的劳动密集型和资本密集型产业逐渐向海外转移，但没有及时补充高端产业，国内投资增长低于对外投资增长，国内产业链条萎缩，引发产业“空心化”。

完善的银行体系、金融与产业的互动和适当的政府干预是东京国际金融中心发展的主要特色。一是原发于二战时期的“官僚多元主义”制度和主银行制度（青木昌彦，2001）推动了日本银行业体系的完善[②]，间接金融长期占据绝对主导地位，即便在金融自由化改革以后日本的直接融资比例持续上升背景下，2017 年日本间接融资比重仍然高达 43%[③]。二是金融对实体经济的支持强弱影响东京国际金融中心地位的高低，政府在金融与实体经济互动中发挥重要作用。20 世纪 50 年代实施的贸易立国金融支持政策中，日本组建政策性银行向煤、铁等部门提供优惠贷款，限制外国企业投资，建立复兴金融公库；60 年代对重化工企业的优惠贷款和推广引进先进技术的专项贷款促进了日本石化、汽车、家电等行业的崛起；70 年代产业向知识密集型转变的过程中，行政直接引导资金投入，如 1976 年的超大规模集成电路补助金制度和 1978 年《特定机械情报产业振兴临时措施法》中对集成电路的专项资金投入。上述金融支持产业的措施直接推动东京国际

① 从 1989 年 5 月至 1990 年 8 月，日本的官定利率从 2.5% 经多次上调提高到 6%；1991 年“地价税”政策，要求凡持有土地者必须向国库缴纳土地持有税。

② 日本的银行按营业地域、营业性质等因素可以区分为都市银行（City Banks）、地方银行（Regional Banks）、第二地方银行（Regional Banks Ⅱ）、信托银行（Trust Banks）、长期信用银行（Long-term Credit Banks）、外资银行（Foreign Banks）、信用中央金库和信用金库（Shinkin Central Banks and Shinkin Banks）、农林系统金融机构（Financial Institutions for Agriculture and Forestries）等不同类型，都市银行占据着主要的大城市、大企业以及国外业务，而地区银行则利用灵活多变的特点，包揽了中小城镇、乡村的中小企业业务，银行业覆盖了全国所有地区。

③ 《任泽平：大国金融体系升级》，新浪网，2019 年 6 月 4 日，http://finance.sina.com.cn/zl/bank/2019-06-04/zl-ihvhiqay3451676.shtml。

金融中心的形成。20 世纪八九十年代技术立国之初，金融支持产业政策的缺失导致新的产业比较优势缺位，[①] 动摇了东京国际金融中心地位；进入 21 世纪，日本当局以日元贬值，降低企业法人税率，鼓励民间资本投资能源、再生医疗、农业等领域，增加对精密器械、电子信息、新材料、新能源等技术密集型产业研发投入的方式，推动金融和产业再一次结合，极大地稳固了东京国际金融中心的地位。2020 年《财富》世界 500 强企业的数据显示（见图 2－3），东京制造业具有明显优势，金融业发展亦紧随其后，两者形成了较好互动。

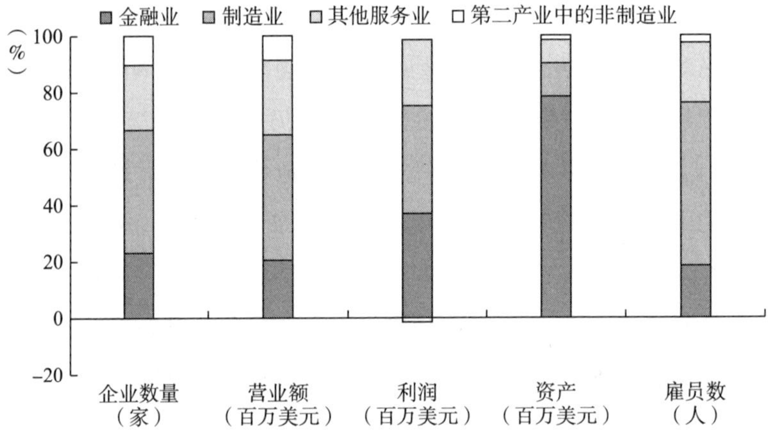

图 2－3　2020 年东京世界 500 强行业分布

资料来源：根据 2020 年《财富》世界 500 强企业名单整理。

（二）新加坡：亚太地区的国际金融中心

新加坡是典型的在政府引导模式下形成的国际金融中心。它地处几大经济圈和贸易区域的关键地带，环绕亚太经济圈、东盟经济圈和中日韩自贸区，扼守东西半球天然要冲马六甲海峡，是全球交通枢纽之一。良好的地理位置辅以政府的及时规划，新加坡成长为亚洲最大的外汇交易市场和区域性国际金融中心。

① 如 1999 年，日本信息技术经费投入远低于美英德法等国。

以金融国际化为主线，新加坡国际金融中心有两个发展阶段。一是20世纪60年代开始的通过建设亚洲美元市场奠定其亚洲离岸金融中心地位和通过金融自由化和国际化改革成为全球第四大外汇交易中心的成长期。20世纪60年代，新加坡抓住美国跨国公司转向海外市场的契机①，进行了取消外币存款利息税、接受非居民的外国货币存款、放开外汇和银行业管制、设立离岸银行牌照（Offshore Banking License）等一系列金融自由化改革，大力吸引国际金融机构进驻，成为亚洲美元交易中心②。二是1997年亚洲金融危机后的转型期。1997年亚洲金融危机后，新加坡重新规划整体金融发展思路，推出更大规模、更高层次的金融发展规划，着重从合规性监管向风险监管转变、鼓励金融服务创新，迎来了金融业的又一发展黄金期，确立了以离岸金融中心、外汇交易市场为基础的国际资产管理中心地位。

以亚洲市场为依托，良好的营商环境和宽监管的特点推动了新加坡国际金融中心的发展。一是新加坡以亚洲最大的外汇交易市场为依托增强自身的全球金融影响力。2019年的全球外汇交易数据表明，新加坡稳居世界第三大外汇交易中心，仅次于伦敦和纽约，是亚洲最大的外汇交易中心。二是新加坡以良好的营商环境成为亚洲首选的跨国公司区域总部所在地。新加坡拥有世界排名靠前的金融发展环境和条件（见表2－11），毕马威发布的《在香港设立地区总部税务优惠计划的研究》显示，新加坡在2017年福布斯2000强跨国科技企业在亚洲区域总部选址中排名第一。③ 三是新加坡秉持“功能监管”和“技术中性”原则，宽容对待金融创新。新加坡对金融科技行业实施沙盒监管，将那些能带来真正创新、社会福祉和技术价

① 美国国际收支不断出现逆差，美国政府采取了一系列限制美元外流的措施，如限制美国企业对外直接投资、限制设立海外分支机构和银行对外信贷，因此跨国公司转向其他国家金融市场以满足融资需求。

② 20世纪90年代末，新加坡外资银行的资产已占银行业总资产的80%，ACU从1975年的66家增加到100多家。1998年外汇业务营业额达1390亿新加坡元，成为仅次于伦敦、纽约和东京的世界第四大外汇交易市场。

③ 新加坡经济发展局官网，https://www.edb.gov.sg/cn/why-singapore/business-friendly-environment.html。

值但不符合当前金融监管要求的金融科技项目纳入沙盒监管。当前，新加坡正通过制定发展规划、发放数字银行牌照、实施数字支付法规等方式丰富数字金融生态，努力构建数字经济时代的数字金融优势。

表 2－11　2019 年各金融中心城市金融发展环境和条件比较

城市	新加坡	纽约	伦敦	东京	上海
金融制度					
全球机会指数排名	—	17	5	19	40
政府监管负担指数排名	1	14	21	31	19
Chinn-Ito 指数：KAOPEN	1	1	1	1	0. 165
政府政策稳定指数排名	2	16	39	21	45
破产监管框架指数排名	88	1	49	9	38
金融人才（%）					
金融从业人员占总从业人员比例	5. 3	5. 4	6. 5	5. 1	3. 0
CFA 持证人员占金融从业人员比例	2	1. 4	1	0. 1	0. 5
营商环境					
营商便利性排名	2	6	8	29	31
新开企业所需时间排名	2	31	21	70	56
新开企业所需成本排名	9	1	78	9	24
GFCI 营商环境排名	4	1	2	>15	>15
城市生态					
网络社会城市指数排名	3	7	2	9	31
信息技术使用率排名	5	27	31	6	18
生活成本指数	—	100	88	90	57

资料来源：《国际金融中心发展报告》编写组（2020）。

三　混合模式下的中国国际金融中心

（一）香港：“一国两制”下的国际金融中心

香港是全球重要的金融中心之一，以自由贸易、低税率著称，以服务业为主的经济中金融占较大比重，发达的金融业将其国际金融中心的地位巩固在较高水准。新时代，得益于粤港澳大湾区战略的实施，香港成长为全球最大的人民币离岸金融中心。

香港国际金融中心地位的形成与其经济转型和金融业的自我革新息息相关。以此为线索，将其国际金融中心的发展分为两个阶段。一是二战后得益于与中国内地和世界沟通的成长期。该阶段，香港金融业历经两次明显的转型。改革开放前由转口贸易港发展成为出口导向型工业基地，为金融业蓬勃发展奠定产业基础。改革开放后，香港制造业开始大规模地向中国内地转移，产业发展转向金融业、商贸、咨询等为中国内地制造业提供支持的服务业。与中国内地互动过程中，香港逐渐成为中外金融机构聚集的亚洲国际金融中心。二是 20 世纪 90 年代以来的成熟期。以应对两次国际金融危机为契机，香港实行调整监管机构①、完善金融法律体系②、加强金融业风险控制等一系列改革措施，确立混业经营、分业监管模式③，金融监管日渐成熟、国际金融中心也愈加稳固。

背靠祖国、拥有巨大的经济腹地是香港国际金融中心的最大特色。一是香港交易所是内地企业境外上市的首选平台。2020 年，在港交所挂牌的 154 家新上市公司中，来自内地的企业占比高达 75.32%。来自内地的募资规模共约 3901.09 亿元，约占总募资额的 98.95%。内地企业给香港资本市场带来了“新鲜血液”，也占据了香港资本市场的半壁江山（见表 2－12）；香港以股市扩大服务内地经济发展的机会巩固其国际金融中心地位。二是背靠祖国，香港成为全球最大的离岸人民币市场。2003 年，香港已拥有全球首个离岸人民币清算体系、全球最大的人民币资金池以及活跃的人民币交易市场和多元化的人民币产品体系，在离岸人民币业务方面具有规模优势和全球先发优势。2019 年，香港离岸市场人民币、外汇以及衍生工具的交易量均

---

① 1993～1994 年，合并外汇基金管理局和银行业监理处为香港金融管理局，确保中央银行的部分功能（如维持金融体制和银行业稳定、保持政策连续性等）正常运行。

② 2003 年 4 月 1 日《证券及期货条例》生效。

③ 香港的金融监管架构主要由金融管理局、证券及期货事务监察委员会、保险监理处及强制性公积金计划管理局组成，结合行业自律协会，分别负责监管银行业、证券期货业、保险业和退休计划业务。

居全球第一，日均交易量1076亿美元，比排第二位的伦敦高出90%。

表2-12 中国内地企业在港交所上市情况

单位：只，%

指标	截至 2019年12月	截至 2018年12月
港交所上市公司累计股票数	2449	2315
内地企业	1241	1146
H股	284	267
红筹股	173	164
非H股内地民营企业	784	715
内地民营企业市值占港交所总体市值的比重	73.3	67.5
内地民营企业股份成交金额占港交所总成交金额的比重	82.5	79.1

资料来源：瑞恩资本（Ryanben Capital）。

（二）上海：潜力巨大的国际金融中心

上海是中国现代金融业的发源地和当代金融发展的桥头堡。2020年，上海金融市场交易总额突破2000万亿元，金融业增加值突破7000亿元，后者占地区GDP的比重超过17%。上海证券交易所股票筹资总额、期货交易所交易量和黄金交易所场内现货黄金交易量均居全球第一，银行间债券市场托管规模居全球第二。上海已成为全球金融要素市场门类最齐备的城市之一，国际影响力日益扩大。

上海国际金融中心的发展相当大程度上与中国的命运联系在一起。① 改革开放后，上海开始探索经济体制转型，进行金融市场的先行先试改革；② 1992年浦东大开发推动上海金融业大发展，其各类金融市场逐渐成长为全国性市场，获得国内金融中心地位。2009年上海确立“双中心”③ 发展战

① 早在20世纪初，上海就已经是远东地区最重要的国际金融中心；随着中国时局的变化，上海国际金融中心的地位也随之波动乃至消失。

② 如1986年建立全国外汇调剂中心，20世纪90年代落户中国外汇交易中心、形成银行间同业拆借市场。

③ 国际金融中心和国际航运中心。

略，加快推进国际金融中心建设；2013 年中国（上海）自由贸易试验区建立，上海逐渐成长为可与香港比肩的国际金融中心。

金融要素市场是上海国际金融中心建设的核心，由此带来的金融开放和创新是最大优势所在。全球资产管理中心和金融科技的迅猛发展是上海国际金融中心持续发展的突破口。一是经过改革开放 40 多年的不懈努力，上海已建成股票、债券、货币、外汇、票据、期货、黄金、保险等 14 个全国性金融要素市场，[①] 与伦敦、纽约一样成为全球要素市场最齐全的城市，掌握着中国外汇市场和货币市场的基准利率。同时，上海也是中国金融产品最丰富、金融开放程度最高的城市之一，自由贸易账户功能不断拓展，原油期货、“沪港通”、“沪伦通”、“债券通”、黄金国际板、国债期货等创新产品不断推出。跨境人民币业务、投贷联动、跨境 ETF 等业务创新层出不穷。二是作为全球资产管理中心，上海后发优势明显。在 GFCI 29 报告的投资管理领域中，上海排名仅次于纽约、伦敦、香港、新加坡等老牌资管中心。截至 2020 年底，全球资管规模排名前十的资管机构全部在沪设立机构、开展业务，全国 32 家外商独资私募证券投资基金管理人中有 29 家落户上海。三是以金融科技为突破口，推动国际金融中心排名走在全球前列。浙江大学公布的《2020 全球金融科技中心城市报告》中上海金融科技上市企业相关指标排在全球前列（见表 2 - 13）；建信金科、中银金科、交银金科等一批金融科技龙头企业在沪成立，国内首家外资银行金融科技公司汇丰金科落户上海；科创板的设立强化了上海的金融和科技中心优势。金融科技将为上海实现“弯道超车”提供机遇。

表 2 - 13　截至 2019 年 10 月全球金融科技上市企业数量、市值总额、市值均值排名及企业市值 TOP 10 所属城市

排名	企业数量	市值总额	市值均值	企业市值 TOP 10 所属城市
1	北京	旧金山（硅谷）	旧金山（硅谷）	Visa（旧金山）

① 同花顺金融研究中心：《上海市长龚正：2020 年上海各类全国性金融要素市场达到 14 家》。

续表

排名	企业数量	市值总额	市值均值	企业市值 TOP 10 所属城市
2	上海	纽约	纽约	MasterCard（纽约）
3	旧金山（硅谷）	阿姆斯特丹	阿姆斯特丹	Square（旧金山）
4	纽约	上海	日内瓦	Adyen（阿姆斯特丹）
5	杭州	芝加哥	芝加哥	东方财富（上海）
6	深圳	杭州	巴黎	TransUnion（芝加哥）
7	芝加哥	北京	米兰	Broadridge（纽约）
8	亚特兰大	日内瓦	墨尔本	Temenos（日内瓦）
9	伦敦	巴黎	西雅图	恒生电子（杭州）
10	阿姆斯特丹	米兰	杭州	Apollo（纽约）

资料来源：《2020 全球金融科技中心城市报告》。

第三节　国际金融中心建设的规律与经验

国际金融枢纽是国际金融中心的升华，它的建设需要借鉴国际金融中心的经验。因此，本节在分析国际金融中心的共同特征和发展规律基础上，以国际金融中心的发展建设为参考，提出国际金融枢纽建设的经验借鉴。

一　国际金融中心的共同特征和发展规律

新古典经济学以规模经济和集聚经济理论来解释国际金融中心的形成。金融集聚效应体现在两方面：一是资金跨地区支付效率和金融资源跨地区配置效率提高带来的金融内部规模经济；二是金融从业者和金融机构近距离交流与沟通便利带来的信息和知识共享及由此激发的金融创新等外部规模经济（潘英丽等，2009）。但信息成本的增加、时区差别带来的不便、上升的商务成本等会带来负面效应（Kindleberger，1974）。此外，金融机构营业所需要的特许经营权、金融专业人才、经营场地、基础金融交易设备和初始股本等生产要素，当地的宏观经济水平和金融机构进入本地的便利度等需求要素，以及金融机构迁移所需要的沉没成本等都影响金融机构的区位选择（Davis，1990）。当供需双方的条件达到平衡、形成最优解时，该地区就很可能形成区域性金融中心。之后，在规模经济和集聚经济的作用下，区域性金融中心的地位得到自我强化，在国内外频繁交流中逐渐进化成长为全国乃至国际金融中心。

新经济地理学在新古典经济学基础上强调了来自产业关联效应、市场厚度、资源共享、知识溢出等的向心力，以及来自如基础设施、资源、土地等生产要素的不可移动性和商业租金、运输成本、拥挤效应等外部不经济的离心力作用（Krugman，1995）。此外，信息的外溢效应、社会制度和文化因素、宽松的监管制度等外部性因素和非标准化信息以及信息流带来的信息腹地特性也对国际金融中心的形成产生了重要影响（Porteous，1999；Arthur，1988）。

以上述理论为基础，结合代表性国际金融中心的发展实践，这里总结国际金融中心发展的共同特征和发展规律。

（一）共同特征

第一，优越的地理位置带来金融需求增长，确保不间断金融交易。优越的地理位置有利于人口、商业、贸易等金融需求集聚增长，吸引金融企业跟进发展；合适的时区能够保证其较长时间不间断金融交易。例如，纽约地处的美国东北海岸拥有全美最密集的人口、最发达的工商业，既通过伊利运河与五大湖地区连接，又通过全球最繁忙的大西洋航线与欧洲、非洲和南美洲相连，庞大的需求市场为纽约金融业集聚提供了极为优越的条件。伦敦的地理位置为它带来了独特的时区优势，它处于亚太时区和美洲时区之间，覆盖欧洲时区，拥有可以 24 小时不间断进行全球金融投资的中介场所，是联系世界各个时区交易的桥梁。

第二，宽广的经济腹地带来初始交易需求和后期金融良性发展的基础。一方面，广阔的经济腹地产生经济交易需求，催生国际金融中心。英国因第一次工业革命而成为世界第一工业强国，全球大部分地区成为其经济腹地，英国首都伦敦自然成为世界经济活动中心和国际金融中心。另一方面，广阔的经济腹地促进城市繁荣和经济集聚，推动产业从工业向服务业转型升级，从经济规模和密度两方面提供金融集聚发展的基础条件，形成金融“集聚—吸引—集聚”的良性循环。

第三，开放的经济体系大幅提高金融中心的运行效率。开放的经济体系吸引多样化的金融要素和金融机构进入本地金融市场，通过市场竞争提高金融市场的活力、运行效率和服务能力，进而通过自我加强效应，吸引更多金融要素集聚，形成和巩固国际金融中心地位。自1986年开始，英国陆续发动了两次以放松监管、引入国际市场竞争为主要内容的“金融大爆炸”改革，吸引了大批跨国公司和金融机构进入伦敦，通过资本账户盈余扭转了伦敦国际贸易地位下滑的趋势。新加坡1976年放宽外汇管制，1978年全面开放外汇市场，从而形成了亚洲最大的美元市场，助力新加坡成为国际金融中心。

第四，健全有效的法律和监管体制确保国际金融中心持续发展。当前，全球性国际金融中心所在地的法律和监管体制均较为完善，国际金融中心的形成和发展过程也可以说是金融监管制度的完善过程。伦敦国际金融中心就是在宽松的金融创新环境和严监管之间波浪形向前发展的。20世纪80年代，伦敦顶级国际金融中心的地位受到纽约威胁之时，通过放松金融管制、提高金融吸引力的方式稳固地位；此后，在历次金融危机中不断完善金融监管框架和法律体系，构筑金融领域的强大制度力量和营造优良环境，确保国际金融中心的地位长盛不衰。

第五，和谐稳定的外部环境确保国际金融中心平稳发展。一个稳定的政治局面对国际金融中心的形成和发展至关重要，如果一个地方政局动荡，势必对资金安全造成巨大威胁，影响金融业的平稳发展。欧洲和亚洲作为二战主要战场，对国际资本的威胁直接导致国际金融中心第一的“宝座”从伦敦转向纽约、国际主要交易货币从英镑变为美元。

（二）发展规律

国际金融中心的发展通常沿着服务区域—服务全国—服务全球的路径进行。在这一过程中，经济实力、政府和市场、金融对外开放与创新和本国货币国际化发挥了关键作用（见图2-4）。

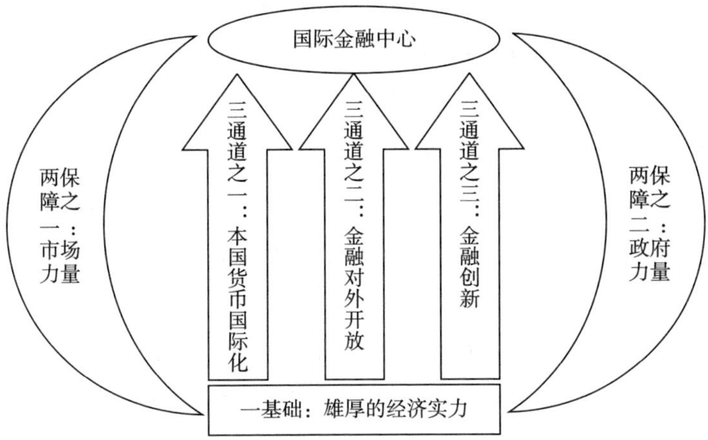

图 2－4　国际金融中心的发展规律

一基础：雄厚的经济实力是国际金融中心发展的基础保障。经济基础是构筑金融中心的坚实后盾，经济发展水平决定金融发展水平。两大国际顶尖金融中心伦敦和纽约的形成与发展得益于英美两国雄厚的经济实力；东京金融中心的形成得益于日本经济体量的快速增长。第一次工业革命推动形成以英国为中心的全球贸易网络，催生伦敦国际金融中心的形成和繁荣；通过两次世界大战的蛰伏和战后欧洲复兴计划的实施、冷战的终结等，美国的综合国力和国际影响力大幅提升，日益增长的美元交易需求推动纽约从国内金融中心成长为国际顶尖的金融中心；二战后，在美国支持下日本的电子和汽车行业在全球取得了比较优势，以此带动日本经济飞速发展，为东京成为国际金融中心奠定经济基础。

两保障：市场是推动国际金融中心发展的根本力量，政府是后发国际金融中心初期崛起的关键。市场推动形成国际金融中心的途径是：生产力发展—贸易发展—金融结构性需求产生—金融市场建立—国际金融中心形成。在自然资源、地理位置、气候条件等先天禀赋的加持下，商业、人口、贸易等向某地集聚，引发交易、存储、贷款、汇兑等金融需求，催生金融机构产生和集聚，形成国际金融中心。伦敦、纽约、旧金山是其代表。后发国际金融中心初期崛起的关键是突破已有国际金融中心的路径锁定，敏锐地抓住先发国际金融中心的疲惫期和调整期，利用本国地缘、经济、政治优势，通过政府规划和金融业优惠政策的强力支持，打造形成超越常规发展的金融中心；在崛起之后，依靠人的惯性和黏性、迁移的沉没成本、已经形成的信息腹地的路径依赖（凯西斯，2011；Porteous，1999；Arthur，1988），持续成长为国际金融中心。其主要途径是：国际市场变化契机—政府设计规划—金融体制变化—金融体系完善—国际金融中心形成。东京、新加坡是其代表。

三通道：本国货币国际化、金融对外开放和顺应时代发展的金融创新是顶级国际金融中心成长的主要路径。综观国际金融中心的变迁，伦敦国际金融中心地位的确立与英镑成为国际贸易中最主要的结算货币和支付手段密切相关；纽约国际金融中心地位的确立与二战后布雷顿森林体系加持下美元成为全球最主要的国际货币紧密相连；东京国际金融中心地位的确立离不开日元国际化；上海和香港国际金融中心的发展与人民币国际化的关系密切。金融市场的对外开放能更好地满足市场主体对金融交易、支付清算、风险管理等不同种类、不同层次的多样化金融需求，是国际金融中心形成的必由之路，如伦敦、纽约、东京的金融自由化改革都使其金融影响力得到稳固和扩大。顺应时代发展的金融创新是国际金融中心始终保持活力的秘诀，如伦敦、纽约、旧金山、上海。

二　国际金融枢纽建设的经验借鉴

从国际金融中心的共同特征、发展规律和建设情况来看，国际金融枢纽建设需要加强金融集聚向心力以提高内部规模经济效应，降低金融集聚离心力以提高外部规模经济效应，培育国际金融枢纽发展黏性以强化路径依赖效应。

（一）加强金融集聚向心力以提高内部规模经济效应

1. 激活金融需求要素集聚

第一，提高经济实力，厚植金融发展基础。一是把握发展先机，更快、更早地推动实体经济发展。伦敦国际金融中心的起飞源于第一次科技革命英国经济的突飞猛进；纽约国际金融中心的起飞源于第二次科技革命美国经济的腾飞；旧金山国际金融中心的蓬勃发展离不开第三次科技革命——信息技术革命的加持。二是扩大经济腹地，增加金融需求。一方面，充分利用本土和周边的经济腹地。上海、香港和新加坡国际金融中心的发展离不开中国、亚太经济圈、东盟经济圈、中日韩自贸区和亚非澳贸易区等广阔腹地的经济支持。另一方面，把握和利用好本国货币国际化和区域或全球金融发展契机，利用全球资源。伦敦、纽约和东京国际金融中心地位的确立离不开英镑、美元和日元作为主要国际支付货币的支持；新加坡抓住纽约和伦敦的严监管周期，通过建立离岸美元市场实现初期突破式发展。

第二，优化金融发展环境，提高金融服务能力。一是简化流程，提高企业审批效率。国际最先进的企业开办环节只需 1 个、耗时 0.5 天，粤港澳大湾区国际金融枢纽的企业开办环节和时间仍需继续压缩，同时继续深化粤港澳三地投资便利化改革，尽早实现“湾区通办”“跨省通办”。二是简化税制，便利企业运营。被称为“避税天堂”的新加坡，企业所得税仅为 17%，没有资本税，免全球双重课税；香港公司利得税（相当于国内的企业所得税①）税率仅为 16.5%。三是推动信用、技术、应收账款等多种新型贷款方式，解决小企业融资难问题。在美国，初创期企业可使用良好的商业计划和盈利预测向银行贷款，或者向与小企业管理局合作的信用社贷款，以硅谷银行的贷款模式为代表。四是强化金融司法解释权。伦敦国际仲裁院（LCIA）超过一半的案件涉及银行、金融、能源、资源等，极大增强了伦敦的全球金融影响力和话语权。

2. 加强金融要素供给

第一，明确国际金融中心定位，培育和强化金融比较优势。一是精准定位形成特色鲜明的金融核心竞争力。例如，伦敦和纽约分别是跨国金融和总部金融的代表，旧金山是以风险投资著称的科技金融中心，东京则是为实体经济服务的产业金融中心。二是后发国际金融中心适宜采取以重点

① 不考虑减扣等政策优惠，2020 年中国企业所得税基本税率为 25%。

领域突破带动金融整体发展的策略。东京在《广场协议》签订之后国际金融中心排名一度下降，但债券市场和金融衍生品市场的突围又将其带进国际金融中心前列；新加坡国际金融中心的崛起源于离岸美元市场的突破。

第二，夯实金融要素供给的硬件基础设施。国际金融中心作为金融机构、市场和交易的全球性或区域性集散地，必然也是处于金融基础设施极为发达的城市。国际清算银行（BIS）数据显示，在选定支付系统（SPS）数量方面，中国内地仅在零售支付系统（RPS）上具有与美国和新加坡同等的优势，均为 4 个，大额支付系统（LVPS）、快速支付系统（FPS）、外汇结算系统（FX）等其他支付系统均无明显优势。伦敦作为全球最大的外汇交易中心的根本在于其是全球最大的多币种支付系统——持续连接结算系统（CLS）的业务处理所在地①，也是服务全球数十家交易所的独立运作清算所——伦敦清算所（LCH. Clearnet）所在地②。此外，众多其他类型的支付和结算系统、金融交易数据库等也在伦敦运行。纽约、香港、新加坡、东京等也拥有众多选定支付系统。

第三，完善金融市场体系，吸引金融机构集聚，培育头部金融机构。纽约和伦敦两地当前形成的覆盖企业全生命周期发展金融需要的市场体系是其一直保持顶级国际金融中心地位的秘诀。从企业发展初期发达的风险投资和私募股权投资以及政府参与支持企业发展的大学挑战基金、地区风险投资基金、早期成长发展项目和英国高技术基金等项目，到企业发展中期以伦敦证券交易所为核心的，由主板、二板、三板及另类投资市场（AIM）、衍生品等特色板块组成的多层次资本市场，再到满足企业各环节资金需求的银行、再担保、保险等市场以及当前迎合世界发展大势努力建设的人民币离岸市场，伦敦国际金融中心在持续创新和迎合大势发展中不断完善的金融市场体系是其长盛不衰的根本原因。纽约拥有与伦敦同样的金

① 可以结算全球 18 种货币。

② 服务对象包括但不限于伦敦股票交易所、伦敦国际金融期货交易所、伦敦金属交易所、卢森堡股票交易所、香港联交所和新加坡交易所等和全球场外交易市场，服务领域覆盖证券及其衍生品。

融市场优势。因此，两地都吸引了大量金融机构集聚，培育了众多知名跨国公司，以汇丰银行和摩根大通为代表。

（二）降低金融集聚离心力以提高外部规模经济效应

1. 培育金融创新环境

第一，用制度和产品创新吸引金融集聚，优化金融市场创新环境。一方面，吸引资本集聚。纽约于1792年开设了股票交易所并创造了证券交易佣金制度，吸引了海量资本集聚；1829年创立安全基金制度，保护了银行破产之时债权人的利益，加速资本从费城向纽约集聚；1927年存托凭证的发明极大便利了跨国资本流动和集聚。另一方面，吸引金融机构集聚，培育新型金融市场。1838年，纽约创设的自由银行制度促进了纽约银行业金融机构爆发式增长；1971年纳斯达克全球首个场外市场交易电子报价系统的诞生和做市商制度的开创吸引了全球大量市值较小的公司集聚。此外，1965～1972年，可转让存单、货币市场共同基金以及综合人寿保险、可变寿险保单等众多金融产品创新，极大程度推动了发达国家债券市场和货币市场的发展；20世纪80年代，国际银行设施（IBFs）的发明开辟了美国境内离岸金融市场。

第二，用制度和产品创新提高金融运行效率，确保金融市场平稳运行。1958年，纽约清算公司成立，将票据结算周期从每周一次压缩至每天一次，提高了金融运行效率；1973～1982年，为挽救受到石油危机冲击的股票市场，以金融资产期货和期权为代表的金融产品创新带来金融期货市场的发展；共同基金催生新兴产业发展；可调整利率抵押贷款和浮动利率票据等的问世、抵押贷款证券化的初步尝试、在电子信息技术带动下的信用卡业务、现金管理业务、联通账户业务和自动取款业务等的出现不断提高资金运转和使用效率；1982年以来，股票指数期货、杠杆收购、垃圾债券等实现套期保值和企业兼并的新品种的不断出现，为平滑金融风险提供了更多选择，为确保金融市场平稳运行添砖加瓦。

2. 平衡金融创新与监管

第一，在平衡金融创新与监管中推动金融发展。美国金融的螺旋式发展实际上就是金融创新和金融监管力量的此消彼长：新自由主义的经济思潮推动了美国金融的去监管化，无数金融衍生品被创造出来，金融机构获得空前发展；2008 年次贷危机爆发，美国推出《多德－弗兰克华尔街改革和消费者保护法》，重新审视监管构架，禁止了很多高风险的银行自营业务，助力金融市场日渐走出阴霾；为顺应数字时代的金融创新，纽约推出加密货币监管机构，以便适应金融科技的发展革新。

第二，充分利用国际金融中心政策调整机会，创新金融政策。纽约和伦敦就是在利用对方严监管中采取鼓励创新的包容监管而实现竞合发展的。1957 年英国发生英镑危机之时，为抑制英镑过度投机，英国政府禁止伦敦的商业银行向第三方贸易进行英镑的放贷，间接促进美元的使用，形成世界上最早和最主要的境外美元市场。美国对银行业利率上限的限制、对国外债券在美融资的加税、对《格拉斯－斯蒂格尔法案》和《萨班斯法案》等严监管政策的执行，伴随英国的金融自由化改革，推动大量金融机构和业务向伦敦转移。在把握竞争城市政策调整的机会中，纽约和伦敦不断巩固自身国际顶尖金融中心地位。

（三）培育国际金融枢纽发展黏性以强化路径依赖效应

1. 降低资本要素流动门槛和提高对人才要素的吸引力

第一，降低资本要素流动门槛。一是渐进、有序推动资本自由流动。虽然美国的资本自由流动程度颇高，但其放开过程仍然是有序、渐进的。美国取消资本流入限制始于 1973 年布雷顿森林体系瓦解后；《1980 年银行法》废除对存款利率进行管制的 Q 条例，加速推进利率市场化；《1984 年贸易与关税法》取消预扣税，推动金融服务业的贸易自由化；《1999 年金融服务现代化法案》才全面实现利率、汇率、资本账户和金融服务业的自由化。二是基于为本国服务的原则，把握好与本国经济实力和国际影响力相匹配的资本自由流动程度。自由化程度过高，经济就会出现问题。20 世纪七八十年代日本制造业和综合国力的强盛推动日本在 1980 年放松外汇管制，推动资本市场全面自由化，东京日渐成为全球重要的资本输出地；但是，过度自由化为 1986～1989 年资产泡沫的形成和破灭埋下隐患，引发实体经济萎靡，造成东京国际金融中心地位下降。可见，资本自由流动程度与本国经济实力互为表里，需要和谐共生。

第二，提高对人才要素的吸引力。一是以教育和科研集聚奠定人才集聚基础。伦敦、纽约、旧金山和东京都是世界知名的教育和文化中心，拥有“多元文化”“移民城市”的重要标签，依托强大的人才培养机制和独特的文化优势，建立了吸引和留住外来人才的体制机制，为金融业发展提供了源源不断的人才和智力支持。二是以产学研一体化有力推动金融产业链建设，减少人才流失。伦敦知名大学和科研院所提供初步人才储备；在人才成长过程中，高校与伦敦金融城紧密合作，在业务实习、委托培养和互动交流的过程中明确金融机构的实际需求，运用技术孵化器、私募和风险基金咨询、联合推介的方式深化与金融机构的合作，形成金融产业的产学研一体化，也形成在人才储备上“培育—成长—留住”的良性循环。三是对高端人才采取灵活税收安排，提高人才吸引力。新加坡制订了非常住居民（Not Ordinarily Resident，NOR）计划，对外国工作者实行税务优惠期政策，对招聘、培训外来人才的企业实施税收减免。

2. 提高金融要素流动效率

第一，发挥市场在国际金融中心发展中的根本性作用，提高金融要素和机构集聚效率。一是遵循金融运行规律，吸引资本集聚，打造离岸市场。金融的趋富性质决定了金融资本会本能地向资产约束力较小、监管较为宽松、税收较少、隐性利益较为丰厚的地区流动。世界最大的美元离岸市场伦敦和亚洲最大的美元离岸市场新加坡都是得益于本国金融自由化改革和一定程度上的监管放松。二是利用兼并重组，打造头部金融机构。日本金融自由化改革之后，银行之间并购重组互动频繁，形成了当时世界上规模居于前列的金融集团。[①] 跨细分行业的业务重组实现了金融集团的混业经

① 1996 年，东京银行与三菱银行合并为东京三菱银行；2001 年，东京三菱银行和三菱信托银行又合并为三菱东京金融集团，两家银行业巨头的兼并使其成为日本国内银行界位居第三、全球排名第五的金融巨无霸。1999 年，住友银行与樱花银行合并为三井住友银行。2004 年，三菱东京金融集团再度出手，与 UFJ 集团合并为三菱 UFJ 金融集团，形成当时全球规模最大的金融集团。

营，带动了经营模式创新。在头部机构明星效应和降低成本提高利润的逐利本性作用下，大量跨国性金融机构向专业服务更强、人力资源更多、交易成本更低、信息更为密集、商业性网络更为庞大的东京汇聚，其国际金融中心地位得到提升，国家内部的金融体系也逐渐形成。

第二，发挥政府在危机和动荡时期力挽狂澜的兜底性作用，引导金融取得突破性发展。一是以规划引导推动金融跨越式发展。新加坡国际金融中心的初期发展就是政府抓住20世纪60年代末美国金融政策调整机会进行规划引导的结果。当前，新加坡政府通过建立“监管沙盒”、设立区块链技术应用的加速器、推进央行数字货币项目等措施支持金融科技行业的发展，也取得了良好成效。[①] 二是在事后监管中完善金融规制体系。美国金融监管体系的完善来自历次金融危机之后的大调整。1913年，美国中央银行体系的建立是由于1907年的严重银行恐慌和经济衰退；20世纪三四十年代分业经营，以及分业监管的金融监管体系框架的构建——《格拉斯－斯蒂格尔法案》《1934年证券交易法》《马洛尼法》等一系列金融法律是由于30年代的金融危机。三是与时俱进地创新监管方式，发挥制度监管和社会监管的共同作用，利用大数据、互联网等加强协同监管。

① 2019年，新加坡区块链企业比2018年增加50%。

第三章
粤港澳大湾区建设国际金融枢纽的基础与环境

粤港澳大湾区（简称“大湾区”）作为世界四大湾区之一，金融集聚效应显著。众多的金融机构、活跃的金融市场交易、完善的金融基础设施为建设国际金融枢纽奠定了坚实基础。它有条件也有能力建设一流国际金融枢纽。步入新发展阶段，面临开放、融合、协调、创新发展的重大机遇，同时也面临参与区域金融资源激烈竞争、防范化解境内外金融风险、适应行业转型升级新需求和新挑战，大湾区亟须充分发挥金融支持创新、绿色、共享发展的比较优势，补齐金融支持协调、开放发展的短板与不足，推动粤港澳金融规则对接及金融市场互联互通，畅通人流、物流、资金流、信息流，实现粤港澳协同发展，共建立足大湾区、面向全国、辐射全球的国际金融枢纽。

第一节　粤港澳大湾区国际金融枢纽的核心功能

结合粤港澳大湾区的基本特征，粤港澳大湾区国际金融枢纽应具备四大核心战略功能，即要素联通功能、发展集聚功能、辐射带动功能、协同发展功能。

一　要素联通功能

国际金融枢纽的重要特征是网络联通，并以此作为全球或者某个地区人流、物流、信息流、资金流等要素交换和扩散的节点，通过强大的资源吸收能力和立体化的空间联系，推动构成更大的发展格局，促进经济发展。粤港澳大湾区建设是湾区内部资源互联互通的重要战略举措。从顶层设计角度推动不同框架下的金融市场、金融规则以及金融人才、信息技术等生产要素突破地理限制，加速金融基础设施联通以及金融资源自由流动，实现市场化双向自由流动、互联互通，最终实现粤港澳大湾区金融全面融合。同时，粤港澳大湾区独特的地理优势可以作为全球金融要素的交换和扩散的重要节点，一方面依托“双区”规则软联通和设施硬联通优势，加快融入国内统一大市场；另一方面以“双区”循环畅通支撑参与国际循环，推动稳住存量市场的同时开拓多元化国际市场，深度对接国际经贸体系，有效利用国内与国际两个市场、两种资源，实现更高水平参与国内国际双循环。

二　发展集聚功能

国际金融枢纽的形成本质上是金融资源集聚的必然结果。国际金融枢纽是各类金融机构高度集聚的场所，并以金融工具为载体，通过金融市场将境内外市场交易和资金余缺者连接起来。以克鲁格曼（Krugman）为代表的新经济地理学派认为，集聚就是经济活动的“集群过程”，并通过某种循环逻辑不断创造并维持此类集聚。在现代信息技术条件下，国际金融中心之间的竞争朝最大限度地节约交易成本和对市场交易者提供尽可能高的流动性方向发展，由此形成的巨大的金融存量和流量汇集成连续的信息流，从而产生更强的金融集聚效应。打造粤港澳大湾区国际金融枢纽，就是要通过进一步放大广东金融业的强劲优势，打造一批重大金融发展平台、金融集聚功能区等，以金融集聚的规模经济效益、网络效益、创新效益等来提高金融发展质量，推动广东金融强省建设，进而推动经济转型和结构升级，促进经济增长。

三　辐射带动功能

国际金融枢纽的“辐射效应”是指以发挥中心节点的作用为根本，通过向外围和周边扩散影响，逐步实现更广领域范围内金融体系的完善和进步。国际金融枢纽的扩散作用与自身能级的高低有关，能级越高扩散作用越强，扩散范围越广。粤港澳大湾区实现优势互补的同时，也能够利用大城市群的向心力进一步扩大自身优势，产生强大的规模效益。作为具备重大全球影响力的对外开放枢纽，粤港澳大湾区在经济发展层面充分利用自身地理位置优势，通过港口贸易、交通枢纽等形式逐渐向周边城市扩散自身的经济辐射力，有力黏合区域相互依存关系，带动区域联动增长，逐步实现更广领域范围内金融体系的完善和进步，充分发挥中心节点的辐射带动作用。打造粤港澳大湾区国际金融枢纽，就是要整合“湾区经济”地理空间，扩展建立成熟、健全的金融地域系统，通过金融资源的集聚与扩散，实现由散点化发展到形成若干单体的金融增长极，再到几个区域性的准金融中心支撑，借助金融一体化促进经济一体化。

四　协同发展功能

协同发展是指协调两个或两个以上的不同资源或个体，相互协作完成某一目标，达到共同发展的双赢或多赢效果。从区域协同角度来看，大湾区应凭借自身在国际贸易、金融开放、科技创新等方面的优势，对共建“一带一路”国家产生巨大的辐射力和影响力，通过双向金融开放和金融合作，推动粤港澳大湾区内各城市、各区域之间在金融产业上分工协调、融合发展；从产融结合角度来看，促进粤港澳大湾区金融业合作发展的关键在于融和通，统筹利用全球科技创新资源，完善创新合作体制机制，优化跨区域合作创新发展模式，构建国际化、开放型区域创新体系，加快形成以创新为主要引领和支撑的经济体系和发展模式。

第二节　粤港澳大湾区金融业发展概况

近年来，大湾区金融综合发展实力不断提升，金融产业体系日趋完善，金融开放与合作不断向纵深推进，金融生态环境不断优化，为经济高质量发展提供重要支撑。在 2021 年全球金融中心指数城市排名中，香港、深圳、广州分别列第 4 位、第 8 位、第 22 位，在全球金融版图中占有重要地位。

一 金融基础实力雄厚

（一）金融发展能级持续提升

金融业是支撑大湾区经济发展的重要支柱产业。近年来，大湾区金融业发展总体呈上升态势。2020 年，金融业增加值合计 1.45 万亿元，较 2016 年约增长了 40%，占 GDP 比重从 2016 年的 11.07% 提升至 2020 年的 12.57%（见图 3－1），大湾区内部金融业呈梯队式发展。其中，2020 年香港、深圳、广州三市为第一梯队，金融业增加值均超过 2000 亿元，合计约 1.18 万亿元，占大湾区金融业增加值的 81.38%；东莞、佛山位于第二梯队（金融业增加值在 500 亿元左右），珠海、澳门等其余城市位于第三梯队（金融业增加值在 500 亿元以下）。

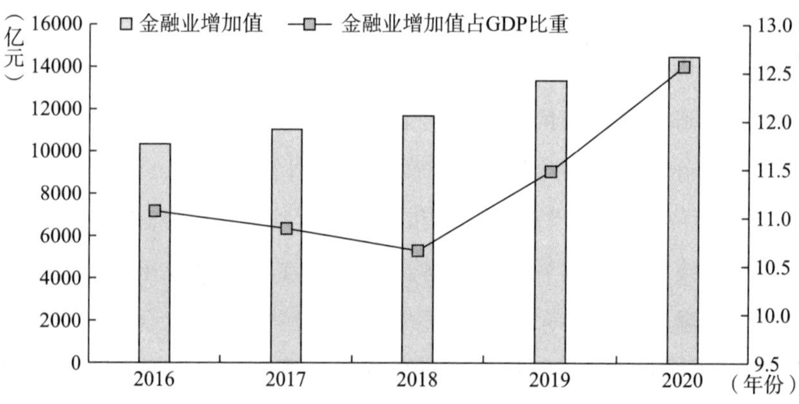

图 3－1 2016～2020 年粤港澳大湾区金融业增加值及其占 GDP 比重（现价）

资料来源：粤港澳大湾区内地 9 市数据源自各市历年统计年鉴，香港数据源自历年《香港统计年刊》，澳门数据源自历年《澳门统计年鉴》。

（二）金融产业体系日趋完善

大湾区目前已形成以银行、证券、保险为主体，新兴金融业态并存的多层次金融市场体系，各类金融机构在规模和数量方面处于全国领先地位。

1. 银行业高度发达，资产规模不断扩大

截至2020年9月末，大湾区内地9市银行业金融机构资产总额为25.83万亿元，同比增长15.11%，占全国银行业金融机构资产总额的8.41%。[①]大湾区银行业金融市场更趋活跃，信贷规模稳步提升，银行存贷款余额居全国之首，2020年，金融机构本外币存贷款余额约为65.97万亿元，贷存比攀升至74%（见图3-2）。截至2020年末，香港银行业总资产高达26万亿港元，资本充足率达20.7%；澳门银行业总资产为2.22万亿澳门元，资本充足率达到14.6%。[②]作为国际金融中心，香港银行业国际金融机构为数众多，在全球排名前100位的银行中，有70家在香港开设营业网点；截至2020年2月底，香港共有超过150家持牌银行以及40余家外资银行的办事处。[③]澳门银行业运行平稳，获许可经营的银行机构总数达30家，包括11

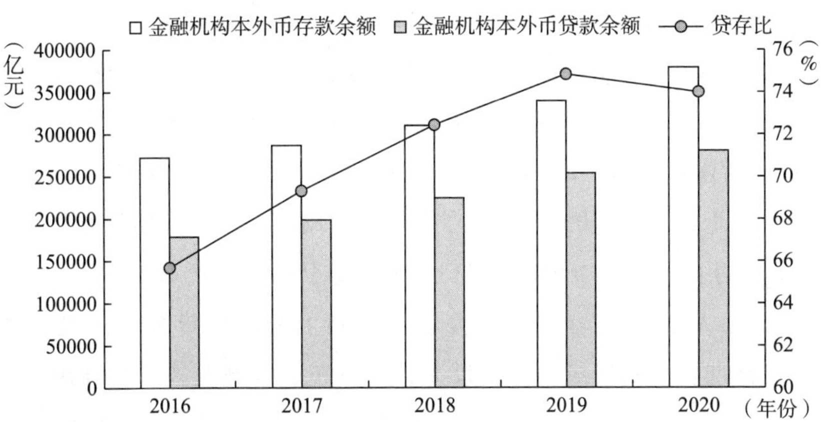

图3-2　2016~2020年粤港澳大湾区金融机构本外币存贷款余额及贷存比

资料来源：大湾区内地9市历年数据源自各地国民经济和社会发展统计公报，香港数据源自历年《香港统计年刊》，澳门数据源自历年《澳门统计年鉴》。

---

① 《银保监会支持区域图谱：定调地方金融发展走向》，“和讯网”百家号，2020年11月12日，https://baijiahao.baidu.com/s?id=1683156912944101071&wfr=spider&for=pc。

② 香港统计数据源自《香港统计年刊（2021年版）》，澳门统计数据源自澳门金融管理局发布的“2020年报”。

③ 《香港7虚拟银行上半年将陆续登场　抢存大战一触即发?》，“新浪财经”百家号，2020年3月25日，https://baijiahao.baidu.com/s?id=1662091454945631604&wfr=spider&for=pc。

家澳门注册银行及19家外地注册银行的分行；银行分支服务机构数量达222家。① 大湾区金融科技对银行业的赋能效应也进一步显现，“跨境理财通”正式落地，数字人民币应用场景试点稳步推进，香港金融科技“监管沙盒”试点成效显著。

2. 证券市场平稳发展，直接融资规模持续扩大

目前，粤港澳大湾区已构建起主板（中小板）、创业板、区域性股权交易市场等多层次的资本市场体系，直接融资市场活跃。从2019年四大湾区的证券交易所总市值来看，粤港澳大湾区以6.22万亿美元的市值超过东京湾区的5.30万亿美元排在第二名，纽约湾区以30.44万亿美元的市值位列第一。② 截至2020年末，广东省内共有证券公司29家，证券公司分支机构1648家，数量在所有省份中排名第一，全国占比达21.37%。③ 香港作为全球金融中心汇聚全球资本，截至2020年末，港交所拥有2538家上市公司，总市值为47.5万亿港元；在一级市场上，香港首次公开招股集资总额高居全球第二，巩固了港交所在全球IPO市场的领先地位。④ 深圳多层次资本市场体系完备，2020年证券公司数量（23家）、总资产（2.22万亿元）、营业收入（1103.7亿元）等均居全国第一；证券期货业管理资产规模超12万亿元，占全国的1/4，法人证券公司总资产1.7万亿元，居全国第一，法人基金公司数量仅次于北京和上海，期货公司盈利能力提高。⑤ 广州期货交易所成功获批设立，新三板、区域股权市场挂牌企业数量在全国领先，绿色债券和碳交所现货交易量居全国第一。2020年，广

① 数据源自《澳门统计年鉴2020》。

② 《粤港澳大湾区离国际一流金融科技中心多远?》，“经济观察报”百家号，2020年3月5日，https://baijiahao.baidu.com/s?id=1660316891040913888&wfr=spider&for=pc。

③ 广东省社会科学院财政金融研究所课题组根据Wind数据库自行整理相关数据。

④ 相关数据源自香港金融管理局发布的《2021年3月货币与金融稳定情况半年度报告》。根据该报告，在一级市场上，2020年香港首次公开招股所筹集资金持续增长。全年共有154只新股上市，共筹集资金3975亿港元，同比增长27.05%。2020年，香港交易所（港交所）在全球公开招股市场排名第二，部分原因是越来越多内地公司寻求在香港二次上市。2019年，共有8家在美国上市的内地公司在香港完成二次上市，集资总额为1279亿港元。

⑤ 数据源自深圳市证券业协会发布的《深圳证券公司2020年发展情况报告》。

州累计证券交易额达到20.62万亿元，同比增长36.85%，其中，股票交易额11.82万亿元，同比增长55.08%。[①]大湾区证券业数字化转型不断提速，深交所借助金融科技中心发挥平台功能，促进市场各方交流协作，以技术创新赋能行业高质量发展；港交所有效结合区块链技术、智能投顾等人工智能技术与证券投资、交易结算等业务，应用新科技加快推动主营业务现代化进程。

3. 保险业持续快速发展，风险保障能力进一步增强

截至2019年底，大湾区保险业保费收入约1万亿元，约占全国（含港澳地区）总保费收入的23%。[②]珠三角9市的保险市场中，保险公司法人机构主要集中在深圳和广州，2市保费收入均已超过1400亿元。[③]截至2020年末，深圳共有保险公司法人机构27家，保险分公司77家，专业保险中介机构128家；广州共有保险总公司5家，市场主体106家。[④]香港保险业发展长期稳居全球前列，全球前二十大保险公司中65%在香港经营保险业务。[⑤]截至2020年末，香港有160多家获授权保险公司。众多国际知名保险巨头纷纷扎根香港并在香港设立全球或区域总部。2020年，香港保费收入5481亿港元，其中个人寿险新单保费总额1330亿港元，受疫情影响，较2019年同期下降22.81%。[⑥]澳门保险业的毛保费总额由2019年的285亿澳门元增加至290亿澳门元（同比上升1.8%）。获许可在澳门特别行政区经营保险业务的保险公司共有25家，其中12家为寿险公司。寿险业务的毛保

① 《多项指标翻倍增！广州“十三五”金融业成绩显著》，“广州日报”百家号，2021年2月2日，https://baijiahao.baidu.com/s?id=1690591378616534038&wfr=spider&for=pc。

② 《［一流湾区］展望粤港澳大湾区金融开放：数字金融加速》，南方网，2021年3月13日，https://news.southcn.com/node_54a44f01a2/0fe3f5c870.shtml。

③ 数据源自《广东统计年鉴2021》，其中，深圳2020年保费收入为1453.51亿元，广州为1495.62亿元。

④ 深圳数据源自深圳市地方金融监督管理局发布的《2020年深圳金融业基本情况解读》，广州数据源自《2021年广州市国民经济和社会发展统计公报》。

⑤ 《2019最新全球金融中心指数排名　香港第三》，香港保险资讯网，2019年10月9日，https://www.hkinsu.com/haiwai/jijin/18285.html。

⑥ 数据源自《香港统计年刊（2021年版）》及香港保险业监管局官网发布的数据。

费收入市场份额持续上升，占整个保险业务的90.5%。[①] 澳门特别行政区人口占比较低，保费收入规模在大湾区中处于偏低水平，但仍高于珠海、惠州等部分珠三角城市。从保险深度和保险密度来看，大湾区平均保险深度及保险密度均高于全国平均水平；但大湾区内部发展不均衡，部分城市的保险深度及保险密度未达全国平均水平（见图3－3），内部庞大的保险需求仍有待释放。

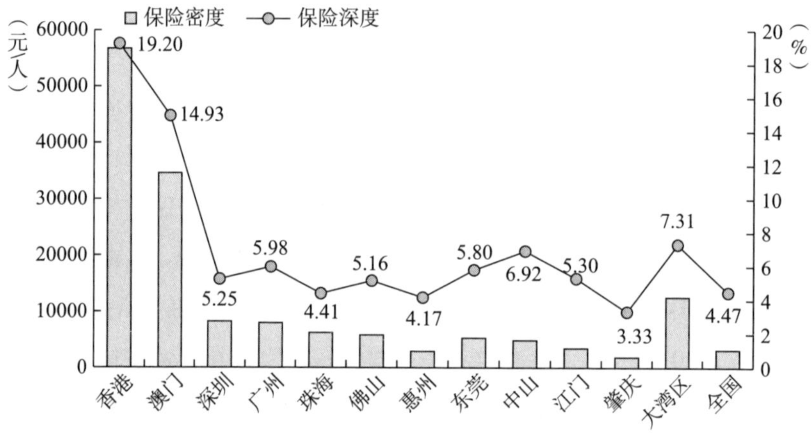

图3－3　2020年粤港澳大湾区保险深度和保险密度与全国平均水平对比

资料来源：广东省社会科学院财政金融研究所课题组依据历年《广东统计年鉴》、历年《香港统计年刊》、历年《澳门统计年鉴》的原始数据自行整理计算。

（三）金融开放与合作迈向更高水平

粤港澳大湾区紧密围绕国家对推动金融业对外开放方面的总体部署，积极推动粤港澳三地金融深度融合发展，逐步扩大与周边国家和地区的金融开放与合作，成效显著。

1. 大湾区内部金融合作日益加深

《粤港澳大湾区发展规划纲要》自2019年发布以来，三地不断深化金融合作，围绕国家级高新区、前海深港现代服务业合作区、南沙粤港澳全

① 《横琴粤澳深度合作区释放红利　险企突进仍需时日》，“中国经营报”百家号，2021年9月18日，https://baijiahao.baidu.com/s?id=1711173017422064514&wfr=spider&for=pc。

面合作示范区、横琴粤澳深度合作区等金融开放平台，稳步推进金融产品、金融市场、金融规则的互联互通。一方面，“深港通”、合格境外机构投资者（QFII）、人民币合格境外机构投资者（RQFII）、基金互认等证券投资项下跨境投资的制度安排逐步完善，大湾区“跨境理财通”和“债券通”试点的顺利落地，在满足三地市场主体跨境投资需求的同时，进一步促进了粤港澳金融市场的协同发展。另一方面，凭借《关于建立更紧密经贸关系的安排》（CEPA）系列协议的政策利好，三地金融机构互设速度加快，有效促进了港澳和内地金融机构业务的合作和发展。截至2020年末，共有14家港澳银行在湾区内地（不含深圳）设立了80余家营业性机构和3家代表处，港澳资银行机构资产总额较年初增长8%。①

2. 有序推动更高水平对外开放

跨境人民币业务的跨越式发展为粤港澳大湾区金融业互补合作、创新发展注入了新动能、拓展了新空间。2020年广东跨境人民币结算金额4.1万亿元（同比增长26.2%），粤港澳大湾区内业务量3万亿元，占全省业务总量的72.6%，占全国业务量的10.5%，同比增长28.6%。② 人民币已是广东第二大跨境结算货币，并超越美元成为粤港澳大湾区第一大跨境结算货币。全省与共建“一带一路”国家和地区发生跨境人民币业务4141亿元，占全省业务总量的10.1%。③ 香港作为全球离岸人民币业务枢纽，处理全球75%的离岸人民币支付款项，拥有全球最大的离岸人民币资金池。④ 澳门建设葡语国家人民币清算中心取得积极成效，澳门人民币清算行已初步建立起覆盖葡语国家的人民币清算网络。

---

① 林晓丽、陈丽莉：《广东银保监局：8地市全面取消银保机构设立等事前审批》，《广州日报》2021年2月19日，https://www.gzdaily.cn/site2/pad/content/2021-02/19/content_1497417.html。

② 数据源自《广东省金融运行报告（2021）》。

③ 数据源自《广东省金融运行报告（2021）》。

④ 《香港金融业开新局③丨风劲扬帆 香港助力人民币国际化进程再加快》，“中国经济时报”百家号，2022年07月6日，https://baijiahao.baidu.com/s?id=1737575261274144686&wfr=spider&for=pc。

（四）金融服务实体经济成效显著

当前国外三大湾区的共同特点是以“金融＋”形式促进经济发展的，如纽约湾区是典型的“金融＋高端服务业”、旧金山湾区是典型的“金融＋科技创新”、东京湾区是典型的“金融＋高端制造业”。随着大湾区资本市场基础制度体系的不断完善，其凭借两大交易所的融资优势和港澳的高端服务业优势，深圳的科技创新优势，广州、佛山、东莞、珠海等地的高端制造业优势，深入实施“金融＋”战略，推动金融服务实体经济取得阶段性成果。

1. 直接融资能力稳步提升

截至2020年末，粤港澳大湾区共有2319家上市公司，① 其中A股企业608家，港股企业1649家，美股企业62家。从市值看，粤港澳上市公司的总市值为35.19万亿元，其中，A股上市公司的总市值为15.66万亿元，港股上市公司的总市值为18.45万亿元，美股上市公司的总市值为1.07万亿元（港股与美股上市公司市值已换算为人民币）。上市公司主要集中在香港、深圳和广州，3地的上市公司数量占比达90.56%，市值占比达87.95%。其中，新增上市公司中首发募集资金多、国家级高新技术企业占比高（超过九成）、先进制造业行业集中度高（超过2/3），风险投资市场持续壮大（深圳风险投资金额和案例数位居全国前列）。②

2. 普惠金融服务体系持续发力

粤港澳大湾区金融服务持续创新。一方面，切实提升中小微企业金融服务水平。2020年末，广东普惠口径小微企业贷款比年初新增5877亿元，同比多增2029亿元。中征应收账款融资服务平台为中小微企业提供线上“政采贷”业务和应收账款融资服务，2020年促成融资5218笔，金额1003亿元。广东省中小微企业信用信息和融资对接平台（简称“粤信融”）已形成一个平台、两级覆盖、多功能融合的“广东模式”。“粤信融”平台累计

① 包括A股、港股、美股，在多地同时上市的企业仅为1家，计入优先级为A股—港股—美股，下同。

② 数据均源自《粤港澳大湾区金融竞争力报告》。

撮合银企融资对接4.6万笔，金额3052亿元。另一方面，持续改善农村支付环境，提升农村普惠金融服务水平。一是建成首批移动支付示范镇，辐射带动周边农村地区普惠金融向纵深发展。2020年，广东省共启动建设移动支付示范镇149个，其中挂牌认定100个。二是夯实农村地区支付基础设施，实现农村地区银行网点支付清算系统100%全覆盖。同时，推动助农取款服务点向农村普惠金融服务点转型升级。截至2020年末，广东省助农取款服务点2.4万个，全年共发生助农取款业务992.3万笔，金额46.8亿元。①

3. 科创金融高地加速崛起

粤港澳大湾区深入实施“科技+金融”双轮驱动发展战略，科创生态圈日益活跃。一是聚焦先进制造业和科创企业，加大信贷资源投放力度。积极引导信贷资源投向电子信息、医疗健康、交通运输、仓储物流、新基建、新经济等战略性新兴产业、先进制造业和科技创新重点领域，并针对新增产能、技术改造、设备更新等需求，主动配合企业提供中长期项目贷款，助力区域优质企业技术突破。2020年，广东制造业中长期贷款增速达50.4%。② 二是以科创板和创业板为牵引，更好满足科创企业融资需求。截至2021年6月，粤港澳大湾区内地9市在科创板上市公司达51家（占比41.13%），募集资金约379.08亿元；在创业板上市公司达48家（占比36.09%），其中，高新技术相关产业上市公司约31家，募集资金约207.70亿元。同时，新三板深化改革提速，积极拓展创新型中小企业融资渠道。截至2021年9月，粤港澳大湾区内地9市在新三板挂牌企业955家（占比13.15%）。③ 三是创业投资有效补齐初创期企业融资短板。粤港澳大湾区作为国内创业投资及早期投资行业发展较早的地区，创投市场活跃程度较高，机构数量及管理规模一直处于全国领先地位。根据CVSource披露，2017年

① 数据均源自《广东省金融运行报告（2021）》。

② 《广东制造业中长期贷款增速50.4%》，“南方新闻网”百家号，2021年1月15日，https://baijiahao.baidu.com/s?id=1688921273786099434&wfr=spider&for=pc。

③ 数据均为广东省社会科学院财政金融研究所课题组根据Wind数据库相关数据自行整理。

至2019年上半年，粤港澳大湾区融资事件共计3369起，融资金额达3068亿元（刘佳宁，2020）。

（五）金融生态环境不断优化

1. 政策红利集中释放

粤港澳大湾区国家战略的提出，不仅仅是打造更高水准的国际经贸和科技合作新平台的创新之举，更是构建“一国两制”下区域协同发展支持香港、澳门融入国家发展大局的重要战略载体。《粤港澳大湾区发展规划纲要》（简称《规划纲要》）出台后，从中央到省委，从特区到各湾区城市，再到各类合作示范区、自贸区等一系列改革开放试验平台，政府陆续部署“1+N”政策体系的顶层设计，密集出台了多项支持大湾区发展的新政、落实意见、实施方案等，各类政策红利叠加，通过将“制度之异”变成“制度之利”，产生了“1+1+1远远大于3”的效果，为粤港澳大湾区作为国家战略发挥经济发展和对外开放中的支持引领作用指明了方向、确定了路径。为深入贯彻落实《规划纲要》，进一步推进金融开放创新，深化内地与港澳金融合作，加大金融支持粤港澳大湾区建设力度，2020年4月，中国人民银行、中国银保监会、中国证监会、国家外汇管理局联合印发《关于金融支持粤港澳大湾区建设的意见》（简称《意见》），《意见》从促进粤港澳大湾区跨境贸易和投融资便利化、扩大金融业对外开放、促进金融市场和金融基础设施互联互通、提升粤港澳大湾区金融服务创新水平、切实防范跨境金融风险5个方面提出26条具体措施。随后，《关于贯彻落实金融支持粤港澳大湾区建设意见的实施方案》和《关于贯彻落实金融支持粤港澳大湾区建设意见的行动方案》等一揽子政策协同呼应、一以贯之，为新时期金融支持大湾区建设发展提供了重要的政策引领。

专栏3-1　提及建设“粤港澳大湾区国际金融枢纽”任务的各级政策文件

从国家层面看，2019年2月，中共中央、国务院印发《粤港澳大湾区发展规划纲要》，在加快发展现代服务业中，提出建设国际金融枢纽的具体目标。从省级层面看，2021 年 4 月 6 日，广东省人民政府印发的《广东省国民经济和社会发展第十四个五年规划和 2035 年远景目标纲要》提出，要共建粤港澳大湾区国际金融枢纽，加快建设金融强省。从城市层面看，2021 年 3 月，广州市发展和改革委员会发布《广州市关于推进共建粤港澳大湾区国际金融枢纽实施意见》和《广州市关于推进共建粤港澳大湾区国际金融枢纽三年行动计划（2021—2023 年）》，绘制未来三年广州推进共建粤港澳大湾区国际金融枢纽“路线图”。

2. 金融基础设施体系逐步完善

粤港澳大湾区金融基础设施运行整体稳健，功能不断完善。一是资本性交易平台日趋完善。香港交易所作为离岸市场是中国走向国际的重要途径，具有较强的国际影响力；深圳证券交易所在高新技术企业和中小企业股权融资方面发挥了重要作用；广州期货交易所的设立填补了粤港澳大湾区在岸风险管理市场的空白。三大交易所形成战略合力，在服务金融对外开放创新、深化内地与港澳金融合作方面形成良性互动，有利于形成期货与现货相互促进、穗港深互为补充的市场发展格局。二是基础征信体系建设取得重要成果。芝麻信用管理有限公司、腾讯征信有限公司等 8 家市场机构共同发起组建中国第一家个人征信市场化机构——百行征信有限公司。2019 年末，百行征信系统收录个人信息主体超过 6500 万人，信贷账户 1.75 亿个，信贷记录 18 亿条，基本实现网络借贷人群的全覆盖（王志成、熊启跃，2020）。三是强大的结算交收系统有效提高金融的效率。香港具备稳健高效的跨币种多层面平台，比如包含港元、美元、欧元以及人民币在内的即时支付结算系统（RTGS）以及债务工具中央结算系统（CMU）。平台通过与其他地区的支付和债券系统联网，便于高效处理跨境经济交易及金融中介活动。

3. 高端金融人才不断会聚

集聚优质的人力资本为打造国际金融枢纽提供核心支撑，粤港澳大湾区凭借金融业持续健康快速发展的态势，融资租赁、互联网金融、跨境金融等新业态蓬勃发展的优势，以及教育、医疗等综合环境的不断优化，大量吸引全球金融人才。2019 年，大湾区中资金融机构金融业从业人员达到 54.82 万人，约占全部就业人员的 1.03%（见图 3－4）。

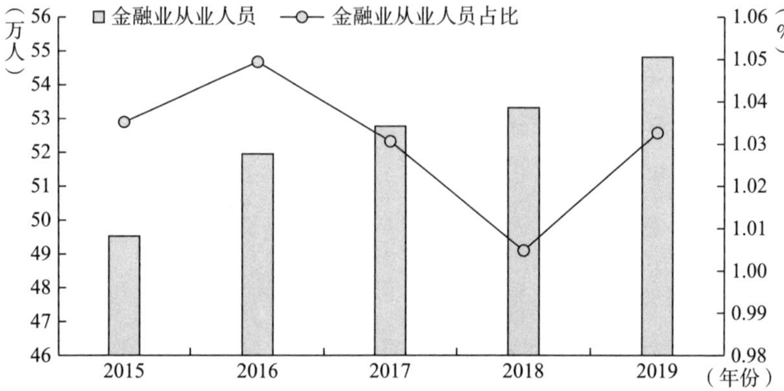

图 3－4　2015～2019 年粤港澳大湾区金融业从业人员及其占比

注：鉴于 2020 年珠三角地区金融业从业人员数据暂未更新，大湾区金融业从业人员及占比数据时间跨度定为 2015～2019 年。

资料来源：大湾区内地 9 市历年数据源自《广东统计年鉴》，香港数据源自历年《香港统计年刊》，澳门数据源自历年《澳门统计年鉴》。

二　粤港澳大湾区金融高质量发展综合评价

（一）评价指标体系构建

国内外学者对金融高质量发展评价的相关研究较少，主要通过以下维度构建金融高质量发展评价指标体系：一是从金融规模、银行业、证券业、保险业以及金融促进经济发展的维度（孙志红、李娟，2017）；二是从金融规模、结构、效率、功能和稳健性的维度（徐璋勇，2018）；三是从金融发展和金融服务实体经济创新、协调、绿色、开放、共享的维度（李俊玲等，2019；刘俊，2020）；四是从物质资本投入、人力资本投入、资金汇集规模、金融业自身结构优化、金融业服务实体经济、金融风险的维度（高一铭等，2020）。

根据现有文献对金融高质量发展评价指标体系的构建，结合金融高质量发展的内涵和特征，本书主要从金融发展质量以及金融围绕新发展理念、支持经济高质量发展两个维度，构建包含金融规模、效率、结构及金融支持经济高质量发展等指标在内的金融高质量发展评价指标体系。通过设定金融发展质量和金融支持经济“创新、协调、绿色、开放、共享”发展共六个准则层指标，同时考虑符合经济意义、数据可得性、指标代表性等原则，选取金融业增加值占 GDP 比重等 14 个代理变量指标构成金融高质量发展评价指标体系（见表 3 - 1），全面评估粤港澳大湾区内地 9 市 2015 ~ 2019 年金融高质量发展水平①。

表 3 - 1　金融高质量发展评价指标体系

目标层	准则层	指标层	代理变量	指标性质
金融高质量发展	金融发展质量	金融规模	金融业增加值占 GDP 比重（%）	正
		金融效率	金融机构本外币贷存比（%）	正
			金融产业集聚度区位熵	正
		金融结构	金融机构贷款余额占股票市场交易额比重（%）	负
	金融支持经济创新发展	投入	金融支持科研经费占比（%）	正
		产出	高新技术产业产值占规上工业总产值比重（%）	正
	金融支持经济协调发展	投入	贷款量居于前 50% 的地区贷款占比（%）	负
		产出	GDP 居于前 50% 的地区 GDP 占比（%）	负
	金融支持经济绿色发展	投入	节能环保财政支出占比（%）	正
		产出	能耗降低金融支持率（%）	负
	金融支持经济开放发展	投入	跨境人民币结算占比（%）	正
		产出	进出口总额占 GDP 比重（%）	正
	金融支持经济共享发展	投入	人均贷款（万元）	正
		产出	农村占城镇人均可支配收入比重（%）	正

在金融发展质量方面，主要从金融规模、效率和结构三个层面评估（张雪芳、戴伟，2020），其中金融规模用金融业增加值占 GDP 比重来表

① 鉴于数据获取问题，本书仅评估 2015 ~ 2019 年粤港澳大湾区内地 9 市的金融高质量发展水平。

示，指标数值越大说明一个时期内实体经济从金融体系中获得的资金支持越大，为正向指标；金融效率用金融机构本外币贷存比和金融产业集聚度区位熵[①]来表示，前者指标数值越大说明金融市场的资金使用效率越高，后者指标数值越大说明地区金融资源越集聚，越有利于金融要素资源的合理调配，二者均为正向指标；金融结构用金融机构贷款余额占股票市场交易额比重来表示，指标数值越小说明通过股票、债券等直接融资获得的资金越多，越符合当前提高直接融资比重的政策导向，为负向指标。

在金融支持经济高质量发展方面，重点围绕新发展理念，分别从金融支持创新、协调、绿色、开放、共享发展理念的投入和产出角度设置 10 个代理变量指标。

创新发展指的是培育发展新动力、拓展发展新空间、深入实施创新驱动发展战略。相关指标反映的是科技发展的总体水平，以及科技对经济社会发展的支撑能力（曹颢等，2011）。金融支持经济创新发展投入用金融支持科研经费占比[②]表示，指标数值越大说明金融对创新发展的资金投入越大，为正向指标；金融支持经济创新发展产出用高新技术产业产值占规上工业总产值比重来表示，指标数值越大说明高新技术产业产值越多，创新驱动成效越显著，为正向指标。

协调发展指的是弥补短板和薄弱环节，实现全方位的均衡协调发展。相关指标反映的是国民经济不同产业或部门及其内部子系统之间，以及不同区域之间的均衡发展水平（覃成林等，2011）。金融支持经济协调发展投入用各省份贷款量居于前 50% 的地区贷款占比表示，指标数值越大说明区域内金融资源集中程度越高，有悖于金融资源促进区域协调发展，为负向指标；金融支持经济协调发展产出用各省份 GDP 居于前 50% 的地区 GDP 占比表示，指标数值越大说明经济发展集中度越高，不利于区域协调发展，为负向指标。

绿色发展指的是坚持可持续发展，坚定走生产发展、生活富裕、生态

① 金融产业集聚度区位熵的具体计算方法为地区金融业增加值/地区生产总值占全国金融业增加值/国内生产总值的比重。

② 金融支持科研经费占比即研发经费内部支出占金融业增加值比重。

良好的文明发展道路。相关指标反映的是经济社会与自然生态和谐发展的水平（黄建欢等，2014）。金融支持经济绿色发展投入用节能环保财政支出占比表示，指标数值越大说明金融资源支持绿色经济发展的力度越大，为正向指标；金融支持经济绿色发展产出用能耗降低金融支持率①表示，指标数值越小说明金融业增加值每增长 1 个百分点带来的单位 GDP 能耗下降的程度越大，为负向指标。

开放发展指的是奉行互利共赢的开放战略，发展更高层次的开放型经济，积极参与全球经济治理和公共产品供给。相关指标反映的是国内发展与外部环境的关系（王军、李萍，2017）。金融支持经济开放发展投入用跨境人民币结算占比②表示，指标数值越大说明区域金融市场对外开放程度越高，为正向指标；金融支持经济开放发展产出用进出口总额占 GDP 比重表示，指标数值越大说明区域外向型经济和对外开放程度越高，为正向指标。

共享发展指的是经济发展的成果应该由不同主体分享。相关指标反映的是区域城乡经济收入差距水平（张景波，2019）。金融支持经济共享发展投入用人均贷款表示，指标数值越大说明金融资源的可获得性越强，为正向指标；金融支持经济共享发展产出用农村占城镇人均可支配收入比重表示，指标数值越大说明城乡收入差距越小，共享发展成果程度越高，为正向指标。

（二）评价方法选择

为了消除指标量纲和数量级的影响，本书对原始数据采用极值法进行无量纲化处理。假设 $A_{i,j,t}$ 为第 t 年城市 i 第 j 个指标的原始数据，经过极值法处理后的指标 $A^*_{i,j,t}$ 取值范围为[0，1]，具体计算公式为：

$$A^*_{i,j,t}=\begin{cases}[A_{i,j,t}-\mathrm{MIN}(A_{i,j,t})]/[\mathrm{MAX}(A_{i,j,t})-\mathrm{MIN}(A_{i,j,t})],A_{i,j,t}\text{为正向指标}\\ [\mathrm{MAX}(A_{i,j,t})-A_{i,j,t}]/[\mathrm{MAX}(A_{i,j,t})-\mathrm{MIN}(A_{i,j,t})],A_{i,j,t}\text{为负向指标}\end{cases}$$

① 能耗降低金融支持率即能耗下降的金融弹性，计算方法为单位 GDP 能耗降低率占金融业增加值增速的比重。

② 跨境人民币结算占比即地区跨境人民币结算余额占全国比重，鉴于粤港澳大湾区的跨境人民币结算业务统计年份始于 2018 年，且依据《广东省金融运行报告（2021）》，2018～2020 年大湾区跨境人民币结算业务占全省业务总量的平均比重为 77.33%，故本书将利用 2015～2019 年广东省（包括深圳）跨境人民币结算余额代表大湾区跨境人民币结算余额。

1. 层次分析法

通过向金融经济相关领域专家学者发放调查问卷采集金融高质量发展指标间的相对重要性数据，取平均数计算判断矩阵，并进行一致性检验。[①]经由层次分析法确定的各指标权重见表 3 - 2。

2. 熵值法

对经过极值法处理后的指标 $A^*_{i,j,t}$ 进行归一化处理，公式为：

$$Z_{i,j,t} = A^*_{i,j,t} / \sum_i \sum_t A^*_{i,j,t}$$

计算第 j 项指标的熵值，公式为：

$$E_j = \frac{1}{\ln(i \times t)} \sum_i \sum_t Z_{i,j,t} \times \ln(Z_{i,j,t})$$

计算第 j 项指标的差异系数，公式为：

$$D_j = 1 - E_j$$

计算第 j 项指标的熵值法权重，公式为：

$$S_j = D_j / \sum_j D_j$$

经由熵值法确定的具体指标权重见表 3 - 2。

3. 变异系数法

计算第 j 项指标的变异系数 V_j，公式为：

$$V_j = \sigma_j / \overline{Z_j}$$

其中，σ_j 为第 j 项指标的标准差，$\overline{Z_j}$ 为第 j 项指标的算术平均值。

计算第 j 项指标的变异系数法权重，公式为：

$$B_j = V_j / \sum_j V_j$$

经由变异系数法确定的具体指标权重见表 3 - 2。

---

① 调查问卷判断矩阵选择 0.1 ~ 0.9 标度作为衡量两两指标相对重要性的标准；结果显示，一致性指标 CR 值为 0.008（小于 0.1），说明数据通过了一致性检验。

4. 组合法

主观赋权法可能由于评价主体、主观因素而形成偏差；而客观赋权法可以利用指标统计信息量的差异给出指标的权重，避免决策者的主观判断偏差。为平衡主观和客观、静态和动态的需要，借鉴叶永刚等（2018）提出的基于主观和客观赋权法相结合的组合权重确定办法，本书采取以层次分析法、熵值法和变异系数法计算权重的算数平均值来确定金融高质量发展评价指标体系的指标权重（见表3－2）[①]，全面评估2015～2019年粤港澳大湾区内地9市的金融高质量发展水平。

表3－2 金融高质量发展评价指标权重

单位：%

目标层	准则层	指标层	层次分析法	熵值法	变异系数法	组合法
金融高质量发展	金融发展质量	金融规模	11.32	7.44	5.21	7.99
		金融效率	10.82	7.09	7.57	8.49
			11.32	6.95	7.76	8.68
		金融结构	11.89	7.06	8.19	9.05
	金融支持经济创新发展	投入	6.96	6.63	9.50	7.70
		产出	7.50	7.43	5.27	6.73
	金融支持经济协调发展	投入	4.01	7.38	5.75	5.71
		产出	4.48	7.08	7.30	6.29
	金融支持经济绿色发展	投入	3.82	6.83	8.82	6.49
		产出	4.32	7.22	6.82	6.12
	金融支持经济开放发展	投入	6.24	7.27	6.60	6.70
		产出	6.75	7.22	7.11	7.03
	金融支持经济共享发展	投入	4.95	7.17	7.23	6.45
		产出	5.63	7.24	6.86	6.58

① 四种方法确定的权重整体上差异不大，但组合法结果更贴近金融高质量发展的经济、金融和统计意义。

（三）评价结果分析

1. 粤港澳大湾区金融高质量发展评价

（1）金融高质量发展水平总体在提升

2015～2019年，粤港澳大湾区金融高质量发展水平总体在提升，由2015年的38.52%提高到2019年的65.36%，五年间基本保持稳中有升的态势（见表3－3）。特别是2019年，大湾区金融高质量发展水平同比提高了17.52个百分点，为近些年最高增幅。这在一定程度上反映出，《粤港澳大湾区发展规划纲要》的发布和实施有效推动了大湾区经济社会的高质量发展，尤其是“建设国际金融枢纽”“大力发展特色金融产业”“有序推进金融市场互联互通”等重点任务的提出，切实提高了金融资源配置与经济结构调整、转型升级的契合度，金融促进经济高质量发展效率明显提高。

表3－3　2015～2019年粤港澳大湾区金融高质量发展评价结果

单位：%

指标	2015年	2016年	2017年	2018年	2019年
金融发展质量	14.83	19.99	18.08	7.02	26.61
金融支持经济创新发展	0.00	4.29	7.71	13.61	13.53
金融支持经济协调发展	6.29	8.67	8.25	3.71	5.71
金融支持经济绿色发展	5.67	2.80	4.32	9.93	6.49
金融支持经济开放发展	11.73	10.44	5.47	4.83	0.00
金融支持经济共享发展	0.00	3.74	5.39	8.75	13.03
金融高质量发展水平	38.52	49.93	49.22	47.84	65.36

资料来源：历年《广东统计年鉴》，各地市统计局发布的国民经济和社会发展统计公报、统计快报和统计年鉴，广东科技统计网发布的《广东科技创新动态数据》，Wind数据库，iFinD金融数据库等。

（2）金融发展质量及金融支持经济创新、绿色和共享发展态势良好

一方面，金融发展质量总体大幅提升，有力支持实体经济高质量发展。金融规模不断扩大，金融业增加值占GDP比重稳中有升，2015～2019年增长2.17%。金融效率不断提高：金融机构支持地方经济发展的力度持续加

大，有效信贷投入不断增加，金融机构本外币贷存比5年共增长13个百分点，2019年高达73.7%；金融集聚效应显著，金融产业集聚度区位熵由2015年的1.08增长至2019年的1.18，金融资源配置效率不断提升。[①] 金融结构仍以间接融资为主导，金融机构贷款余额占股票市场交易额比重5年平均为56.33%。这种状况虽然适应了特定历史阶段的产业结构特征和经济发展需要，有其一定的合理性，但从长远来看，特别是从依靠创新驱动的高质量发展理念来看，风险投资市场的深度不足，权益类金融产品的类别和形式有待丰富。需进一步发展多层次资本市场，提高直接融资比例，推动金融精准服务实体经济。

另一方面，金融支持经济创新、绿色和共享发展取得阶段性成果。一是金融支持经济创新发展成效显著，创新成果产业化程度不断加深。金融支持经济创新发展2015~2019年上升了13.53个百分点，是6个维度中提升最快的指标。其中，金融支持经济创新发展投入不断加大，金融支持科研经费占比的年均增长率为4.43%；金融支持经济创新发展产出水平逐年上升，高新技术产业产值占规上工业总产值比重年均增长1.14个百分点。二是金融支持经济绿色发展的水平整体实现正增长。节能环保投入逐年攀升，2015~2019年节能环保财政支出占比增长91.94%；能耗降低金融支持率波动较大，2019年单位金融业增加值增速带来的单位GDP能耗降低率比2015年低15.56个百分点，需进一步加大金融对环境污染治理的支持力度。三是金融支持经济共享发展的水平增长态势明显，经济成果共享取得阶段性进展。人均贷款稳步提升，由2015年的14.6万元增长至2019年的23.55万元；城乡居民收入差距不断缩小，农村占城镇人均可支配收入比重逐年上升，2019年达到44.18%。

（3）金融支持经济协调和开放发展的能力有待提升

一是金融支持经济协调发展的水平略有下降，区域经济发展不平衡问题日益凸显，亟须优化区域金融资源配置，推动大湾区经济金融一体化发

---

① 金融集聚可以通过外部规模经济效益、网络经济效应以及缓解创新的信贷约束，分散创新风险，优化资源配置，提升实体经济的生产效率（余泳泽等，2013）。

展。在投入方面，贷款量居于前 50% 的地区贷款占比 5 年平均高达 85.35%[①]；在产出方面，GDP 居于前 50% 的地区 GDP 占比 5 年平均高达 80.71%[②]。这说明大湾区的金融资源分布不均衡，主要集中在相对发达城市。具体而言，从金融发展规模上看，2019 年头部城市（广州、深圳、佛山和东莞）金融业增加值占大湾区内地 9 市比重高达 85.43%；从金融资源聚集上看，头部城市中资金融机构占比为 70.21%，中资金融机构从业人员占比为 79%；从金融市场发展上看，广州、深圳基本形成多层次资本市场体系，信贷、资本、保险市场体量巨大，拥有深交所、广州期货交易所等全国性和多个区域性交易市场；从主导产业优势上看，广州先进制造业在全省优势地位明显，深圳战略性新兴产业专利全国领跑[③]，佛山、东莞是广东重要的制造业中心、全国闻名的制造大城。

二是金融支持经济开放发展的水平呈下降趋势，亟须加大金融开放力度，增强人民币全球货币和资产定价的地位。在投入方面，大湾区跨境人民币结算业务规模不断扩大，但其占全国跨境人民币结算业务的比重逐年下降，2019 年比 2015 年下降 10.44 个百分点。在产出方面，进出口总额占 GDP 比重同样逐年下降，2015 ~ 2019 年的年均下降率为 3.85%。跨境人民币结算占比下降主要基于三方面原因：其一，最近 5 年内资商业银行业务不断创新，同业业务、非标业务等迅猛发展，导致内资商业银行资产负债表迅速扩张，因此分母扩大（2015 ~ 2019 年，广东外资银行总资产占银行业金融机构比重降幅达到 7.61%）；其二，试点过后，跨境人民币业务陆续放开，全国其他省市的业务逐渐起步，市场竞争加剧，广东外资银行总资产占全国比重呈现下降趋势（2015 ~ 2019 年降幅达到 5.83%），从而自然地对应着广东跨境人民币结算占比下降；其三，跨境人民币结算业务政策给

① 由于本书重点研究大湾区内地 9 市的金融支持经济协调发展情况，结合实际数据特性，选择金融机构本外币贷款余额最高的深圳、广州、佛山和东莞（2019 年贷款余额均超过 1 万亿元）作为贷款量居于前 50% 的地区。

② 类似于贷款量居于前 50% 的地区贷款占比，深圳、广州、佛山和东莞同样属于 GDP 居于前 50% 的地区。

③ 具体数据见《深圳市 2019 年度知识产权统计分析报告》。

予中外资银行的待遇尚有差异，外资银行在营业网点成立、组织架构建立、业务资质取得等过程中遇到的问题，未能得到有效解决。

2. 中心城市金融高质量发展对比分析

为对比分析粤港澳大湾区中心城市与国内金融发展标杆城市的金融高质量发展水平，本书利用金融高质量发展评价指标体系对北京、上海、广州、深圳4个中心城市的金融高质量发展水平进行全面评价，结果见图3-5。[①]

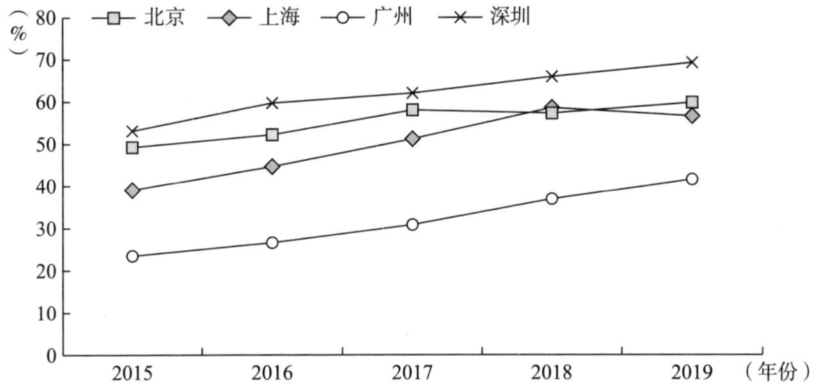

图3-5　2015~2019年中心城市金融高质量发展水平变化情况

资料来源：北京、上海的指标数据主要来源于《中国统计年鉴2020》《中国火炬统计年鉴2020》，北京市、上海市统计局2019年、2020年发布的国民经济和社会发展统计公报、统计快报和统计年鉴，Wind数据库，iFinD金融数据库等。

（1）金融高质量发展综合实力稳中向好

2015~2019年，中心城市整体金融高质量发展水平在提升，其中深圳金融高质量发展水平最高（平均高达62.02%），北京、上海紧随其后（平均分别为55.34%和50.04%），广州相对靠后（平均仅为31.91%）。深圳、

① 鉴于数据的可获得性，中心城市金融高质量发展评价指标体系中的指标与原指标体系稍有出入。具体为：①金融支持经济创新发展的产出指标换成“高新技术企业工业总产值占规上工业总产值比重（%）”；②金融支持经济协调发展的指标换成衡量金融与经济协调发展的指标，即“GDP增速占金融业增加值增速比重”，通过衡量该比重与1的距离来反映地区经济与金融发展的协同程度，数值越小代表金融与经济的发展步调越一致，为负向指标；③由于深圳已完全城市化，因此金融支持经济共享发展的产出指标换成“城市人均可支配收入（万元）”；④由于指标变化，中心城市金融高质量发展评价指标体系的具体权重同步变化。

北京、上海作为国内经济最为发达的三座城市，经济综合竞争实力强劲，各类金融资源和要素高度集聚，金融在支持经济减速换挡和培育新动能方面比较优势明显，金融推动经济高质量发展成效显著。从增速上看，2015～2019年金融高质量发展水平提升最快的是广州（平均增长3.63个百分点，年均增速为15.43%），其次是上海和深圳（平均分别增长3.51个和3.22个百分点，年均增速分别为8.98%和6.06%），最后是北京（平均增长2.11个百分点，年均增速为4.28%）。近年来，广州通过大力发展特色金融产业，完善现代金融服务体系，出台金融服务实体经济发展、支持经济结构调整和转型升级等相关政策，有效提升了金融自身发展和支持经济高质量发展的水平。

（2）中心城市金融高质量发展各有千秋（见图3－6）

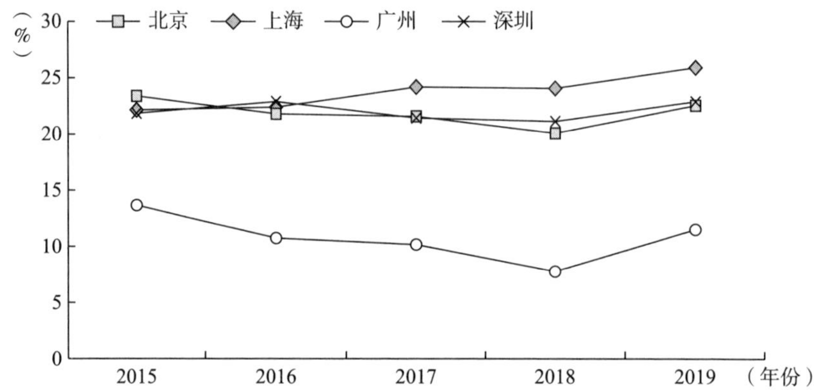

金融发展质量

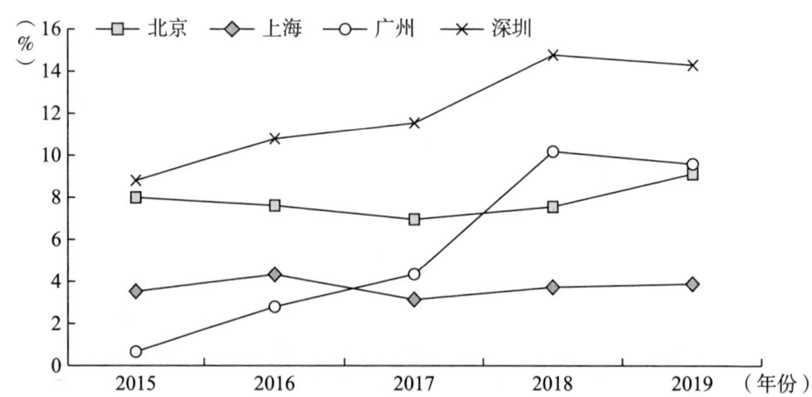

金融支持经济创新发展

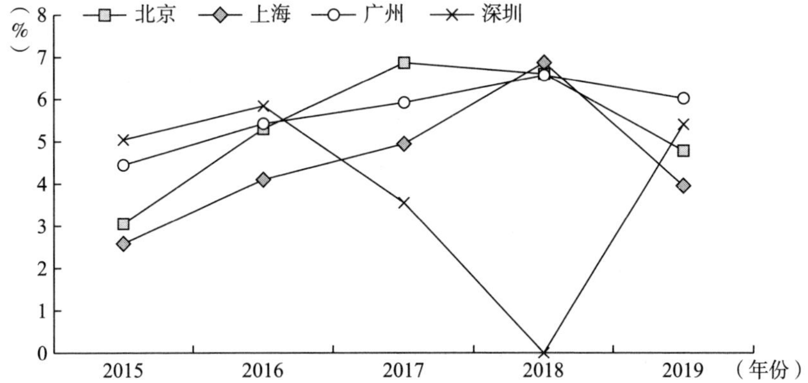

金融支持经济协调发展

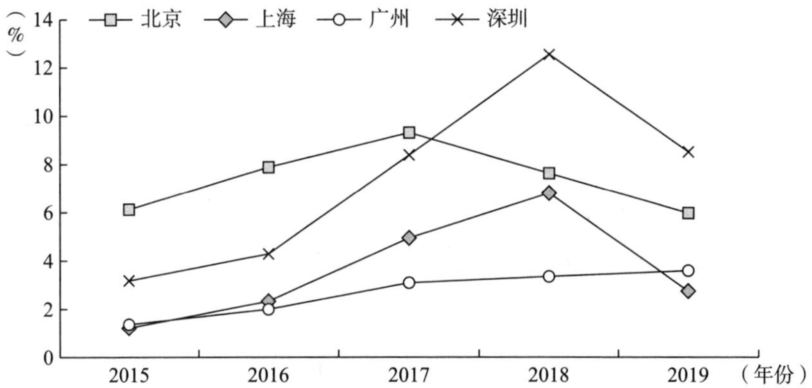

金融支持经济绿色发展

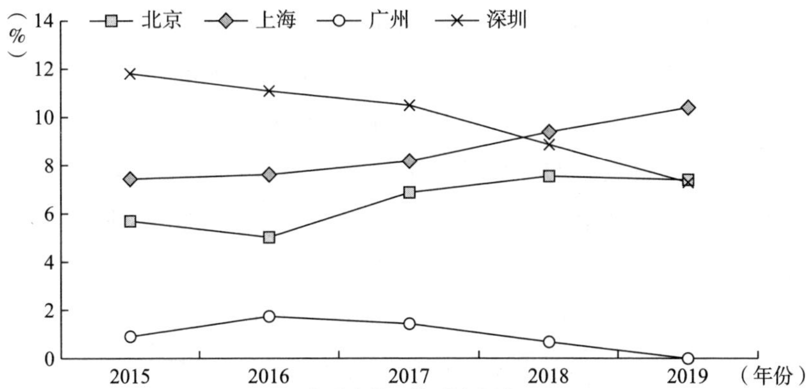

金融支持经济开放发展

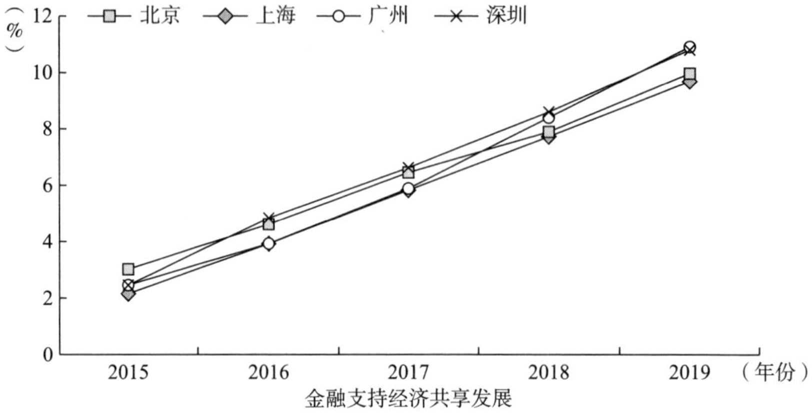

图 3-6　2015～2019 年中心城市金融高质量发展分项水平

深圳金融高质量发展综合实力最强，金融结构不断优化，金融机构贷款余额占股票市场交易额比重在［13.73%，51.97%］的区间内波动（上海、北京、广州的波动区间分别为［12.47%，59.95%］、［21.44%，103.8%］、［43.66%，164.87%］），逐步形成以直接融资为主导的金融结构。金融支持经济创新发展的表现最优，科技成果产业化成效明显，高新技术企业工业总产值占规上工业总产值比重 5 年平均值为 56.31%，显著高于其他城市（北京、上海、广州的平均值分别为 37.86%、39.62%、33.80%）。金融支持经济绿色发展的表现较为突出，尤其是 2017 年之后，2018 年、2019 年两年节能环保财政支出占比平均高达 6.59%（北京、上海、广州分别为 4.76%、2.50%、1.41%）；对能耗降低金融支持率两年平均高达 76.21%（北京、上海、广州分别为 50.79%、51.96%、54.72%）。后续需进一步调整金融与经济的发展步调，实现经济和金融高质量发展“同频共振”；全力推动跨境人民币业务增量扩面，助力涉外经济高质量发展。

北京金融市场体量占据绝对优势，2015～2019 年金融业增加值占 GDP 比重平均值为 17.91%，显著高于深圳（13.84%）和广州（8.77%）；金融资源高度集聚，金融产业集聚度区位熵 5 年平均值为 2.27（深圳和广州仅分别为 1.69 和 1.07）；金融支持经济绿色发展的表现较为突出，节能环保财政支出占比 5 年平均值为 5.44%，显著高于上海（2.32%）和广州（0.98%）。

上海在金融发展质量方面领跑，金融发展质量稳中有升、稳步提升；金融支持经济开放发展的力度逐步加大，2019 年跨境人民币结算占比达到 19.35%（深圳和广州分别为 8.63% 和 2.81%）；高速推进经济发展硕果全民共享，城市人均可支配收入逐年上升，于 2019 年达到 6.94 万元；后续需在金融支持经济创新方面持续发力，引导企业加大科研经费投入，促进科研成果产出。

广州金融高质量发展综合实力较弱，金融发展质量存在下降趋势。优势方面：在信贷支持实体经济力度上明显占优，金融机构本外币贷存比由 2015 年的 63.71% 持续上升至 2019 年的 79.66%（北京、上海、深圳 5 年内的最高值分别为 48.27%、60.5%、72.42%），年均增长率为 5.7%；对创新的支持作用总体稳步上升，金融支持经济创新发展 2015～2019 年增长 9 个百分点，科研投入力度不断加大，2019 年金融支持科研经费占比是 2015 年的 1.42 倍（深圳、北京和上海仅为 1.26 倍、1.08 倍和 1.03 倍）；金融与经济协调发展表现最佳；金融服务覆盖率、可得性和便利性不断提升，人均贷款最高，于 2019 年达到 49.39 万元。不足方面：亟须提升金融市场能级，增强金融发展综合竞争力；补齐金融支持经济绿色发展短板，推进广州绿色金融改革创新试验区建设；加大金融对开放的支持力度，持续推进跨境贸易和投融资自由化、便利化。

第三节 外部环境

一 毗邻港澳、开放互联的竞争优势

当前中国经济发展已成为全球经济的主要动力源，在世界经济格局中具有重要的地位和影响力。而粤港澳大湾区是中国经济的亮点，其凭借优越的经济地理区位以及自然资源条件，形成了“内联腹地，外通大洋”多

个辐射扇面的战略枢纽地。粤港澳三地协同发展带来的辐射效应、规模效应、要素匹配效应将极大提高资源的使用效率，促进经济增长。相较于旧金山、纽约、东京等国际湾区，粤港澳大湾区在人口总量、土地面积上占据绝对优势；GDP 超过旧金山湾区；港口集装箱吞吐量约是三大国际湾区总和的 4.17 倍（见表 3－4）。

表 3－4　2018 年粤港澳大湾区与国际湾区的比较

指标	粤港澳大湾区	旧金山湾区	纽约湾区	东京湾区
土地面积（万平方公里）	5.61	3.51	3.45	3.69
人口（万人）	7116	966.6	2268	4418*
GDP（亿美元）	16419.7	10642.5	20013.5	20091.8*
GDP 增速（%）	5.9	5.7	1.8	2.1**
人均 GDP（美元）	23075	110102	88243	45178*
机场客运量（万人次）	21490.0	8570.7	13806.8	12556.9
机场货物吞吐量（万吨）	832.3	123.4	221.3	349.2
港口集装箱吞吐量（万标箱）	7441.9	242.1	718.0	824.2***

注：* 表示 2016 年数据，** 表示 2015 年数据，*** 表示 2017 年数据。
资料来源：刘毅等（2020）。

就国内而言，粤港澳大湾区地处中国深化改革和对外开放的最前沿，是中国经济活力最强的区域之一，以不到全国 0.6% 的面积和 5.1% 的人口，创造了全国近 14% 的 GDP，人均 GDP 是全国的近 2.5 倍，500 强企业数量占全国上榜企业的 18%，人口密度、人均 GDP、土地产值均高于国内的长三角、京津冀，① 具备打造国际一流湾区与世界级城市群的综合环境。

一方面，区域发展呈现“三核多级”网络空间布局。粤港澳大湾区不同于其他湾区以单一城市作为辐射中心，其经济发展从以香港带动深圳并进一步辐射内陆的“前店后厂”模式，转型为以广州、深圳、香港三大增长极为支撑，辐射带动粤东、粤西、粤北协同发展的“三核多级”网络空

① 广东省社会科学院财政金融研究所课题组根据网络公开相关数据自行整理。

间结构。广州是全球商贸中心；深圳具备打造全球创新、创业、创意之都的比较优势；香港作为自由贸易港是全球最自由的经济体之一，其竞争力主要表现在科技、金融、航运以及贸易在国际中的突出地位和声誉上；东莞、佛山、珠海等地是制造业中心；澳门作为世界旅游休闲中心和中葡商贸合作服务平台，其竞争力主要表现在港口、航运发达上，且作为世界四大赌城之一，繁荣的旅游业、餐饮业、酒店业和娱乐业带动澳门经济蓬勃不衰。以“三核”为引领，粤港澳大湾区经济发展差异化互补优势明显，在中国开放型经济新体制中的重要地位日益彰显，已形成辐射东南亚、南亚的重要经济支撑带。

从经济总量上看，2020 年受新冠肺炎疫情影响，粤港澳大湾区 GDP 约为 11.53 万亿元，名义增速同比下降 0.91%（见图 3－7）。分城市看，深圳和广州的 GDP 最高，2020 年分别达到 27670.24 亿元、25019.11 亿元，且增长势头较好，在新冠肺炎疫情影响的情况下，其 GDP 仍能保持 3.1% 和 2.7% 的增长速度。佛山市、东莞市经济增长势头强劲，GDP 达到近万亿元水平。大湾区其他城市充分发挥后发优势，经济增速较快。相较于内地城市，港澳受新冠肺炎疫情影响较大，香港 GDP 达到 27107.30 亿港元（折合人民币约 24103.74 亿元），同比下降 6.1%。澳门 GDP 下滑至 1944 亿澳门元（折合人民币约 1678.44 亿元），按可比价格计算实际缩减 56.3%。

另一方面，粤港澳三地多层次、全方位互联合作不断深化。大湾区经济一体化正从低级阶段向高级阶段演进，在寻求建立新空间结构与分工协作体系的过程中，通过港珠澳大桥、深中通道、广深港高铁、横琴口岸等基础设施“硬联通”，与在居住、教育、医疗以及专业资格认可、跨境理财通试点等规则机制方面“软联通”并举，围绕基础设施、投资贸易、金融服务、科技教育、休闲旅游、生态环保、民生服务等领域形成了多层次、全方位的合作格局。

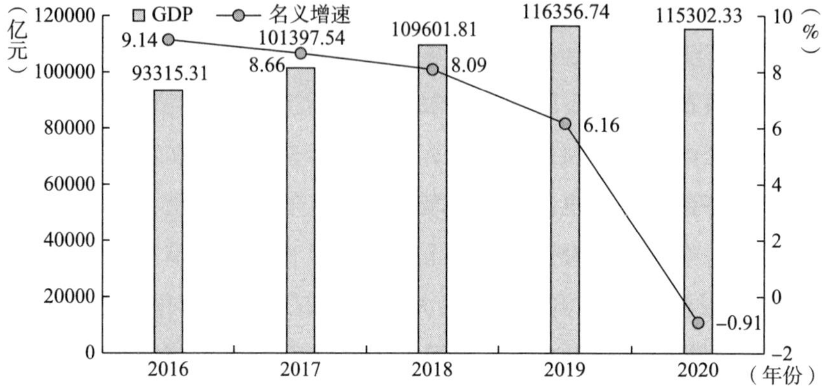

图 3-7　2016~2020 年粤港澳大湾区 GDP 及其名义增速

资料来源：大湾区内地 9 市数据源自各市历年统计年鉴，香港数据源自历年《香港统计年刊》，澳门数据源自历年《澳门统计年鉴》。

二　协同互补、集聚带动的产业优势

纵观历史经验，国际金融中心的形成一般依赖较为发达的经济，强劲的经济增长后劲是国际金融中心得以孕育诞生和维系的重要基础。而经济增长的可持续性主要取决于产业结构的优化，以及地区间产业结构的优势互补形成的增长合力。从粤港澳大湾区经济发展结构来看，广、深、港、澳地区的产业结构以第三产业为主，其余地区第三产业占比呈上升趋势，产业结构高级化趋势明显。并且，各地产业布局具有一定的互补性，有利于发挥地区经济增长协同效应，促进经济发展的可持续性，推动国际金融枢纽的形成和发展。

粤港澳大湾区作为世界级制造业集聚区，以及亚太经济圈和印太经济圈的产业枢纽区，经济发展水平全国领先，各地产业优势互补，龙头企业集群带动明显，新型工业园区、国家级开发区、新城区、老城改造区等深度城镇化为产业发展提供有力的平台支撑。一是从分区域来看，不同城市的产业发展具有不同的比较优势，香港、澳门的服务业高度发达，第三产业占比 90% 以上；珠三角消费市场广阔，已形成以战略性新兴产业为先导、以先进制造业和现代服务业为主体的产业结构（见表3－5）。深圳高新技术产业比较优势明显，广州是国际商贸中心和全球性物流枢纽中心，东莞、惠州、佛山等珠三角城市制造业基础牢固，具备建立世界一流湾区所需的产业基础。二是从产业结构来看，粤港澳大湾区与旧金山湾区类似，都是从以制造业为主转向运输、仓库、教育、医疗保健和IT服务等创新型产业。2020年，大湾区内地9市三次产业结构比为1.75∶39.96∶58.29。其中，先进制造业增加值占规模以上工业增加值比重达56.1%，现代服务业增加值占服务业增加值比重达64.7%，新经济增加值占地区生产总值比重达25.2%。[①] 2021年，工信部评出25个先进制造业集群“国家队”，广东省6地入选，制造业发展能级不断提升。三是从集群带动来看，围绕《关于推动制造业高质量发展的意见》和《广东省人民政府关于培育发展战略性支柱产业集群和战略性新兴产业集群的意见》两大政策引领，已形成新一代移动通信、生物医药、智能家电等7个万亿级产业集群。其中，计算机通信、石化行业、电气器材制造业三大行业合计占比近50%，5G产业、数字经济规模居全国首位；现代物流业、电子商务业等新业态、新模式蓬勃发展。

表3－5　中央及广东省对粤港澳大湾区城市群的产业发展定位

城市	城市功能定位	重点发展产业
香港	国际金融中心、航运和贸易中心、国际航空枢纽	金融、航运、物流、旅游
澳门	世界旅游休闲中心、中葡商贸合作服务平台	旅游、贸易、中医药、会展
广州	国家中心城市、国际商贸中心、综合交通枢纽	金融、战略性新兴产业、交通、贸易
深圳	全国性经济中心城市、世界创新创意之都、综合性国家科学中心	金融、先进制造业、战略性新兴产业
珠海	珠江西岸核心城市	高端装备制造业、智能制造产业
佛山	国家制造业创新中心	高端装备制造业、智能制造产业

① 《高质量发展引领　全面小康之路》，“南方新闻网”百家号，2021年7月6日，https://baijiahao.baidu.com/s?id=1704493550306054068&wfr=spider&for=pc。

续表

城市	城市功能定位	重点发展产业
惠州	珠江东岸现代产业枢纽	电子信息、石化产业
东莞	先进制造业中心	智能制造、新材料产业
中山	世界级先进制造业基地、区域性综合交通枢纽	高端装备制造业、健康产业
江门	华侨华人交流合作重要平台	轨道交通产业
肇庆	粤港澳大湾区新型城市	新能源汽车、节能环保产业、现代农业

粤港澳大湾区资源禀赋具有一定的差异，为平衡要素分配、统筹产业发展，大湾区形成了优势互补的产业布局。香港、澳门的服务业高度发达，以国际化优势广泛吸引海内外的资金、人才和信息资源；大湾区内地9市深耕制造业、物流、石油化工等产业多年，依托现代信息技术、数字经济发展优势，促进并引导传统制造业转型升级，大步迈向“工业4.0”目标。在湾区经济内循环驱动下，大湾区城市群之间的信息流、资金流等将以比以往更快的速度流通，促进湾区经济发展，解决港澳产业空心化问题，港澳则以强大的对外平台反哺珠三角制造业对外贸易。

三　科技支撑、牵引辐射的创新优势

粤港澳大湾区把打造国际科技创新中心作为首要建设任务，以创建综合性国家科学中心为引领，充分发挥深圳河套、珠海横琴和广珠澳科技创新走廊等重大创新平台的牵引作用，初步形成以香港、广州、深圳为龙头，辐射带动粤东、粤西、粤北地区协同发展的创新格局，区域创新综合能力已连续四年居全国首位。根据世界知识产权组织发布的《2020年全球创新指数》，在全球前100个最具活力科技集群排名中，深圳－香港－广州科技集群位居第二，超过纽约和加州圣何塞－旧金山集群，仅次于东京－横滨集群。

一是创新要素集聚、创新活力强劲。粤港澳大湾区加快集聚全球高端科技创新资源，目前已布局国家超级计算中心2个，国家级创新中心、工程研究中心等近70个；国家重点实验室30个、省重点实验室300余个；国家和省级认定企业技术中心超过1500个，向港澳开放1万多台大型科学仪器，国际科技交流与创新合作逐步深化。国家自主创新示范区与国家级双创示范基地、众创空间建设全国领先，孵化器平台数量全国最多，在孵企业数量、从业人数、获得风投金额均居全国首位。在2021年QS世界大学排行榜中大湾区拥有9所世界500强高校，领先长三角，顶尖高校资源强强联合，通过常态化开展合作共建，进一步释放了粤港澳大湾区的创新活力。二是创新引领经济实现跨越式发展。从投入角度看，大湾区研发经费支出占比连续10年保持高速增长，2020年达2.90%，和美国、德国处于同一水平线；每万人发明专利拥有量（28.04件）是全国平均水平的一倍多。从产出角度看，"十三五"期间大湾区累计新增科创板和创业板上市企业超过130家，高新技术企业和科技创新型企业占新上市企业的85%左右；广东5.3万家国家级高新技术企业中有5万家以上集中在珠三角9市，大湾区累计培育出25家世界500强企业及30多家独角兽企业和数千家瞪羚企业，[①]科技创新对经济发展的引领带动作用进一步释放。三是金融科技创新优势明显。粤港澳大湾区金融科技发展已从以互联网金融为代表的2.0阶段迈入行业大规模场景应用的3.0阶段。近年来，通过在小微企业金融服务、跨境贸易融资、绿色金融等新业态领域率先开展大数据、区块链等技术应用，以及数字人民币的应用试点，金融科技发展已实现由点到线横向拓展，从实现具体功能向提供平台化服务转型，有效提升了大湾区科技创新中心创新链、人才链、产业链、资本链"四链融合"综合能级，成为助推湾区"通、联、融"的关键要素支撑。

第四节　机遇与挑战

一　机遇

（一）开放发展的机遇

世界大变局加速演进，习近平总书记多次强调合作、包容、互惠、共

① 数据均为广东省社会科学院财政金融研究所课题组根据网络公开数据自行整理。

赢，对内开放和对外开放相结合，国内循环和国际循环相促进。“一带一路”建设、《区域全面经济伙伴关系协定》的推进为培育开放型经济主体，营造开放经济环境，以高水平开放促进更高、更新方向发展提供新机遇，为“走出去”的战略提供更广阔的舞台，同时也推动了金融双向开放。《中共中央关于制定国民经济和社会发展第十四个五年规划和二〇三五年远景目标的建议》中强调了推进金融双向开放。对内，“双循环”模式促进了粤港澳三地居民的交往和商业往来活动，更加频繁和便利的往来活动促进了对金融服务的需求。粤港澳大湾区可通过优势互补，完善金融服务配套。对外，中国人民银行、国家外汇管理局等发布了放宽外资金融机构准入等政策，引入境外资本和金融机构，学习其管理理念和金融服务能力，为促进国际金融枢纽的形成和发展起到了重要的推动作用。

（二）融合发展的机遇

金融业是生产性服务业的重要组成部分，为实体经济服务是金融业的使命，也是金融业生存与发展的基础。粤港澳大湾区实体经济活跃，在世界经济版图中占据一席之地，早已跻身全球经济最活跃、经济体量最高的城市群之列。当下正是先进制造业和现代服务业“双轮并转”、高新技术产业和适度重工业“两翼双飞”、建设具有世界竞争力的现代产业体系的关键时期，也是粤港澳大湾区全力打造世界级湾区的重要阶段，因此会产生巨大的金融需求。加之中国资本市场多层次体系不断完善，政策利好为大湾区金融机构协同发展注入新的活力，助力金融中心的形成和维系。诸如2018年延长股票发行注册制授权，2019年科创板上市运行，2020年2月新《证券法》正式实施，6月创业板改革并试点注册制，众多金融发展基础设施的改革和建设推动资本市场发生质的改变，对粤港澳大湾区金融业融合发展具有重要的意义。特别是2020年4月中国人民银行等四部门正式发布的《关于金融支持粤港澳大湾区建设的意见》，有利于加快推进粤港澳大湾区国际金融枢纽建设，对于引领全国高质量发展、构建现代产业体系、巩固香港国际金融中心地位、促进澳门经济适度多元化具有重大战略意义。同时，《关于贯彻落实金融支持粤港澳大湾区建设意见的实施方案》等配套政策相继出台，推进各项金融改革措施的启动和实施，在促进大湾区金融融合以及国际金融枢纽的形成方面发挥了重大引领作用。

（三）协调发展的机遇

在政策和现实需要的双重作用之下，粤港澳大湾区协调发展进程不断推进。自香港、澳门回归祖国后，国家先后出台了一系列重大政策推动粤港澳三地协调发展。2003 年签署《内地与香港关于建立更紧密经贸关系的安排》《内地与澳门关于建立更紧密经贸关系的安排》；2008 年国家发改委发布《珠江三角洲地区改革发展规划纲要（2008—2020 年）》；2014 年实施《内地与香港 CEPA 关于内地在广东与香港基本实现服务贸易自由化的协议》以及《内地与澳门 CEPA 关于内地在广东与澳门基本实现服务贸易自由化的协议》；2019 年签署实施《粤港澳大湾区发展规划纲要》，粤港澳大湾区三地政府积极合作，在促进经济协调发展方面取得了积极效果，大湾区协调发展度为 0.99（覃成林、崔聪慧，2019），达到了相对较高的协调发展水平，且呈现上升趋势。根据区域经济学相关理论，区域间经济协调发展会带来经济辐射效应，有别于旧金山以及东京湾区单一辐射中心的基本特征，粤港澳大湾区拥有多个增长极——香港、广州以及深圳，增长模式从香港带动深圳进而辐射内地转变成三个增长极在区域内进行多维复合经济辐射，共同拉动周边城市发展，不断助力区域甚至全国经济实力的提升。根据以往全球经济金融中心变革的基本规律，经济实力与金融实力往往是相得益彰的。美国成为世界经济中心后，金融中心同时从伦敦向纽约倾斜。而当前世界经济中心逐渐向亚太地区倾斜，粤港澳大湾区在这一背景下必将迎来新的发展机遇。

（四）创新发展的机遇

金融创新是金融发展的重要动力源，技术创新又为金融创新带来重要机遇。粤港澳大湾区具有一个国家、两种制度、三个关税区的典型特征，创新发展在差异化以及多元化的制度优势下具有更广阔的空间和机遇。粤港澳大湾区丰富的科教资源以及技术创新平台不断带动技术创新和金融创新，二者的融合和相互促进为国际金融枢纽的形成和发展提供重要机遇。

首先，技术创新推动金融创新，进而提高金融机构的运作效率；其次，创新提高了支付清算的速度和能力；最后，创新对金融机构的盈利率和资产有积极的提升作用。具体而言，创新发展内容主要包括互联网金融和金融科技。一方面，随着互联网技术和移动终端设备的广泛使用，借助网络实现资金支付、融通和信息中介服务的互联网金融飞速发展。第三方支付、P2P 网络贷款、无抵押贷款、众筹融资、网络化金融机构、互联网金融门户网站等多元化模式，在“互联网 +”的深刻影响下，将带动粤港澳大湾区金融创新产生新的金融产业形态。另一方面，以大数据、云计算、区块链等为代表的国际金融科技正在快速发展，已经并将继续对金融服务业产生深远影响，推动粤港澳大湾区金融科技发展水平不断提升。从技术角度来看，金融科技主要包括大数据、云计算、区块链、人工智能等技术，在湾区内正蓬勃发展。从业态角度来看，金融科技包括 P2P 网络借贷、第三方支付、众筹、互联网保险、互联网信托、互联网财富管理、智能投顾，以及数字货币等，已逐渐推广。从概念角度来看，金融科技可以覆盖供应链金融、消费金融、共享经济、平台经济和普惠金融等。站在历史的新起点，金融科技必将展现新作为，推动金融中心的形成和发展。同时，粤港澳大湾区内消费金融公司、民营银行、沪港通等金融创新发展迅速，这也使金融产业本身的发展环境发生变化。

二　挑战

（一）区域竞争的挑战

根据国际几大成熟湾区的发展经验，湾区增长极周围城市通常会形成与现代服务业配套的产业集群，与此同时也会出现核心城市之间的竞争问题（郑晴，2020）。特别是近年来，各地政府已充分认识到金融业及金融功能区在经济结构调整和产业转型升级中不可替代的促进作用，因而都不约而同地着力建设高水平、国际化的金融功能区。各地为引进国内外大型金融机构，出台人才、税收优惠、财政补贴等政策，通过政策优惠的激励，短期内带动金融功能区的发展并具有明显效果，但由此催生的大量同质化严重的金融功能区，必然将彼此间的竞争推向白热化，甚至无序化。在新金融业态集聚方面，各地金融产业园区竞争日趋激烈。粤港澳大湾区未来如何结合自身特点对接吸纳外溢金融资源、与其他区域形成错位发展，已成为一个挑战。

（二）风险防控的挑战

金融业是实体经济的血脉，已融入人类社会发展的各个方面，经济、政治、文化等领域无不受到金融的影响。但在金融业蓬勃发展的同时，也出现了一些风险隐患。首先，内部不可持续的风险。习近平总书记在2017年全国金融工作会议中提出“回归本源、优化结构、强化监督、市场导向”的金融工作原则，这一原则强调了金融服务实体经济的金融本源特征。但在相当长的一段时间内，金融业的经济利润甚至远高于制造业的经济利润，2017年《财富》中国500强排行榜相关数据显示，利润率最高的40家企业中有32家金融机构，占比八成。粤港澳大湾区金融创新活跃，在金融业产值、增长率以及回报率均具优势的情况下，资本将流出实体经济转为金融资本，虚假金融创新有可能因此发生，在脱实向虚的状态下资源配置将会出现失灵，进而产生金融市场甚至整个经济不可持续的风险。另外，金融体系杠杆过高以及房地产市场的挑战也可能对金融发展产生消极影响。其次，外部影响带来的不确定性风险。大湾区将通过深港通、债券通、自贸区等渠道连接起来，大湾区建设会逐步缩小境内与境外的金融市场差异，金融体系一体化进程将加快，内外部风险同步与风险交织的特征会逐渐显现。

（三）需求转型的挑战

在经济新常态背景下，粤港澳大湾区制造业等行业均面临转型升级，产业经济转型要求金融必须转型。支持产业转型是金融业服务实体经济的主要方面和核心任务。传统金融发展方式注重金融总量扩张，忽视金融结构优化；注重金融市场广度，忽视金融市场深度；注重金融竞争，忽视金融效率；注重金融硬实力（金融资产规模、金融机构数量、金融市场份额等）打造，忽视金融软实力（金融创新能力、金融企业综合竞争力、金融企业公司治理机制、金融发展环境、金融文化建设等）培育。金融机构都把“做大做强”作为自身发展目标，都在追求规模扩张，业务、产品同质化倾向严重，缺少经营特色。必须用科学的金融发展方式取代粗放经营的金融发展方式，加强金融机构的精细化管理，实现金融发展过程中规模和结构、广度和深度、硬实力和软实力的和谐统一。

（四）制度协同的挑战

目前国际上的主要湾区大都是处在同一关税区，采用统一的法律制度，拥有统一的金融体系和单一的货币。而粤港澳大湾区的建设要跨越三个拥有单独立法权的行政地区，通用三种货币，采用不同的汇率制度和资本流动管理制度，面临前所未有的挑战。

一方面，珠三角的市场环境与法治化市场环境仍有差距。香港奉行法治及自由市场经济，法制健全透明公开，信息自由流通，缔造出公平的竞争环境，对外资持有股权并无限制，资本、人才、货物、信息均自由流动。香港连续22年被传统基金会和《华尔街日报》评选为全球最自由的经济体。澳门奉行自由港政策，投资营商手续相当简便。珠三角城市法治化营商环境建设方面与香港还有明显差距，在符合国际惯例的地方性法规建设方面还有所欠缺，缺乏系统性和针对性，诚信至上的社会氛围和法治文化氛围仍需加强。

另一方面，市场环境有待进一步优化。一是现代市场体系建设相对滞后。与世界级湾区相比，粤港澳大湾区还未形成统一、开放、竞争、有序的现代市场体系，市场一体化水平还有待提升，地区保护、行政壁垒和无序竞争等各种非市场性干扰因素不同程度存在。创新网络还不完善，还未形成如同硅谷一样的强大产业生态。二是投资贸易便利化水平较低。与世界级大湾区投资贸易便利化水平存在差距。部分城市与高标准国际投资贸易规则相衔接的营商环境建设相对滞后，开放型经济整体水平有待提升。三是国际影响力有待提升。世界级湾区注重城市功能分工明确、错位发展，使得集聚效应发挥最大化，形成国际化品牌影响力。美国纽约湾区是世界金融的核心中枢，其金融业、奢侈品、都市文化等都具有世界性的影响力，集中了全球2900多家金融、证券、期货及保险和外贸机构。美国旧金山湾区是世界级科技湾区，是世界上最重要的高科技研发中心之一，是谷歌、苹果、Facebook 等互联网巨头和特斯拉等企业全球总部。日本东京湾区是日本最大的工业城市群和国际金融中心、交通中心、商贸中心和消费中心，建筑设计、建筑风格、建设品质和居住文化等方面都引导世界潮流。与以上世界级湾区相比，粤港澳大湾区在提高城市品质，打造宜居宜业人文环境等方面还存在较大差距。

第四章
粤港澳大湾区建设国际金融枢纽的战略构想与突破路径

透视全球经济发展格局，世界级湾区必然是产业集聚和创新发展的高地，也必须有国际化的金融体系做支撑。建设粤港澳大湾区是保障中国经济、金融、全球利益的重大战略布局中的关键一环，对于粤港澳大湾区建设的战略布局，中央支持广东继续走在全国前列，为粤港澳大湾区在新发展格局下应对新挑战、增创新优势、实现新发展带来新的重大机遇。“十四五”时期是粤港澳大湾区建设具有世界竞争力的现代产业体系的关键时期，在新冠肺炎疫情影响世界政治以及经济格局发生深刻改变的大背景下，粤港澳大湾区作为连接港澳和广东高质量发展的重要载体，相较于国内其他区域金融发展战略，其金融改革发展是在一个国家，两种制度，三种法律、货币和金融监管体系的基础上进行的，没有先例可循。需要积极发挥自身独特优势，通过打造国际金融枢纽来提升金融发展能级、加快金融改革和开放，从总量和结构两方面同时入手构建“大金融”服务体系，构筑与新发展格局相适应、与实体经济发展相匹配的金融资产结构、社会融资结构，以此打造服务新发展格局的战略支点。这既能为广东加快形成高水平全面开放新格局和高质量发展高地提供有力的动力支撑，也能为中国乃至全球发展区域经济提供宝贵经验。

第一节　新发展格局对金融发展提出新要求

全球经济治理和金融秩序重构下国家间、区域间博弈竞争不断强化，一批新的国际金融中心势必加速崛起，粤港澳大湾区建设具有国际影响力的金融枢纽更趋紧迫。在新发展格局下，中国社会经济发展要求金融要素高效流动配置、金融服务辐射境内与境外两个市场、人民币融通全球，这也对粤港澳大湾区国际金融枢纽建设提出新的使命要求。

一　畅通金融循环的新要求

一是打造内外联通金融资源的战略窗口。金融开放是加深中国与全球世界经济互动的重要方式。当前，中国已经向全世界宣告，要进一步加大金融开放。相对其他产业，金融开放有其独特性，在双循环新发展格局战略部署下，既需要把国际与国内市场连接起来，又需要在更大的协同范围内有效防范金融风险。当前，大湾区的整体经济发展水平、产业结构、金融实力，特别是金融的市场化程度，在国内处于领先位置，有利于参与国际金融的合作与竞争；大湾区具有改革开放基因，在实践中积累了开放经验、培育了开放文化、形成了开放精神；大湾区的金融市场既包括了重要的国内金融重镇，也涵盖了开放性的国际金融市场，是目前内外融合最密切的区域，在这个区域探索实验推广开放政策，放则可以快速取得成效，收则可以有效降低政策影响，是重要的战略缓冲区。同时在新时期、新的发展格局之下，在中国“一带一路”倡议、粤港澳大湾区建设以及深圳市建设中国特色社会主义先行示范区等国家开放举措的带动下，势必为大湾区金融业向更高、更新方向发展提供新机遇。

二是形成推进人民币国际化的重要平台。金融国际化是经济全球化的重要内容，也是粤港澳大湾区乃至广东参与国际竞争的重要支撑。从国家战略的角度考量，粤港澳大湾区国际金融枢纽的内核是人民币国际化。人民币国际化正逐步实现从计价货币到结算货币、再到储备货币的转变。2016

年10月1日，人民币被正式纳入SDR，这是人民币国际化的重要里程碑。虽然人民币已成为全球第五大国际支付货币，但市场占有率较低。IMF公布的官方外汇储备货币构成（COFER）中，人民币的市场占有率仅为美元的1/30，未来人民币国际化之路任重道远。大湾区应利用香港良好的金融市场基础以及国际化金融地位，开展跨境人民币业务创新，从而推动境内外人民币市场有序连通，形成人民币“走出去”和“流回来”更加畅通的流动机制，加快人民币国际化步伐，构建起一个相对成熟、流动性好的人民币国际金融市场体系。因此，打造人民币国际化和跨境金融服务实体经济的前沿阵地，强化对共建“一带一路”国家、《区域全面经济伙伴关系协定》（RCEP）国家跨境人民币业务的辐射带动作用，是建设大湾区国际金融枢纽的应有之义。

三是打造与国际金融标准规则对接的现代金融体系。金融体系不是单一碎片化发展形成的，而是一个生态系统，应从顶层设计的角度突破制度性的束缚，利用粤港澳独特的位置和经济优势，将整个湾区作为金融要素聚集、适配、调节的节点，加强各产业的协调发展，形成开放的金融生态体系，更好地发挥对周边区域金融开放的带动作用以及对地方实体经济的促进作用。因此，建立一个与全球经济市场接轨的开放性金融体系，就必须以系统性的开放制度作为基础。粤港澳大湾区建设国际金融枢纽的首要任务就是逐步实现与港澳金融市场互联互通，通过三地共同创新完善各领域的开放与合作机制，加快推动商品和要素由流动型开放向规则制度型开放转变。

二　创新融合发展新要求

金融创新就是引进新事物来改善金融服务。当前，新一轮科技革命与产业变革正在重塑全球经济结构与创新版图，互联网和金融业融合发展已成为大势所趋，并推动金融业态、金融产业与服务的创新发展。技术创新是一国经济保持长期增长的核心动力，而技术创新和进步是金融对经济增长的主要贡献形式。

一是科技与金融的融合。当前粤港澳大湾区已经进入了以创新驱动为主导的工业化后期阶段，人工智能给传统制造产业链、价值链带来革命性影响。“十四五”时期也是广东经济由中等收入阶段迈向高收入阶段和全力打造粤港澳大湾区国际科技创新中心的关键时期，新业态、新模式、新场景将不断涌现，由此会产生巨大的金融需求。对于新消费需求激活新经济形势需要科学预判，有序引领。因此，粤港澳大湾区要充分发挥金融对科技创新项目的筛选甄别、资金支持、信息披露和风险分散等功能，深刻把握金融科技快速发展的机遇，借助人工智能、区块链、云计算、大数据等技术突破与创新，促进金融与网络信息技术深度融合，拓宽互联网企业进入金融领域渠道，推动互联网金融创新发展、集聚发展、规范发展，进一步激发金融改革创新活力。加强数字人民币应用领域先行示范，建成具有国际湾区水准的金融科技产品开发、企业培育、推广示范的高地。

二是金融与产业的深度融合。金融体系通过储蓄、资本配置、风险管理等五大功能有效降低了信息和交易成本，在区域经济发展中发挥关键作用（Levine，1997）。产业结构变动与金融发展之间通过科技创新呈相互推进、互为因果的密切关联状态。金融市场发展水平越高的国家，各产业之间有着越高的相互关联的增长率。Hicks（1969）认为英国工业革命成功的关键并不是技术创新，而是金融系统的创新，只有在金融市场与金融体制逐渐成熟与完善后，通过积累工业资本并向需要资本的大型项目融资，这些技术才得以实现并贡献于经济增长。大多数经济史学家如迪克森和金德尔伯格认为英国的工业革命是以金融革命为基础的，并从那时起演化出英国金融结构的长期体系 。当前，广东进入高质量发展阶段，更加需要以制造业为主体的实体经济的支撑来适应和引领新常态。从金融与科技创新协同发展来看，《粤港澳大湾区发展规划纲要》明确要求粤港澳大湾区建设成为国际科技创新中心，强调构建开放型区域协同创新共同体，并提出推进“广州－深圳－香港－澳门”科技创新走廊建设，资本必将成为未来经济转型升级的重要支撑。在大湾区走“世界科技＋深圳智造＋全球市场”创新之路的背景下，这就要求加速推动产业链、创新链、资金链深度融合，充分发挥金融、科技与产业发展之间的纽带和催化作用，通过金融、科技、产业融合创新发展，实现要素重新组合，通过推进创新驱动发展战略，全方位地优化整合各类金融资源，提高金融资源向科技领域的配置效率，加快科技成果转化和培育战略性新兴产业，积极打造粤港澳大湾区协同创新体系。

三是推动金融协同发展。金融资源流动问题是影响金融发展和经济增长的重要因素。金融资源持续流动呈现集聚和扩散两种方向，受不同城市规模的影响呈近域扩散和等级扩散的基本特征。目前来看，粤港澳大湾区东西两岸金融业发展呈不平衡、不充分的特征。大湾区核心城市可以依托自身发展基础和优势，与新加坡等离岸金融中心错位发展，整合扩展建立成熟、健全的金融地域系统，同时对标纽约发展在岸国际金融中心，寻求突破，做好金融体系资源的配置，以更好地服务实体经济，推动大湾区内各城市金融产业的合理分工、功能互补，提高区域金融发展协调性，构建科学高效的大湾区金融发展格局。

三　防范化解系统性金融风险新要求

习近平总书记指出，“金融要为实体经济服务”“经济是肌体，金融是血脉，两者共生共荣”“金融活，经济活；金融稳，经济稳。经济兴，金融兴；经济强，金融强”①。历史证明，正确认知实体经济与金融发展之间的关系，尊重实体经济以及金融行业的客观发展规律，坚持以发展实体经济为基础的防控策略，是中国防范化解金融风险的重要启示。党的十八大以来，以习近平同志为核心的党中央对防范化解金融风险问题高度关注，从“建立国际金融安全网、防范局部金融风险扩大与演变”到强调“守住不发生系统性金融风险的底线”，再上升到“金融安全是国家安全的重要组成部分”，通过“由点及面”“由广泛到聚焦”“由单一金融稳定视角上升

① 《习近平谈金融经济：经济是肌体，金融是血脉，两者共生共荣》，人民网，2019 年 2 月 26 日，http://cpc.people.com.cn/xuexi/n1/2019/0226/c385474-30901903.html?from=singlemessage。

到国家安全高度”，在实践中逐步形成了党的新时代金融安全思想体系。“中国式防范化解金融风险”的特色经验与制度优势日益明显，防范化解金融风险攻坚战取得重要阶段性成果，高风险金融机构和重点领域风险得到有序处置，监管规制逐步完善，系统性风险上升势头得到有效遏制，金融业总体平稳健康发展，为促进经济高质量发展创造了良好的金融环境。粤港澳大湾区作为中国改革开放的最前沿，金融业发展实现了历史性跨越。

当前，面对世界百年未有之大变局叠加新冠肺炎疫情，全球经济衰退使得潜在的金融风险更加容易暴露。一方面，随着金融供给侧结构性改革步入深水区，金融开放进程加快，金融创新与金融科技在跨区域、跨行业中纵深渗透，风险管控的难度越来越大。另一方面，随着金融创新与金融科技的纵深渗透，金融风险的表现形式、传染路径发生深刻改变，数据安全等新型金融风险的突发性、隐蔽性和破坏力日益突出。因此，在新发展格局下，准确判断风险隐患、防范化解金融风险既是粤港澳大湾区建设国际金融枢纽应对严峻复杂国际经济金融形势、保障中国金融安全的首要前提，也是助力经济高质量发展的重要支撑。在建设国际金融枢纽的背景下，在需要准确把握风险演变和传导的规律性的前提下，坚持自主、渐进、安全、共赢的开放方针，紧盯重点领域和非法金融活动风险，筑牢“防火墙”，严控严惩“脱实向虚”行为，牢牢守住不发生系统性金融风险底线，实现高质量发展“稳增长”与“防风险”的长期均衡。

第二节　粤港澳大湾区建设国际金融枢纽的战略构想

无论是金融中心还是金融枢纽的形成和发展，其过程和路径都面临诸多复杂性和不确定性。需要深刻挖掘粤港澳大湾区国际金融枢纽功能，以系统性、战略性、前瞻性的视野和站位进行谋篇布局，以此为国际金融枢纽建设路径提供理论基础。

一　粤港澳大湾区建设国际金融枢纽的战略发展方向

在新时代，建设粤港澳大湾区应以习近平新时代中国特色社会主义思想为指引，以落实“在全面建设社会主义现代化国家新征程中走在全国前列，创造新的辉煌”的新要求为努力方向，坚持创新发展、融合发展和跨越发展的基本思路，坚持金融服务实体经济的根本导向，深化金融供给侧结构性改革，构建更高水平开放型经济新体制，服务实体经济实现高质量发展。

（一）打造金融开放枢纽

充分发挥三地经济与金融的多元性和互补性，构建竞合有序、协调发展的金融格局。充分运用对外开放、CEPA 框架、自贸区等政策优势，降低准入门槛，扩大金融开放，落实准入前国民待遇和负面清单管理模式，继续推动重点金融机构和金融平台的筹设工作，促进金融要素集聚。加强金融互联互通，提升跨境金融服务的便利性和可得性。充分利用国内与国外两个市场、两种资源，承接国际金融产业转移，在建设“一带一路”过程中，强化和港澳的合作，加快推动人民币的国际化，使其率先在“21 世纪海上丝绸之路”国家成为结算货币，并逐步成为投资货币和储备货币；促进金融机构、金融人才在更宽领域、更深层次参与国际分工与合作。

（二）打造协同发展枢纽

匹配大湾区国际金融枢纽要充分激发金融创新活力，主要体现三个方向性的内容。一是促进金融与技术深度融合，打造具有国际影响力的金融科技枢纽。抓住金融科技发展的重大机遇，推动创新驱动与开放带来良性互动，推动金融科技先行发展，为粤港澳大湾区金融新业态布局提供战略支撑。二是实现金融与实体经济的深度融合。借鉴国际一流湾区经验，紧抓粤港澳大湾区建设国际科创中心的契机，围绕经济转型升级、基础设施建设、跨境互联互通、三地居民服务等重点领域，找准服务定位，加强实践探索，落实支持大湾区实体经济发展举措。同时要认真践行新发展理念，对标国际金融中心标准，大力发展产业金融、科技金融、绿色金融和普惠金融，充分发挥金融业在产业结构调整和转型升级、区域创新和经济社会发展等方面的作用。三是围绕重点领域、重点区域、重大项目和重大平台聚力发力。逐步实现粤港澳大湾区内部及国内、国外区域间的协调和融合发展，立足现有的经济基础和产业体系，与粤港澳地区主要城市分工合作、错位发展，构建创新型金融一体化服务链，为企业和居民提供差异化金融服务，形成特色鲜明、优势突出、服务专注的金融业竞争发展格局。

（三）打造制度创新枢纽

粤港澳大湾区涉及港澳与内地城市之间的跨境合作，传统的金融安排不能突破重重阻碍、实现跨境资金的充分融通，需要从制度创新发力，为三地金融协同发展提供支撑。大湾区金融改革离不开中央政策支持，离不开地方支持配合，离不开港澳通力协作。从纵向来看，要争取中央政策支持，按照中央顶层设计，鼓励有条件的地区积极先行先试，坚持先易后难、以点带面的原则，分阶段、分步骤推进。从横向来看，三地监管部门和金融机构也要以全局视野、改革思维和创新举措，加强协调合作，共同解决金融融合的梗阻和障碍，促进粤港澳金融开放与合作。同时也要充分发挥“双区”的改革开放试验田和窗口作用，强化粤港澳大湾区对外开放水平高的综合优势，大力推动与港澳经济运行的金融规则衔接、机制对接，将广州、深圳建设成为更加开放、更具辐射力和影响力的国际金融中心，支撑引领全省打造更高水平的改革开放高地。通过打造规范有序、更具安全性和稳定性的国际金融发展核心区，为中国特区制度创新提供“湾区经验”。

二　实现三大跨越

与新时代、新形象的新要求相比，粤港澳大湾区建设国际金融枢纽仍需要在发展格局、发展动力、发展质量等方面实现新的跨越。

（一）发展格局跨越：坚持改革与开放双轮驱动、市场与政府双擎引领、学习和借鉴互利双赢的一体化金融发展思维

一是要坚持改革与开放双轮驱动。改革开放 40 多年来，从早期市场自发的香港金融对深圳实体经济的辐射带动到港澳回归后三地在 CEPA 协议下

加深金融产业内合作，再到党的十八大以后三地金融优势互补，粤港澳金融业持续深化在技术、资本市场互联互通和金融机构互设、监管和人才交流等方面的金融合作。粤港澳大湾区建设国际金融枢纽要以改革为根本着力点，破除不适应、不利于国际金融枢纽建设和资本市场发展的旧的体制机制，从而集聚更多的国际金融资源。未来在更高起点、更高层次、更高目标上推进改革开放，如不断提高直接融资比重、不断提升金融资源的配置效率，不断探索创新跨境金融监管制度，通过改革打破、完善制约和影响资本市场发挥功能的体制机制，以此推进港澳金融合作纵深发展。同时积极落实综合改革试点实施方案和首批清单，在人民币国际化、外汇管理体制、数字人民币应用等领域先行探索，力争形成金融领域可复制可推广的制度成果，为全国金融业深化改革探索路径，从而为经济高质量发展和建设现代化产业体系提供金融支撑。把握未来金融科技发展的大趋势，引导金融机构“走出去”和外资机构“引进来”，稳步开展跨境金融合作，推动构建与国际接轨的金融规则体系，提升金融业国际化水平。打造扩大金融开放新高地，朝着具有更强全球资源配置能力的国际金融中心迈进，助力粤港澳大湾区成为国内大循环的中心节点和国内国际双循环的战略链接，更好服务广东和全国经济高质量发展，更好参与国际合作竞争与国际金融治理。

二是坚持市场与政府双擎引领。粤港澳大湾区从一个地区性市场发展成全国性市场、再演变成全球市场，在这个过程中要更进一步加大政府在与港澳市场、法律等各方面规则对接和协同合作中的推动作用，使国际金融枢纽建设的步伐变得更快，从而布局建立全球资产和金融网络。经济增速下行压力的加大以及系统性金融风险的扩延都表明，传统的发展模式已不可持续，未来唯有依靠市场化改革，充分激发经济活力。坚持市场化改革，引导金融资源的市场化配置，提高市场竞争，充分释放金融体系活力，实现金融风险的分散化解，并为实体经济转型和发展提供强有力的金融支持。要发挥政府和市场的合力，加强金融市场基础设施建设和跨境互联合作，提升服务功能。要着力优化金融营商环境，提升金融中心软实力。要强化金融法制建设，推动形成更高水平、更加国际化的金融法律制度供给，在金融法律和规则体系方面更多先行先试。加强投资者和金融消费者合法权益保护，完善金融纠纷多元化解决机制。不断优化金融人才发展环境，激发金融人才创新创造活力，建设国际金融人才高地。

三是树立学习和借鉴互利双赢的发展理念。相对于发达经济体的金融中心而言，粤港澳大湾区打造成为立足区域、服务全国、辐射全球的国际金融枢纽，既要充分借鉴国外的经验，也要避免盲目按照纽约、伦敦的路子走，要在符合国际金融市场基本的发展路径与特征基础上，最大限度地发挥自身的特点与优势。三地金融战略部分重叠，协同发展尚未形成合力，还有很大的提升空间。建设国际金融枢纽就要在粤港澳大湾区框架内解决三地信息不对称的问题，通过持续推进跨境资本流动改革创新，拓宽粤港澳三地资金流通渠道；推出更多信息披露规范、流动性好的人民币投资品种，打造人民币资产配置中心；要增强政策宣导，探讨合作途径，吸引珠三角共同参与香港金融战略，从而提升粤港澳金融圈的国际竞争力，以实现粤港澳金融合作协同优化“9 +2 >11”的效果，最终将粤港澳大湾区打造成为中国乃至世界经济与金融发展的强力支撑带。

（二）发展动力跨越：以金融科技为引擎，提升金融发展质量

一方面，加大科技赋能，提高金融科技服务实体经济的效率和水平。粤港澳大湾区金融业要主动适应深化供给侧结构性改革、实施创新驱动发展战略、构建开放型经济新体制的要求，围绕建设面向全球的国家制造业创新中心目标，充分发挥广东强大的制造业基础和众多的企业家群体的优势，坚持金融科技产业融合发展，增强金融服务实体经济，特别是现代产业转型升级的能力。通过精细化的金融创新，发展产业金融新业态，以源源不断的资源要素供给支持优势产业创新发展和转型升级。着力构建多元化的科技金融和金融科技生态系统，使之成为世界金融枢纽和国家制造业创新示范区的重要支撑，助力珠三角乃至广东省产业转型升级。

另一方面，以金融科技拓展资源流动边界。《粤港澳大湾区发展规划纲要》赋予创新重要的核心地位。基本原则第一条就是创新驱动、改革引领，

到2035年大湾区形成以创新为主要支撑的经济体系和发展模式。要实现这些战略定位和目标，金融科技将起到关键支撑作用。应大力推广运用物联网、区块链、跨境第三方支付等科技手段，在关境管理、信息流和资金流互联互通方面大胆开拓创新，全面实现“事前负面清单准入 + 事后管理”的金融机构和业务“单一通行证”制度，进一步发展大湾区“一小时生活圈”，推动人流、物流、资金流、信息流畅通融合，为建设国际一流的大湾区提供源源不断的金融支持。优化金融科技发展环境，完善金融科技产业政策，探索金融科技监管模式创新，加大金融科技人才支持力度，打造具有全球竞争力的金融科技中心。

（三）发展质量跨越：实现金融资源配置能力、金融发展能级以及风险防范能力的多维提升

粤港澳大湾区金融发展能力可以以在全球金融网络体系及全球金融资源配置中的位置来衡量。随着金融资本的全球化，大湾区更加需要全球化的资本要素流动和配置平台。目前香港、新加坡、上海、东京等国际金融中心还难以与伦敦、纽约的全球金融中心地位相提并论，只能归类为服务于区域金融需求的一般性国际金融中心。这些国际金融中心较少有规则的制定权和话语权，只是国际金融事务的参与者、跟随者而非领导者。未来的粤港澳大湾区金融业开放的广度和深度、能级都亟待进一步提升，更多侧重于对全球资源的配置能力的提高。

一是金融资源配置能力的提升。现代金融业本质上是数据密集型、科技驱动型和人力资本密集型行业。综观全球金融中心，经济体量庞大、产业部门齐全是金融资源配置能力不断强化的基础动力。借助世界先进的结算和支付系统，资金的来源和去向全球化、多元化，各类型国际金融机构与全球化企业客户深度参与，每日承担大量的跨境金融交易活动，跨境资本流动具有强大的影响力。粤港澳大湾区目前在金融资源配置上已取得明显进步，在全球国际金融中心排名中名列前茅，但在全球金融资源配置规模能级、整体实力、国际地位、辐射能力等方面仍需提升。

二是金融发展能级的提升。国际金融枢纽的基本特征就是要汇聚全球

领先的跨国金融机构，具有强大的金融创新、服务能力和风险管理水平，可向全球客户提供全方位、多层次、多功能、广覆盖的金融服务。以伦敦和纽约为例，伦敦金融城和纽约华尔街面积不足1平方公里，分别集聚了2000家和3000家金融机构，75%的世界500强企业在伦敦金融城设立分公司或办事处，纽约世界500强金融企业数量居全球金融中心首位。在金融市场方面，伦敦拥有全球最大的外汇市场、OTC金融衍生品交易市场及有色金属交易所，拥有全球最古老的证券交易所、黄金交易市场。劳合社是英国最大的国际性保险市场，集中了全球约1/4的海上保险。纽约拥有全球交易量最大的证券交易所、最大的股票融资市场、最成功的创业板市场；纽约还是全球最大的财富管理中心，基金数量和资产规模居全球首位。因此，大力推动金融机构和金融市场集聚是打造粤港澳大湾区国际金融枢纽的首要任务。

三是风险防范能力的提升。粤港澳大湾区金融规模较大、金融主体多元、改革试点多样、跨境交易活跃、风险因素相对复杂。因此要准确把握风险演变和传导的规律性，做到对局部性或重点领域的金融风险早识别、早预警、早发现、早处置，防止风险扩散演变，为全国防范化解金融风险做出战略预判、战略预警，打好有准备之战，赢得化险为夷和转危为机的战略主动。其中，提升跨境金融监管的协同性、前瞻性和有效性是关键。要研究建立跨境金融创新的“监管沙盒”，推进跨区域支付、托管、清算、统计等金融基础设施建设，实现前瞻性、无缝隙、多维度风险监测和防控。同时，做好重点领域金融风险管控，要紧盯房地产、过剩产能行业、下行趋势行业，谨防银行不良资产反弹、流动性过热导致的资金空转和非法金融活动风险。妥善处理好金融创新与审慎监管的关系，合理把握新兴领域金融创新的节奏和步伐，将创新纳入金融稳定发展的轨道上来。

第三节　粤港澳大湾区建设国际金融枢纽的突破路径

粤港澳大湾区区位优势明显，经济实力雄厚，创新要素聚集，产业体系完善，围绕深圳、香港、澳门、广州等多个金融能级强大的核心城市，形成了多中心的金融体系，集中了城市群、实体与金融、在岸与离岸、传统与新兴金融的组合优势，这些都为建设国际金融枢纽打下了基础、创造了条件。基于此，打造粤港澳大湾区国际金融枢纽可从如下方面实现突破。

一 以“三核、多极点、组团式”发展为抓手，点面结合打造“大网络”金融空间布局

习近平总书记多次强调，在高质量发展的大背景下，打造融合新时期中国经济发展特点与世界金融发展趋势的现代金融体系，是新时代赋予中国金融业的历史使命。相较于国内其他区域，粤港澳大湾区金融体系以连接国内与国际两个市场为特色，并围绕香港、澳门、广州、深圳形成了多中心、复合型金融网络体系，集中了城市群、实体与金融、在岸与离岸、传统与新兴金融的组合优势。从现有金融发展格局来看，按照金融业增加值排名，已形成香港、深圳与广州位于第一梯队，[①] 东莞、佛山位于第二梯队（金融业增加值在500亿元左右），其余城市位于第三梯队（金融业增加值在500亿元以下）的梯队化模式。因此，从空间格局来看，未来要继续以梯度协调、错位发展为指引，打造形成“三核、多极点、组团式”的“大网络”金融空间布局。

其中，“三核”以广州、香港、深圳三大中心城市为支撑。充分发挥广州、深圳“双城联动”作用，深圳以打造全球可持续金融中心为目标构筑全球金融创新中心；广州围绕期货交易所、国际金融城等平台打造具有国际重要影响力的风险管理中心、财富管理中心和绿色金融创新发展高地。强化香港国际金融中心的功能，围绕全球最大人民币离岸市场和发达保险市场打造服务“一带一路”建设的投融资平台。同时以打造中国－葡语国家金融服务平台为目标，支持澳门承接中国与葡语国家的金融合作。“多极点”主要以前海深港现代服务业合作区、南沙粤港澳全面合作示范区、横

---

① 三地GDP均超2万亿元大关，且金融业增加值均超2000亿元，合计占大湾区81.38%的金融业增加值份额。

琴粤澳深度合作区、广东自贸区等多个粤港澳金融深度合作平台为着力点，加强三地金融改革发展的协调联动，加快金融市场互联互通，实现对共建“一带一路”国家金融辐射。“组团式”发展主要以珠江东岸“金科产”深度融合发展核心区、珠江西岸（佛山、中山、江门、肇庆）产业金融核心区、广佛科技金融示范合作区、汕头与湛江等省域副金融中心等若干金融发展组团为代表。通过各城市、各区域金融产业分工协调、融合联动，“点面结合”辐射带动形成“大网络”金融空间布局。

二 以内外联动、协同发展为突破，围绕“三个圈层”提升“大循环”金融发展能级

金融开放是中国对外开放的重要环节，也是金融高质量发展的重要内容。在双循环新发展格局的大趋势下，习近平总书记多次强调要“加强国际和区域金融合作机制的联系”①，“推动多样化金融市场体系构建”②，“提升新兴国家在国际金融治理体系中的话语权和影响力”③。粤港澳大湾区地处“广佛肇”“深莞惠”“珠中江”三大经济圈以及香港、澳门两大国际窗口城市的深度融合区域，但与国际湾区、金融中心“弱化行政界线、跨域深度融合”的发展模式相比较，受行政体制、制度差异、规则对接等因素制约，大湾区“三梯队”金融发展程度不一，内部联动有限，外部与其他金融中心城市和国际金融中心的深度协同发展也不充分。由此导致金融发展竞合关系较模糊、金融资源自由流动和投资开放度不高等问题较为突出。因此，要坚持国际视野、开放合作，加强大湾区圈层、省际圈层、国际圈层“三个圈层”的金融发展联动，以市场互联、产品互认、平台共享、政策互通、服务互利扩展“湾区经济”地理空间，建立成熟、健全的金融地域系统，以更高水平的金融开放格局推动实现金融高质量发展。“十四五”期间粤港澳大湾区将进一步深化金融改革创新，稳步推进国际金融枢纽建

① 2013 年 9 月 5 日，习近平主席在二十国集团领导人第八次峰会上的重要讲话。

② 2017 年 7 月 14 日，习近平总书记在全国金融工作会议上的重要讲话。

③ 2014 年 11 月 15 日，习近平主席在二十国集团领导人第九次峰会上的重要讲话。

设，争取在跨境贸易和投融资便利化、金融市场互联互通、跨境金融服务便利等方面有更大的突破。

一是实现“大湾区圈层”金融协同。扩大粤港澳金融双向开放，围绕巩固香港国际金融中心地位和支持澳门经济适度多元发展的目标，在CEPA框架下构建多层次、广覆盖、深融合的跨境金融联通体系，加强粤港澳三地金融制度、规则的对接和市场准入，以一揽子“制度沙盘”、创新试点引导有序竞争、规范金融创新、促进优势互补、实现错位发展，以大湾区金融一体化助推区域经济一体化，最终实现金融资源在大湾区便利流动和高效配置。强化香港国际金融中心辐射带动功能，支持澳门打造中国－葡语国家金融服务平台，充分运用“一带一路”建设和粤港澳大湾区、广东自贸区建设的叠加优势，大胆创新，主动作为，打造中国金融对外开放合作的广东模式。在粤港澳大湾区推进一批重大金融创新事项和重大合作项目落地实施，深化粤港澳大湾区国际商业银行和广州创新型期货交易所平台的作用，推动设立粤港澳大湾区保险投资基金，积极争取设立国际金融资产交易所等跨境金融交易创新平台。通过三地市场互联、产品互认、平台共享、政策互通、服务互利，以金融制度的衔接与创新助推区域经济一体化。持续深化“放管服”改革，进一步扩大银行业、保险业简政放权范围。在FT账户应用、离岸金融、财富管理、海洋金融、第三支柱养老等重点领域深化改革创新，引导金融资源在大湾区合理流动、高效配置。

二是密切“省际圈层”金融联动。坚持开放合作、互利共赢的原则，在信息和人才交流、金融支持区域产业和重大项目建设、金融风险防范处置等方面强化省际对接，加大与北京国家金融管理中心、上海国际金融中心的协调联动，深化与全国性金融市场、金融基础设施、金融机构总部的合作互动。

三是深化“国际圈层”金融合作。利用国际金融新秩序、新标准、新机遇，构建具有大湾区特色、符合国际惯例的金融运行规则和制度体系。聚焦粤港澳金融融合的痛点、难点，通过制度创新、规则衔接、模式变革和科技应用，推出一批创造型、引领型的改革经验，抓好改革举措的协同配套和同向共进，促进国际金融枢纽建设和金融一体化发展。以人民币国际化和资本项目可兑换为重点，积极参与“一带一路”金融合作与创新，大力发展跨境金融、商贸金融、航运金融等特色金融，支持企业“走出去”和“引进来”，深化与国际主要金融中心的交流与合作，加强与共建“一带一路”国家和地区的金融交流与合作，探索与国际金融中心建立城市间常态化交流机制，主动参与全球金融竞争和治理格局的重塑优化，形成湾区“内循环”与全球“外循环”的新型良性互动模式，扩大湾区金融国际影响力，不断扩大国际金融“朋友圈”。

三　以金融回归本源为着力点，围绕“1＋3＋1”五大领域打造“大金融”服务体系

粤港澳大湾区在全球金融版图中具有重要地位，在2021年3月第29期全球金融中心指数报告中，香港、深圳、广州分别排第4位、第8位、第22位。但与国际金融中心的高发展能级、强大的创新服务能力与风险管理水平相比，粤港澳大湾区金融整体“大而不强”，服务实体经济的能级仍有待提升，具体表现在：缺乏具有国际影响力的金融市场平台和大型金融龙头企业；金融资源配置不平衡，房地产贷款余额占比高（占全部贷款余额近1/3），对科技创新、小微企业和“三农”的服务能力和效率仍需强化；资本生态多样性不足，券商总部占全国比例不到5%、PE/VC投资额只有旧金山湾区的1/10。这些短板弱项的补齐增强，需要以精准、高效、普惠的金融供给为条件，需要围绕打造多层级的市场体系、多样化的金融服务、广覆盖的金融机构、安全稳定的金融环境，构筑服务于实体经济高质量发展的现代金融体系。因此，“十四五”时期，粤港澳大湾区要切实围绕“打造服务新发展格局的大金融体系”的一个战略支点，通过“金融支持战略性产业集群发展”“金融支持科技创新”“金融支持民生服务”三大领域聚力发力，注重做好“防范化解金融风险”的一个基本保障（即“1＋3＋1”五大领域），推动一批有首创性、引领性和显示度的重要金融举措落地，以十大“金融＋”工程畅通实体经济的金融“血脉”。一是构建“大金融”

服务体系，更好地服务打造新发展格局战略支点。挖掘前海深港现代服务业合作区、南沙粤港澳全面合作示范区、横琴粤澳深度合作区、广东自贸区等一批金融高端集聚功能区潜力，协同港交所、深交所、广州期货交易所等多个全国性和区域性交易市场，构建多层次、广覆盖、差异化的投融资市场体系，提高直接融资水平。加强金融机构和组织建设，集聚更多中外资总部型、功能性金融机构，打造头部机构，丰富金融业态，打造形成商业性金融、开发性金融、政策性金融、合作性金融相互补充、独具特色的金融机构体系。二是大力支持战略性新兴产业发展。围绕广深现代服务业产业带、珠江东岸高新技术产业带、珠江西岸先进装备制造业产业带，差异化打造金融服务链。支持新一代电子信息、绿色石化、智能家电、汽车、先进材料等二十大战略性产业固链、补链、延链、强链，持续加大对产业龙头骨干企业和创新型企业的金融支持力度。三是多措并举支持科技创新。围绕粤港澳大湾区国际科技创新中心和“广州 - 深圳 - 香港 - 澳门”科技创新走廊建设，推动大湾区创建科创金融改革创新试验区，构建全链条、国际化、低成本的科技创新投融资服务体系，满足不同生命周期科技企业的资金需求。四是提升绿色、普惠金融服务水平。把握数字化转型和绿色转型的历史机遇。一方面，大力发展普惠金融，优化“中小融”“粤信融”等中小企业融资平台和信用信息平台服务，鼓励开展供应链金融创新，不断提高中小微企业、“三农”领域金融资源和金融服务的可获得性、便利性、可持续性。另一方面，大力发展绿色金融，在碳市场、绿色信贷、绿色保险、绿色投资等领域协同港澳统一标准。五是坚持在推动高质量发展中防范化解金融风险。扩展金融监管科技的渗透深度和应用广度，打造监管数据“仓库”，建立“监管沙盒”，做好风险盲点、灰点、交叉点管控，打造前瞻性、穿透式、无缝隙、多维度、一体化大湾区金融风险监测和防控机制，筑牢智慧“防火墙”，共同维护粤港澳大湾区金融稳定。

第五章
建设粤港澳大湾区金融开放枢纽

自改革开放以来，得益于独特的区位优势以及人缘优势，粤港澳大湾区一直是中国金融对外开放的前沿地区。大湾区金融开放对于联通国内国际双循环、提升人民币国际地位、推动金融供给侧结构性改革以及提升金融业运行效率具有重大的现实意义。目前，学术界就金融开放领域的研究，主要是从人民币国际化、跨境资本流动、金融市场及金融行业对外开放等维度展开的。基于国家宏观整体规划，大湾区金融开放在现行的体制框架下，具有一定的区域特色及比较优势，同时存在诸多制约因素。本章根据《粤港澳大湾区发展规划纲要》（简称《规划纲要》），提出建设粤港澳大湾区金融开放枢纽的基本思路，以及需要重点关注的领域。

第一节　金融开放的理论概述与现实意义

一　金融开放的理论概述

关于金融开放的界定，大多数学者从国际资本流动和金融服务的角度展开，具有静态和动态两个方面的内涵：其一，从静态来看，金融开放是指一个国家或地区的金融市场对外开放；其二，从动态来看，金融开放是指一个国家或地区由金融封闭状态向金融开放状态转变的过程（姜波克，

2018）。目前，国内外学术界对中国金融开放的研究主要集中在以下几个方面。

（一）人民币国际化研究

2009年7月，上海、广州、深圳、珠海和东莞5个境内城市率先启动跨境贸易人民币结算试点，人民币国际化正式起航。目前，关于人民币国际化的研究主要集中在人民币国际化程度的衡量、人民币国际化产生的成本和收益，以及人民币国际化进程中的金融风险。

关于人民币国际化程度的衡量，李稻葵和刘霖林（2008）提出人民币国际化的通用标准包括三个方面：第一，人民币现金在境外享有一定的流通度；第二，以人民币计价的金融产品成为国际各主要金融机构包括中央银行在内的投资工具；第三，国际贸易中以人民币结算的交易要达到一定的比重。曹玉瑾（2014）运用定量分析的方法，立足于货币的三种职能，采用多层次指标，构建了人民币以及其他主要国际货币的国际化指数，得出当前人民币国际化水平为0.83，与美元、欧元、英镑和日元相比国际化程度低，但也表明人民币国际化已经实现了零的突破。沙文兵等（2020）通过构建货币国际化综合指数和分职能指数，分析了八种主要货币的国际化程度及其影响因素，指出近年来人民币国际化程度的提升主要是由货币的交易媒介职能推动。同时，进一步回归发现，强大的经济实力、成熟而开放的金融市场、稳定的币值、雄厚的军事和政治实力等都对一国货币的国际化程度具有显著的正向影响。

关于人民币国际化产生的成本和收益，Taylor（2013）分析了人民币国际化对全球货币体系可能产生的影响，以及人民币成为储备货币的可能性。在当今的全球货币体系中，人民币作为潜在储备货币，将增加储备资产的多样性，使各国央行能够缓冲巨大的金融风险。何金旗和张瑞（2016）通过构建SVAR模型，实证表明：短期内人民币国际化对人民币汇率产生显著的冲击影响，即人民币国际化程度提高，导致人民币升值，而中长期影响有限。陈若愚等（2021）利用Logit模型分析货币合作伙伴支持人民币国际化的可能性，结果发现：货币合作伙伴的内部因素（包括持有人民币的动机以及自身金融市场的发展程度）、双方的政治和经济关系都会显著影响货币合作伙伴支持人民币双边货币互换协议、人民币合格境外机构投资者制度、人民币境外清算制度。

关于人民币国际化进程中的金融风险，Eichengreen 和 Kawai（2014）提出，人民币国际化将推动中国金融市场的开放，但如果是仓促的资本账户自由化，则很可能致使中国金融市场面临重大风险。马德功等（2020）从货币国际化的交易媒介、记账单位和价值储藏三大职能出发，建立 VAR 模型实证分析人民币国际化对中国金融风险的影响，研究发现：跨境贸易人民币结算会促进金融风险的增加，而人民币对外直接投资、人民币国际债券发行、人民币对外信贷以及人民币境外存款总体上都会抑制金融风险的增加。沙文兵和钱圆圆（2021）通过构建宏观金融风险压力指数，发现中国金融压力指数的绝对值不高，并在一定范围内周期性波动，宏观金融风险处于可控水平。他们进一步对宏观经济政策风险、经常账户失衡风险、资产价格波动风险、资本流动风险以及货币替代风险五大子系统压力指数进行测算和分析，发现各子系统金融压力指数都处于企稳波动状态。

（二）跨境资本流动研究

跨境资本流动也称为国际资本流动，是指资本从一个国家或地区流向另一个国家或地区的运动过程，具体通过一国或地区的国际收支平衡表中的资本与金融账户来反映。从现有文献来看，跨境资本流动的研究主要体现在其对经济增长产生的影响、资本流向及规模的测算，以及其对金融稳定产生的影响三个方面。

基于经济增长的视角，Aizenman 等（2013）指出经济增长与国际资本流动滞后期之间具有一定的联系，且联系的程度受资本流动的类型、经济结构以及全球经济增长模式的影响。周先平等（2018）从长期经济发展的视角研究发现，经济发展到一定阶段之后，人均资本存量增长会导致跨境资本流入的规模发生结构性减小，由此支持新古典理论中关于经济发展对跨境资本流动具有门限效应的判断。目前，中国经济发展还未达到导致跨境资本流动出现结构性变化的水平，仍处于资本净流入阶段。陈冲和朱孟楠（2021）回归分析发现，中国对外金融净资产的增加会降低经常账户顺差占 GDP 的比例。其中，企业部门对经常账户的调节作用最大。

基于资本流向及规模测算的视角，郭榕和王昱（2017）从特朗普上台对华发起“301”贸易调查、汇率指控以及退出 TPP 的三项政策出发，分析其对中国短期资本国际流动造成的冲击。结果发现：发起“301”贸易调查和汇率指控增加了中国短期国际资本流出压力，短期内会出现资本撤离的情况，进而扩大国内金融风险；退出 TPP 在一定程度上可以缓解中国短期国际资本流出的压力，对冲热钱大规模撤离带来的风险。刘柏等（2019）指出跨境资本流动度量的结果会受到度量方法的影响，研究发现：采纳资本流动因素的总量规模法，基于利率平价理论的实际利率差异法和 Haque - Montiel 法能够更真实地度量中国资本流动状况。姜哲和张靖（2019）利用“外汇储备增量 - 海关贸易顺差 - FDI 流入”的基础公式，通过单项改进以及多项组合改进，对比选取相对最优算法衡量中国短期跨境资本流动的整体趋势。

基于金融稳定的视角，何国华和陈晞（2020）通过系统性 GMM 方法分析了跨境资本流动对金融波动的影响，指出大规模的跨境资本流动会加大金融体系的脆弱性，加剧金融波动性，给一国金融稳定造成强有力的冲击。同时，通过中介效应研究发现，跨境资本流动存在“国际风险承担渠道效应”，即跨境资本流动能够通过影响金融中介的风险态度，进而改变其风险承担行为，最终放大跨境资本流动对金融稳定的负向影响。关筱谨等（2021）研究了中国 2005 ~ 2019 年短期跨境资本流动对系统性金融风险的影响，结果发现：短期内跨境资本流入对股票市场有促进作用，从而降低了系统性金融风险；但随着金融市场化程度的提高，影响程度递减，所以从中长期来看系统性金融风险水平可能会增加。

（三）金融市场及行业对外开放研究

金融市场以及金融行业对外开放是中国加入 WTO 时对世界的庄严承诺，学术界对此展开了诸多有意义的探讨，简述如下。

在金融市场对外开放方面，何英和刘义圣（2018）通过对比分析中国和美国金融市场开放程度，指出中国基准利率存在一定的非市场性，并不具备良好的市场传导效应，由此表明中国金融市场的开放程度仍有待提高。张建伟和张谊浩（2020）指出当下国际金融权力体系，即“美元体系”具有两面性特征。一方面，权力的“生产性”有助于发达国家巩固金融主导权，有助于发展中国家通过开放金融市场吸引投资、促进社会转型；另一方面，权力的“压制性”使得金融制度不健全、监管不完善的发展中国家面对大规模资本流入时，更容易产生系统性金融风险，甚至引发危机。张安军（2019）以浙江省为例研究发现：金融开放条件下省域金融安全是一个动态过程，安全程度随着经济发展水平、对外开放程度、监管能力等不同而发生变化。对外经济贸易依存风险、短期国际热钱大规模流入冲击风险、股价和房价等资产价格泡沫风险、地方政府债务偿还风险是浙江省近十年来整体金融安全程度下降的主要原因，而不断加强实体经济的国际竞争力是省域系统性金融风险防范的关键。

在金融行业对外开放方面，李振等（2020）利用 2002 ~ 2017 年中国 160 家商业银行的样本数据，实证分析了外资持股对中资银行风险承担产生的影响，研究指出：不同类型的外资持股得益于知识溢出效应以及外部监督效应，通过提升资本缓冲和降低杠杆率来缓解中资银行的总体违约风险、资本短缺风险、资产风险和金融中介风险，该结论为中国银行业进一步开放战略提供了理论支持。何浩（2009）指出，保险市场开放是现代保险业发展的必要条件，外资保险公司的引进能够更好地推进中国保险业的深化改革和创新发展。同时，保险业利用外资也会带来一定的潜在风险，如外国资本逐渐渗透，间接控制中国保险业的风险。

二　建设粤港澳大湾区金融开放枢纽的现实意义

（一）金融开放联通国内国际双循环

粤港澳大湾区的区位优势明显，金融开放程度高，能够不断吸引外资“走进来”，并推动金融机构和金融服务“走出去”，有效联通国内外金融市场，以“双循环”新发展格局促进高质量发展。大湾区通过建设金融开放枢纽，逐渐打破金融行业壁垒，从而增加了可用资本的数量，帮助中国金融机构实现规模扩张和加速成长，为整个金融行业带来发展机遇，增强国际竞争力。同时，中资实体企业不断“走出去”，不仅扩大了自身业务范围，同时也拓宽了自身投融资渠道，反过来吸引更多的外资进入广东，进一步畅通国内国际双循环。

（二）金融开放提升人民币国际地位

大湾区金融合作与创新不断取得新进展，通过逐步推进金融开放枢纽建设，将人民币和美元的比价关系放在更为市场化的环境下考虑，有利于推动货币稳定和人民币国际化战略的实施。同时，在东南亚国家，人民币逐步得到认可，具有一定的交易媒介效应，人民币国际化迎来重要的发展机遇。因而，利用香港国际金融中心的地位，以点辐射东南亚金融圈，对进一步推动人民币从大湾区走向国际化有着重要的战略意义。

（三）金融开放推动金融供给侧结构性改革

市场化与制度创新是金融供给侧结构性改革的核心，要推动金融更好服务大湾区实体经济，就要对金融体系进行结构性调整。一方面，通过金融开放，大湾区集聚大量国有金融机构和投资机构，由此带来“鲶鱼效应”，推动金融供给侧结构性改革；另一方面，广州和深圳凭借技术创新优势，香港通过出色的金融服务能力，持续加强合作，不断推动金融机构数字化转型，提升金融服务实体经济的能力，深化金融供给侧结构性改革。

（四）金融开放加速提升金融业运行效率

大湾区金融开放引进了新的金融业态模式，激发了金融机构之间的良性竞争，从而有效提升了金融部门的服务质量，同时也打破了时空壁垒，优化了金融资源配置效率，为金融机构的改革提供了新的视角。金融市场各类参与主体之间从竞争关系转变为多层次、多领域的创新合作关系，充分发挥自身优势，搭建共享平台，推动金融资源整合，发挥规模经济效应，有效提高了金融业运行效率。

第二节　粤港澳大湾区金融开放发展实践

一　制度框架

自加入 WTO 以来，“开放”成为中国金融业的主旋律，从大幅放宽银行业、证券业、保险业的市场准入到“深港通”“债券通”“理财通”的成功推出，金融开放逐渐从“特例”变成了“惯例”。得益于独特的区位优势以及人缘优势，粤港澳大湾区一直是中国金融对外开放的前沿地区。在党中央的支持下，大湾区金融开放的制度框架具有一定的区域特色，主要包括 CEPA 框架、自贸区框架以及大湾区框架。

（一）CEPA 框架下的金融开放支持措施

2003 年，内地与香港、澳门分别签署了《关于建立更紧密经贸关系的安排》（CEPA），此后的 2004～2019 年连续签署了一系列“补充协议”。CEPA 内容丰富，涉及领域广泛，涵盖内地与港澳经济、贸易、金融等各个方面的交流，是“一国两制”原则的成功实践，是内地与港澳制度性合作的新路径，是内地与港澳金融开放与合作的重要里程碑。在 2019 年国务院金融稳定发展委员会办公室、中国银保监会等监管机构面向外资金融机构推出新一轮重大开放举措之前，CEPA 及其补充协议的相关安排是港澳金融机构进入内地展业成本最低的方式，相关情况见表 5－1。

表 5－1　CEPA 框架下的金融开放支持措施概览

年份	协议名称	相关安排
2003	CEPA 协议	年末总资产不低于 60 亿美元的香港银行可设立内地分行，允许香港交易及结算所有限公司在北京设立办事处。年末总资产不低于 100 亿美元的澳门银行可入股内地银行
2004	CEPA 补充协议一	允许香港银行内地分行经批准从事代理保险业务，允许符合条件的香港中介机构在内地设立合资期货经纪公司。允许澳门银行内地分行经批准从事代理保险业务

续表

年份	协议名称	相关安排
2005	CEPA补充协议二	内地多家分行平均营运资金达到5亿元，单家分行营运资金不低于3亿元的香港银行，可对内地客户提供人民币和外币业务
2006	CEPA补充协议三	未有新增准入措施
2007	CEPA补充协议四	年末总资产不低于60亿美元的澳门银行可入股内地银行
2008	CEPA补充协议五	允许香港银行机构在内地注册的法人银行将数据中心设在香港，允许澳门银行机构在内地注册的法人银行将数据中心设在澳门
2009	CEPA补充协议六	香港银行广东省内分行可申请在广东省内设立异地支行，允许符合条件的香港券商与内地券商在广东省内设立合资证券投资咨询公司。符合条件的澳门银行允许在广东省设立支行，允许符合条件的澳门证券公司在广东省设立合资证券投资咨询公司
2010	CEPA补充协议七	香港银行内地营业性机构经营人民币业务应满足在内地开业2年以上且提出申请前1年盈利。澳门银行内地营业性机构经营人民币业务应满足在内地开业2年以上且提出申请前1年盈利
2011	CEPA补充协议八	允许总资产不低于50万港元、经营10年以上的香港保险经纪公司在广东设立独立保险代理公司，允许香港银行在内地注册的法人银行参与共同基金销售业务。允许澳门银行在内地注册的法人银行参与共同基金销售业务
2012	CEPA补充协议九	允许符合条件的港资银行从事证券公司客户交易结算资金和期货保证金存管业务，允许香港金融机构在广东省试点设立消费金融公司。允许总资产不低于40亿美元的澳门银行在横琴设立分行或法人机构，允许澳门金融机构在广东省试点设立消费金融公司
2013	CEPA补充协议十	允许符合条件的港资金融机构在内地设立合资基金管理公司（港资持股比例在50%以上）。允许符合条件的澳门金融机构在广东省或者内地改革试验区内设立合资基金、全牌照证券公司，支持符合条件的澳门保险公司参与经营内地交通事故责任强制保险业务
2014	CEPA广东协议	香港保险公司进入内地保险市场标准为总资产50亿美元以上、经营30年以上，且在内地设立代表处2年以上。香港保险公司参股内地保险公司的比例不超过24.9%，要求连续3年盈利、总资产20亿美元以上、3年无违法记录、长期信用评级A级以上。澳门保险公司进入内地保险市场标准为总资产50亿美元以上、经营30年以上，且在内地设立代表处2年以上。澳门银行进入内地实行“准入前国民待遇加负面清单”制度
2015	CEPA服务贸易协议	港资银行的内地分行除可以吸收内地公民每笔不少于100万元的定期存款外，不可以经营对内地公民的人民币业务。澳门银行在广东省设立的分行可申请在广东省设立异地（不同于分行所在城市）支行。允许中国（广东）自由贸易试验区企业在一定范围内进行跨境人民币融资，允许自由贸易试验区银行业金融机构与澳门同业机构开展跨境人民币借款等业务

续表

年份	协议名称	相关安排
2017	CEPA 投资协议、CEPA 经济技术合作协议	内地在市场准入方面进一步对港澳采用“负面清单”开放方式，将港澳在金融、投资管理、贸易监管等方面的优势与国家改革开放相结合
2019	关于修订《CEPA 服务贸易协议》的协议	在金融、法律等多个领域进一步取消或降低对港澳服务提供者的准入门槛，放宽对自然人流动、跨境交付等服务贸易模式的限制，扩大相关专业领域人才资格互认范围

资料来源：《粤港澳大湾区金融发展报告（2019）》、《粤港澳大湾区金融融合发展研究》以及笔者根据公开资料自行整理。

（二）自贸区框架下的金融开放支持措施

自贸区是中国新一轮对外开放的支点。与国外自贸区的“境内关外”特点不同，中国自贸区具有“境内关内”的特征，这对于探索中国对外开放的新路径和新模式、培育面向全球的竞争新优势、构建与各国合作发展的新平台具有重要的战略意义。其中，金融领域的开放与创新是自贸区建设的主要内容之一，它是在现有制度基础上进行的改革开放试点，而不是在新的制度体系下另起炉灶。

2014 年 12 月，第十二届全国人民代表大会常务委员会第十二次会议通过了中国（广东）自由贸易试验区的设立，该自贸区面向港澳台深度融合，涵盖广州南沙自贸区、深圳蛇口自贸区以及珠海横琴自贸区三个片区，由此大湾区金融开放进一步深化。广东自贸区金融开放的相关支持措施简要梳理如表 5－2 所示。

表 5－2　自贸区框架下的金融开放支持措施概览

序号	项目	涉及领域
1	推动跨境人民币业务创新发展	涉及人民币的跨境计价及结算，与港澳之间的双向人民币融资，设立人民币海外投贷基金，支持实体企业的境外母公司发行人民币债券，港澳金融机构以人民币直接投资等方面
2	推动适应粤港澳服务贸易自由化的金融创新	涉及完善金融业负面清单准入模式，简化金融机构准入方式；允许外资发起并管理人民币股权投资基金和创业投资基金，允许开展贵金属（除黄金外）跨境现货交易，允许境内期货交易所设立

续表

序号	项目	涉及领域
2	推动适应粤港澳服务贸易自由化的金融创新	大宗商品期货保税交割仓库；支持设立金融租赁公司、融资租赁公司，支持商业保理业务发展，支持内地与香港基金产品互认，支持港澳地区企业参与商品期货交易等方面
3	推动投融资便利化	涉及探索本外币账户管理新模式；探索开展以资本项目可兑换为重点的外汇管理改革试点，深化跨国公司本外币资金集中运营管理改革试点；统一内外资企业外债政策，允许从境外融入本外币资金和境外发行本外币债券，支持金融机构与港澳地区同业合作开展跨境担保业务，设立面向港澳和国际的新型要素交易平台等方面
4	建立健全自贸区金融风险防控体系	涉及构建自贸区金融宏观审慎管理体系，建立金融监管协调机制，完善跨行业、跨市场的金融风险监测评估机制；探索建立本外币一体化管理机制，加强对跨境资本流动、套利金融交易的监测和管理，防范非法资本跨境流动，完善粤港澳反洗钱和反恐怖融资监管合作和信息共享机制；探索建立粤港澳金融消费者权益保护协作机制等方面

资料来源：根据《国务院关于印发中国（广东）自由贸易试验区总体方案的通知》（国发〔2015〕18 号）整理。

（三）大湾区框架下的金融开放支持措施

自 2019 年 2 月《粤港澳大湾区发展规划纲要》公布以来，大湾区金融对外开放迎来新一轮的战略机遇。为提供配套金融服务，2020 年 4 月，中国人民银行协同相关部门发布了《关于金融支持粤港澳大湾区建设的意见》；同年 7 月，广东省地方金融监管局、中国人民银行广州分行等部门联合跟进颁布了《关于贯彻落实金融支持粤港澳大湾区建设意见的实施方案》。相关金融开放支持措施简要梳理如表 5－3 所示。

表 5－3　大湾区框架下的金融开放支持措施概览

序号	项目	主要内容
1	跨境流通便利化	探索实施更高水平的贸易投资便利化试点，推进资本项目便利化改革，探索建立跨境理财通机制，开展本外币合一的跨境资金池业务试点等
2	金融业对外开放	扩大银行业、证券业、保险业开放，深化内地与港澳金融合作

续表

序号	项目	主要内容
3	资金融通渠道多元化	支持规范设立粤港澳大湾区相关的各类基金，支持非投资性企业开展股权投资试点，有序推进粤港澳金融市场和金融基础设施互联互通
4	提升金融服务创新水平	大力发展金融科技，加强科技创新金融服务
5	切实防范跨境金融风险	加强粤港澳金融监管合作，建立和完善金融风险预警、防范和化解体系，加强粤港澳金融消费者权益保护

资料来源：根据《关于金融支持粤港澳大湾区建设的意见》（银发〔2020〕95 号）整理。

二　发展现状

（一）金融开放加速人民币国际化进程

在跨境人民币结算方面，2009 年 7 月，中国跨境人民币结算试点工作正式启航，上海、广州、深圳、珠海和东莞 5 个城市成为首批试点地区。2009 年 9 月，广东成功办理了全国第一笔跨境人民币结算出口退税业务，标志着试点工作顺利展开。自此，广东（含深圳）的跨境人民币结算业务迅速发展，不断取得新突破，一直领跑全国。截至 2020 年，广东（含深圳）的跨境人民币结算业务规模已高达 66000 亿元，约占全国总结算业务规模的 25%（见图 5－1）。

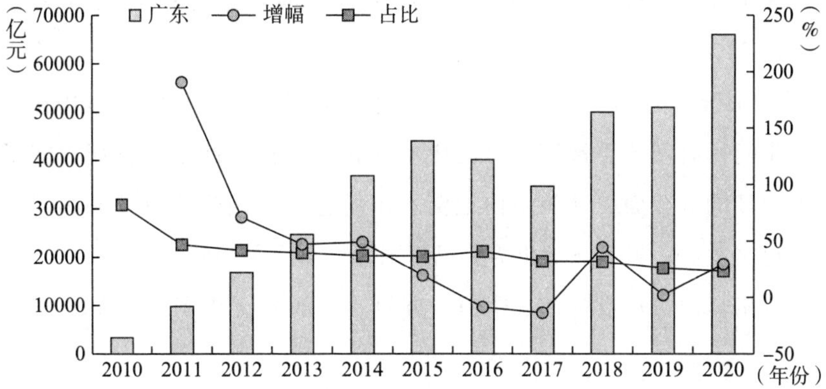

图 5－1　2010～2020 年广东（含深圳）的跨境人民币结算业务发展概览

在离岸人民币市场方面，香港是全球最大的离岸人民币市场。据统计，香港目前处理全球约75%离岸人民币结算业务。[①] 海外离岸市场交易量早已超过中国内地，并以衍生品交易为主，主要集中在香港、新加坡、伦敦和纽约。其中，香港地区自2013年起就成为全球最大的人民币外汇交易场所，也是全球第一大离岸人民币市场。香港作为全球最大的离岸人民币市场，具有开展人民币衍生品业务的独特优势，成功搭建起中国资本与海外金融市场的连接桥梁。近年来，中国内地财富规模增长迅猛，经济在2020年新冠肺炎疫情发生后迅速反弹，加上国际投资者对人民币计价资产的兴趣日益增加，香港可以在促进国际投资进出中国内地方面扮演重要角色。

（二）金融开放引领金融市场创新发展

作为金融对外开放的试验田，粤港澳大湾区承载了中国金融市场创新发展的希望。合格境外机构投资者、合格境内机构投资者、跨境人民币结算、沪港通及深港通、跨境理财通等多项金融创新都是从大湾区起步的。同时，香港也是全球最大的离岸人民币市场，内地企业最大的跨境IPO融资地。

在合格境外机构投资者（QFII）方面，自2003年中国引进QFII制度开始，由于金融市场国际化程度和市场化程度高，香港一直是QFII设立投资平台的首选之地。根据中国证监会的官方统计，截至2020年末，中国内地共有323个合格境外机构投资者，其中来自中国香港的QFII数量高达79个，占比24%，居所有国家和地区之首。紧随其后的分别是美国52个，占比16%；中国台湾37个，占比11%；英国30个，占比9%。QFII在香港设立办事机构有利于香港国际金融中心地位的巩固，此举一方面充实了中国资本市场的资金面，进而给内地资本市场进一步国际化以及持续对外开放带来更多益处；另一方面也为人民币国际化奠定了坚实的基础。

在合格境内机构投资者（QDII）方面，自2006年中国首次推出QDII制

① 《陈茂波：香港目前处理全球约75%离岸人民币结算业务》，新浪财经，2021年12月12日，https://cj.sina.com.cn/articles/view/1704103183/65928d0f02002lh5h。

度开始，截至2020年末，国家外汇管理局已累计批准157家QDII机构，合计投资额度为1073.43亿美元。在此过程中，香港凭借优越的地理位置、发达的金融市场以及国家政策的大力支持，成为中国内地QDII资产配置的首要考虑对象。QDII不仅拓宽了境内资金的投资渠道，提供了更为多元化的风险分散途径，也提升了中国金融机构的国际化程度，有利于中国调节跨境资本流动。

在沪港通、深港通方面，香港市场与内地市场的互联互通推动资本跨境流动。2014年11月正式开通沪港通，2016年12月正式开通深港通，由此标志着内地与香港的证券二级市场初步实现互联互通。沪港通和深港通不仅为香港带来了近2万亿元人民币的内地资金，同时也使内地股市的国际化水平得到巨大提升。[①] 沪港通和深港通的顺利实施，一方面，为中国金融业全面开放积累了丰富的经验；另一方面，通过人民币计价，并采取封闭性的资金循环方式，打开了人民币流动的双向通道，有利于中国人民币加速国际化。

在跨境理财通方面，“跨境理财通”由中国人民银行、香港金融管理局和澳门金融管理局于2020年6月联合推出。根据相关政策框架，允许港资银行与内地银行之间建立更加紧密、更加灵活的合作关系，大湾区居民可以跨境购买合格商业银行销售的合格投资产品。按投资产品销售额衡量，跨境理财通将促进总额高达3000亿元人民币的资金流动。随着内地金融服务业持续向外资开放，越来越多的国际财富管理机构正设法抓住大湾区跨境理财通这一机会，以香港为跳板，发展内地理财业务。

在香港IPO融资方面，2020年共计132家中国企业在香港上市，募资额达到3325.44亿港元。其中，内地企业119家，占比90.15%；香港本土企业11家，占比8.33%；澳门本土企业2家，占比1.52%。从行业分布来看，香港IPO市场正在发生结构性变化，由以往偏好地产和银行，逐渐转向

---

① 《上交所蔡建春：沪港通、深港通为香港市场带去近2万亿人民币内地资金》，“金融界”百家号，2021年4月20日，https://baijiahao.baidu.com/s?id=1697552124891577463&wfr=spider&for=pc。

偏好科技及新经济企业。① 内地企业赴港上市，不仅能在短时间内完成低成本融资，促进实体经济发展，而且上市企业增加导致港股市场规模扩容，流动性增加，风险承受能力增强，为中国资本市场进一步对外开放提供了抵御风险的后盾。

（三）金融开放吸引各类金融机构集聚

自改革开放以来，粤港澳大湾区金融机构励精图治、主动作为，开创了中国金融开放史上的多个“全国第一”：设立了第一家外资银行——南洋商业银行，第一家外资保险公司——民安保险，第一家中外合资财务公司——中国国际财务，第一家中外合资基金管理公司——招商基金，第一家外资控股的合资证券公司——汇丰前海证券。

在商业银行对外开放方面，广东是全国首个实现外资银行地级市全覆盖的省份，港资银行、澳资银行网点数量居全国第一。② 根据中国人民银行发布的《中国区域金融运行报告（2021）》，截至2020年底，外资银行在中国部分区域的展业情况如表5－4所示。

表5－4　截至2020年底外资银行在中国部分区域的展业情况

区域	营业网点			法人机构（个）
	机构个数（个）	从业人数（人）	资产总额（亿元）	
北京	117	4212	3918	9
天津	19	1407	823	1
上海	209	12478	16368	18
江苏	35	23019	1784	3
浙江	29	803	629	0
广东（不含深圳）	189	10433	6859	6
深圳	93	5577	3932	5

① 《2020年度盘点丨中国企业跨境IPO统计报告之港股篇》，腾讯网，2021年1月22日，https://new.qq.com/omn/20210122/20210122A0EIXA00.html。

② 《粤率先实现外资银行地级市全覆盖》，“央广网”百家号，2020年8月23日，https://baijiahao.baidu.com/s?id=1675776340596353413&wfr=spider&for=pc。

基于表5－4的统计数据，我们可知：广东（含深圳）在外资银行机构个数以及从业人数方面具有优势，这得益于港资银行、澳资银行在粤的积极布局。具体而言：①截至2020年底，在机构个数方面，广东（含深圳）共计282个，遥遥领先第二位上海的209个以及第三位北京的117个；②在从业人数方面，广东（含深圳）累计16010人，居全国第二位；③在资产总额方面，上海以16368亿元反超广东（含深圳）10791亿元，力拔头筹；④在法人机构方面，上海以18家法人银行落户而稳居首位，广东（含深圳）共计11家，排在第二位，北京以9家法人银行列第三位。

在非银行金融机构对外开放方面，根据内地与香港、澳门签署的《关于建立更紧密经贸关系的安排》补充协议十的相关内容，港澳资本积极扩大内地金融服务，自2016年开始，先后设立4家合资证券公司，具体如表5－5所示。

表5－5　截至2020年末港澳与内地合资证券公司一览

单位：亿元

序号	公司名称	港澳股东名称	注册资本	批准时间
1	申港证券股份有限公司	茂宸集团控股有限公司	43.15	2016年3月
		民众证券有限公司		
		嘉泰新兴资本管理有限公司		
2	华兴证券有限公司	华兴金融服务（香港）有限公司	30.24	2016年4月
3	汇丰前海证券有限责任公司	香港上海汇丰银行有限公司	18	2017年6月
4	东亚前海证券有限责任公司	东亚银行有限公司	15	2017年6月

资料来源：根据中国证监会网站相关资料整理。

（四）金融开放推进对外交流日益密切

在粤港澳整体层面，广东省积极推进金融业开放交流，与香港、澳门建立金融交流机制，搭建金融合作平台。2002年和2004年，中国人民银行广州分行分别与澳门金融管理局、香港金融管理局建立粤澳、粤港金融合作联络机制，通过定期举办金融合作例会，加强沟通，达成多项共识，有力推动了粤港澳金融合作的深入开展。2009 年和 2011 年，广东省政府先后与香港、澳门建立金融合作专责小组机制，推动区域金融合作，实现互惠双赢。2019 年，粤港澳大湾区金融纠纷调解合作研讨会在珠海横琴举行，签署了相关金融纠纷调解合作框架协议。借鉴港澳及其他发达经济体先进的金融纠纷解决制度，建立粤港澳大湾区金融纠纷调解合作机制，构建粤港澳三地共同认可的金融纠纷解决方法。粤港澳大湾区绿色金融联盟于 2020 年成立，联盟永久秘书处落户深圳，有效助力国家绿色金融政策的落地实施，提升大湾区绿色金融交流合作。

在内地 9 市层面，借助 CEPA 协议、珠三角金融改革创新综合试验区、广东自贸区、“一带一路”等政策机制，积极推动粤港澳大湾区内部金融交流合作。例如：深圳市于 2020 年举办了大湾区创新创业投资大会，推动大湾区科技创投的高质量发展。珠海市于 2018 ~ 2020 年在横琴举办共三届十字门金融周，积极打造互利共赢的交流平台，重点探讨横琴对澳门的金融合作，深化金融供给侧结构性改革，促进金融业对外开放，助力金融服务实体经济。佛山市于 2020 年举办了第二届大湾区金融科技大会，积极推动粤港澳三地金融服务运行规则衔接、机制对接和科技联通。东莞市于 2020 年举办了第三届粤港澳大湾区金融发展论坛，结合当前国家政策，探讨大湾区金融发展方向。江门市于 2019 年举办了江港澳科技金融发展论坛暨独角兽培育·企业飞跃计划发布会，助力江港澳科技与金融的深度融合，助推科技型企业高质量发展。

在香港、澳门层面，作为国际金融中心的香港，成功举办了大湾区金融科技创新论坛、拥抱“十四五”融入“双循环”高峰论坛等大型金融合作交流会议；为助力澳门在大湾区开放中进一步发展，澳门成功举办了 2019 年“新科技·新金融·新澳门”金融论坛、2021 粤港澳大湾区金融论坛交流座谈会等，旨在会集专家学者与业界精英，为澳门和其他大湾区城市搭建立足本地、拥抱全国、面向世界的高品质金融交流平台。

三 存在的问题

（一）金融业的双向开放不平衡、不充分

从商业银行、证券公司以及保险公司等主要金融业态来看，大湾区的"引进来"和"走出去"存在不平衡、不充分的问题。

1. 基于"引进来"的视角

在商业银行层面，虽然广东省是全国首个实现外资银行地级市全覆盖的省份，但是外资银行在珠三角区域对公业务尚未成熟，零售业务发展迟缓。一方面，外资银行对公业务起步较晚，难以成为广东企业跨境金融领域的主要服务提供商；另一方面，由于账户业务规则难以统一，信用体系不互通，业务竞争激烈等原因，外资银行的零售业务发展迟缓。

在证券公司层面，相较于京津冀区域和长三角区域，外资机构在珠三角区域参与投资的证券公司数量较少，经营状况堪忧。CEPA 补充协议允许港资金融机构在深圳市、广东省其他城市各设立 1 家合资证券公司。目前，除深圳外，合资证券公司还未在广东省内其他城市落地。根据中国证券业协会公布的《证券公司 2020 年经营业绩指标排名情况》，部分代表性外资券商营业收入和净利润如表 5－6 所示。

表 5－6 部分代表性外资券商 2020 年营业状况

公司	注册地	营业收入（万元）	排名	净利润（万元）	排名
申港证券	上海	141836	64	33058	61
瑞银证券	北京	86719	73	6371	84
东亚前海	深圳	61050	83	4317	87
高盛高华	北京	42638	89	5822	86
摩根士丹利华鑫证券	上海	32811	93	141	91
瑞信方正	北京	28306	95	1180	89
汇丰前海	深圳	26048	96	13583	99
摩根大通	北京	21249	97	－17814	100
野村东方	上海	12731	98	－6936	94

在保险公司层面，外资险企在珠三角区域较少布局，且优势尚未充分发挥。以广州市为例，截至2020年末，仅有美国友邦保险有限公司广州分公司、美亚保险公司广州分公司两家分支机构展业，与此相对应的是很低的市场份额和盈利水平。虽然广东是改革开放的前沿，对外资机构包容性强，但是外资险企在进入广东保险市场后，未能很好地融入本地市场中，面临文化差异、经营理念冲突、运作模式不适应等挑战，其在精算、产品定价、风险管理等方面的优势未能充分发挥。

2. 基于“走出去”的视角

在商业银行层面，注册在广东省内的商业银行通过港澳地区开拓海外市场的进展较为迟缓。目前，广东省内已有14家法人银行进入“全球银行1000强”之列，但是只有招商银行在香港、广发银行在澳门各设1家分行，广东银行业依托港澳地区“走出去”发展、开拓国际市场的进度与粤港澳大湾区经济全面对外开放的战略定位不相适应，亟待加快“走出去”的步伐。

在证券公司层面，相较于中金公司以及外资券商，广东券商的海外业务模式单一，跨境服务的深度与广度不足。在经纪与财富管理业务方面，广东券商所提供的跨境理财产品非常有限，多处于初级阶段，且局限于投向港股、美股的权益类基金产品。在投行业务方面，虽然广东券商的承销保荐迎来了高速发展，但是对于广东省内企业的海外并购仍然由外资投行或中金公司主导，广东券商的跨境服务能力明显不足。

在保险公司层面，广东保险公司在国际市场上发展的差异巨大。在《2021全球保险品牌价值100强榜单》中，中国6个内地保险品牌上榜，其中4家跻身前十，来自深圳的中国平安高居榜首。① 广东的头部保险公司在国际市场上的业务越来越成熟，品牌效应越来越显著；而中小保险公司业务较为单一，很难有机会和渠道“走出去”。

① 《2021全球保险品牌价值100强榜单》，澎湃新闻，2021年7月23日，https://www.thepaper.cn/newsDetail_forward_13728737。

（二）三地金融规则对接有待进一步深化融合

1. 基于法律基础的视角

从金融体系的法律基础和治理框架来看，内地与澳门同属大陆法系，而香港则属于英美法系，两者的金融体系形成鲜明对比。

遵循大陆法系的内地金融机构和澳门金融机构，严格按照法律条文的相关规定，在经营模式以及金融监管上明确分为银行业、证券业、保险业以及各自对应的监管组织。金融机构不但需要分业申请金融牌照，到具体展业时，还需要从事具体业务申请批准或者备案。在面对金融官司时，法官只能进行司法解释，而非创造法律。

遵循英美法系的香港金融机构，受判例法的影响较深，成文法较少，设计人性化，应用相对灵活。金融体系中不同的市场参与者并不具体分类，持牌法团和注册机构可以通过申请不同的牌照来参与竞争，而且这些金融牌照通常是按照业务大类划分，并非按照具体的金融工具划分。在面对金融官司时，法官可以使用法定权力来创设具有法律约束力的先例来填补法律空白。

在此背景下，粤港澳之间金融开放创新主要是采取“管道式”的联通，如 QFII、QDII 和深港通等，进一步深入开放被法律体系不兼容的瓶颈掣肘。

2. 基于金融监管规则的视角

从金融监管规则来看，粤港澳三地存在很大差异，只能通过签署谅解备忘录开展跨境金融监管合作，由此造成金融机构在相互开放的过程中规则不统一、信息共享程度低等诸多问题。

对于商业银行而言，内地银行监管以风险为本、合规监管并重，以资本监管为核心，以流动性风险监管和信用风险监管为重点，以公司治理和风险管理为支撑。香港银行监管以风险为本，认可机构应保持充足的流动性及资本遵守有关放款限度，以及就任命董监高人员向香港金融管理局申请审批。澳门银行注重合规监管与风险监管并重，确保银行具备适当的内部监控系统、风险管理程序及反洗钱与反恐融资措施等。

对于证券公司而言，内地券商从合规监管走向风险监管，以资本监管为基石，注重对公司资本的充足性和结构性监管。香港券商监管以风险为本，重点监管机构业务操守及财政稳健程度，以维护投资者和业界利益。澳门券商监管对证券公司资本做出的最低限额、人员适当资质、职务担任、内控等应符合相关要求。

对于保险公司而言，内地保险行业监管建立了偿付能力、公司治理、市场行为“三支柱”的保险监管框架。香港保险行业监管注重保险公司充足的股本及偿付准备金，董监高人员的适当性以及足够的再保险安排。澳门保险行业则以审慎性监管为主，其中包括对股东、董监高人员、最低赔偿金等要求。

3. 基于生态体系的视角

除法律基础、金融监管规则以外，制约大湾区进一步金融开放的主要因素还有税收制度、征信系统、人才就业等。

在税收制度层面，粤港澳三地之间的税制差异主要表现在税率、税种、税收特点、税收管辖、税收征管等方面，正是这些差异导致在大湾区建设中产生重复征税、逃税与避税、税收利益分配不均衡以及征管机构行政管辖权冲突等问题，从而阻碍粤港澳三地金融开放的协调性。

在征信系统层面，目前大湾区征信系统开放存在征信发展路径和发展程度差异，澳门尚无严格意义上的征信机构；此外，三地的征信技术标准不统一、信用信息共享的利益诉求不一致等诸多现实障碍，致使征信数据完全跨境流动还较难实现。

在人才就业层面，粤港澳三地之间的人员往来需要过海关，内地和港澳之间的人员往来都需办理通行证和签注，且有时间限制和频次限制；内地金融人才赴港澳工作需先取得工作签证，因此金融人才的流动存在很大障碍。

（三）跨境资本流动的管控协调机制亟待完善

大湾区跨境资本流动的协调机制存在的主要问题是，三种流通货币之间兑换汇率尚未充分反映市场供求关系，在岸人民币市场与离岸人民币市场之间发展不平衡，以及较为烦琐的涉外账户管理体系制约了金融开放的效率。

1. 三种流通货币之间兑换汇率尚未充分反映市场供求关系

粤港澳大湾区存在人民币、港币以及澳门币[①]三种流通货币，这是世界上其他大湾区所不存在的。从货币兑换的交易价格来看，三种货币的汇率形成机制不尽相同。

在人民币方面，内地当前的人民币汇率制度是以市场供求为基础、参考一篮子货币进行调节、有管理的浮动汇率制度。当前，人民币汇率调节机制尚不完善。一方面，政府对汇率预期的管理不足，据历史经验，持续的升值或贬值预期会引发跨境短期资本流动加剧，干扰中国货币政策的正常操作和宏观经济的稳定。另一方面，目前的汇率调节机制较为依赖央行的干预，市场对人民币汇率抱有“底线”思维，习惯性将人民币汇率固定在某一水平，弱化了市场供需对比变化对人民币汇率的作用。

在港币方面，目前香港实行联系汇率制度，其货币基础与外汇储备之间通过直接和间接方式建立了一一对应的关系。在此汇率制度下，由于香港不实行外汇管制政策，港币自由兑换，汇率的稳定主要由自动利率调节机制实现。虽然联系汇率制度使得港币有十足的美元储备作为支撑，但这仅限于现金。而在当今社会，全社会货币总量中现金所占的比重越来越低，香港金融管理局维持港币与美元联系汇率制度面临的挑战和压力越来越大。同时，由于联系汇率制度的实行，香港几乎丧失了货币政策独立性，更多地受制于美元体系，这使其难以充分发挥货币政策对经济社会发展与稳定的宏观调节作用。

在澳门币方面，当前澳门也实施联系汇率制度，澳门币与港币挂钩，因此汇率机制与港币汇率机制所面临的问题大体一致。一方面，随着社会中流通现金所占比例的下降，澳门博彩业的不断发展以及当地资本市场的高度开放，澳门金融管理局为了维持澳门币与港币的固定汇率所面临的压力不断增大；另一方面，联系汇率制度剥夺了澳门的货币政策独立性，澳门当局很难使用货币政策对当地经济发展进行调节。

---

① 港币或称港元，澳门币或称澳门元。

综上所述，三种流通货币之间的汇率形成机制导致人民币兑换港币和澳门币之间的灵活性不足，不能充分反映市场供求关系，成为制约大湾区跨境资本流动的突出问题之一。

2. 在岸人民币市场与离岸人民币市场之间发展不平衡

在中国人民银行的全力支持下，香港成为全球最大的离岸人民币市场，并且市场地位得到不断的巩固和提升。虽然香港的离岸人民币市场现已成为大湾区金融开放枢纽建设的重要保障，但是仍然存在诸多问题，主要如下。

在岸人民币市场和离岸人民币市场的规模发展不平衡。近年来，在岸人民币市场规模持续稳定扩张，而香港的离岸人民币资金池并没有出现相应幅度的扩张，甚至有时出现萎缩迹象。由于离岸金融市场是当代国际金融的核心，没有一定规模的离岸人民币市场做支撑，势必将延缓人民币国际化的进程。

在岸人民币市场和离岸人民币市场结构发展不平衡。在岸人民币市场经过长时间的发展，已经拥有较为完整和统一的市场结构；而离岸人民币市场除了香港特别行政区，国内还有上海自贸区、海南自贸港等自贸区和边境离岸试点单元，各地政策碎片化严重，缺乏系统集成性，难以发挥规模效应。①

在岸人民币市场与离岸人民币市场之间联动性加强，离岸人民币市场的风险向在岸人民币市场溢出。离岸人民币市场具有高敏感性、高波动性、高度依赖衍生品市场这“三高”特点，以上属性意味着，外部冲击将在离岸人民币市场上被放大，从而对在岸人民币市场产生更大的影响。而且，随着大湾区联系日益紧密，离岸人民币市场和在岸人民币市场之间的联动性势必加强，离岸人民币市场的波动风险会更多地向在岸人民币市场溢出。

3. 较为烦琐的涉外账户管理体系制约了金融开放的效率

从 1997 年开始，中国人民银行、国家外汇管理局和中国人民银行上海

---

① 《新发展格局下人民币国际化研究——金融开放的视角》，搜狐网，2021 年 8 月 4 日，https://www.sohu.com/a/481324749_522914。

总部先后推出离岸账户（OSA）、境外机构境内银行结算账户（NRA）和上海自贸区自由贸易账户（FT）三类面向境外非居民的涉外账户管理体系。目前，在大湾区内办理资金跨境业务主要涉及的是NRA账户。总体而言，三类银行账户比较复杂，碎片化特征明显，无论是对市场开户主体、金融机构，还是对金融当局，操作和管理都十分复杂，成本较高。

基于开户主体的角度，多账户规则体系意味着开户者必须开立一系列账户，并存入必要资金，既不便于账户管理，也不利于提高资金利用效率、降低财务成本。

基于商业银行的角度，多种类的账户业务范围及业务规则各不相同，给金融机构合规和风险管理带来了困扰；同时，核算方式的不同还使得商业银行必须另行建立相应的业务系统，也给银行产生了很高的成本。

基于金融监管的角度，不同账户业务规则和监管要求的不一致、管理系统的割裂更是增加了金融监管的复杂性，严重影响账户管理和业务监管的统一性、有效性。特别是在金融开放过程中，账户系统的割裂对金融账户开放和资本项目可兑换进程、对货币当局进行有效的跨境资本流动宏观审慎管理产生了负面影响。

第三节　建设思路与重点领域

一　建设思路

《粤港澳大湾区发展规划纲要》指出，粤港澳大湾区建设“有利于进一步深化改革、扩大开放，建立与国际接轨的开放型经济新体制，建设高水平参与国际经济合作新平台”。在此背景下，我们对建设大湾区金融开放枢纽提出如下思路。

（一）以服务实体经济为目标，实现金融开放与经济的融合发展

以建设大湾区金融开放枢纽为契机，利用粤港澳地区庞大的市场规模优势以及持续增长的内需潜力，一方面，集聚更多的外资“走进来”，为其

提供公开、公平、透明的市场环境和广阔的市场机会；另一方面，加强大湾区国际金融交流与合作，推动更多的内资“走出去”，促进粤港澳实体企业接触到更广泛、更优质的融资渠道，从而进一步畅通国内外金融市场之间的循环路径，有效提升中国供应链和产业链的国际竞争力，实现大湾区实体经济的高质量发展。

（二）以区域重大平台为载体，有重点分步骤推进金融对外开放

利用粤港澳优越的地理位置，充分发挥广东自贸区、前海深港现代服务业合作区、横琴粤澳深度合作区在金融开放领域的优势，构建粤港澳金融创新体制，深化粤港澳金融合作，促进大湾区贸易投资便利化。近期着眼于资本流动、市场准入、跨境支付等领域，有重点地推进金融开放。然后，逐步拓展大湾区人民币跨境使用的规模和范围，鼓励内地居民和港澳居民进行跨境投资，进一步降低外资企业进入内地金融服务业的门槛要求，由此提高大湾区金融开放程度。

（三）以金融科技为重要手段，全面提升金融业的跨境服务能力

在当前新一轮科技革命背景下，大湾区金融开放要积极利用金融科技赋能金融行业，通过人工智能、大数据、云计算、区块链等前沿技术的运用，帮助金融机构降低跨境运营成本、提升跨境服务效率、精准识别跨境金融风险、实现跨境金融产品创新，从而拓展金融机构的生存发展空间，为金融行业跨境服务提供源源不断的创新活力。

（四）以防控金融风险为底线，稳健有序地开展金融开放及创新

在深化大湾区金融开放的同时，要坚持对系统性金融风险的预警和防范。建立与金融开放和创新相适应的跨境资本流动监管体系，完善并严格执行金融业准入和退出要求，加强粤港澳三地金融监管的沟通，构建大湾区金融监管协调机制。在依法合规、风险可控的前提下，稳妥有序地推进大湾区各项金融创新。

二　重点领域

根据《粤港澳大湾区发展规划纲要》以及相关政策文件精神，结合前

文分析，本章对建设大湾区金融开放枢纽的建议简述如下。

（一）提升金融开放政策的协同程度

第一，从国家层面加强统筹协调。在粤港澳大湾区建设领导小组的管理下，设立由国家金融监管部门、广东省政府以及港澳特区政府共同参与的大湾区金融开放专项工作小组，构建上下贯通、协调有力、响应及时的推进体系，有序推动大湾区金融合作与开放。

第二，建立大湾区金融开放的容错机制。在坚持市场化导向的基础上，大湾区需要通过顶层设计建立容错机制，激励市场化团队和专业性机构从主观能动性出发，把各项金融改革开放工作做好做精。

第三，设计大湾区对话和争议解决机制。为使粤港澳三地更好地开展对话，及时了解各方动态和诉求，解决执行中面临的问题和争端，建议大湾区设立金融对话论坛，供各方分享信息和观点，开展不同层面的对话，达到解决金融争端的目标。

（二）推动金融双向开放及优化配套服务

第一，以“单一通行证”制度为切入点，进一步深化广东与港澳地区的金融双向开放。借鉴欧盟的“单一通行证”制度，使粤港澳三地金融机构在跨境展业时无须再单独申请准入，减少跨境金融壁垒，提升金融运行效率，形成风险共担机制。

第二，推动大湾区金融市场的进一步互联互通。一是不断完善“沪港通”“深港通”“债券通”机制，深化内地与香港的证券市场合作；二是继续优化“跨境理财通”机制，鼓励内地居民与港澳居民进行跨境投资；三是进一步解除金融行业外资持股比例限制及业务限制，为内陆金融业注入新鲜血液。

第三，鼓励大湾区金融机构互设或合作设立金融机构。鼓励银行、保险公司、券商等金融机构积极合作，在广东自贸区探索设立粤港澳国际商业银行，提升大湾区金融聚集能力和调度能力，提供跨境支付、交易、融资、资产管理等全方位的金融服务。

第四，设立大湾区个人账户授信通，加速人才流动。选择与港澳环境较为契合的地区作为个人账户授信通的试点，探索个人授信统一制度的可能性，便利三地居民跨境信贷，加速人才流动，优化人才配置，加快大湾区金融高质量发展。

（三）完善跨境金融基础设施建设

第一，设立大湾区金融基础设施建设的统一协调机制。对大湾区重要金融基础设施建设进行统筹安排，健全准入管理，优化设施布局，推动形成治理有效、先进可靠、富有弹性的大湾区金融基础设施体系。

第二，进一步推动深交所与港交所的合作，大力促进广州期货交易所、科技创新金融支持平台、离岸创新创业平台等的建设。优化深交所的上市制度，支持香港私募基金参与大湾区创新型科技企业融资，鼓励符合条件的创新型科技企业进入香港上市。

第三，加快金融科技基础设施建设，着眼于大数据基础设施和数字化资产等领域。发挥金融行业基础设施在金融标准制定中的引导和协调作用，借助开放平台、接口协议、服务调用等多种技术形式来促进大湾区金融融合发展。

（四）加强金融风险防范及化解工作

第一，加强粤港澳三地金融监管合作机制。进一步优化大湾区金融监管沟通机制，协调解决跨境金融监管问题，完善对金融创新领域的监管规则，研究建立跨境金融创新的“监管沙盒”并尽快试点。

第二，建立健全大湾区金融风险预警、防范和化解体系。细化大湾区重点开放领域的金融风险防控措施，完善区域金融风险预警体系，及时提示相关金融风险，健全大湾区金融安全防线以及风险应急处置机制。

第三，打造大湾区跨境金融监管人才合作机制。加强大湾区跨境监管人才交流，建立违法人员信息共享机制，通过与金融机构、高校之间紧密合作，培养熟悉粤港澳三地金融业态的监管干部。

第六章
建设粤港澳大湾区创新资本枢纽

粤港澳大湾区是中国实施创新驱动发展战略的重大引擎，资本是创新发展的重要驱动力，资本市场通过筛选培育、风险分散、融资支持、要素集成、制度供给、资源重组等功能支持创新发展。在双循环新发展格局下，为更好地利用资本赋能创新、激发创新，推动金融与科技深度融合，建设粤港澳大湾区创新资本枢纽势在必行。

目前，大湾区已基本形成多层次资本市场体系，拥有港交所、深交所、广州期货交易所等全国性和多个区域性交易市场，众平台大力发挥创新资本形成优势和资源优化配置功能，致力于服务科技创新企业、民营企业、成长性企业，加速推进大湾区内先进制造业和战略性新兴产业的直接融资进程，显著提升其科技创新水平和产业优化升级能力。面对大湾区资本市场发展与世界级湾区仍有较大差距、资本市场支持科技创新的体制机制有待完善、粤港澳三地资本市场的协同发展亟须加强等问题，大湾区应充分发挥香港、澳门、深圳、广州等资本市场的金融服务功能，合作构建多元化、国际化、跨区域的科技创新投融资生态体系。一是以完善多层次资本市场体系为基础，不断增强创新资本集聚能力；二是以境内外金融合作交流为抓手，不断拓宽创新资本辐射范围；三是以创新资本的高效流动为推力，不断激活科技创新投融资生态系统。

第一节　理论基础与现实意义

当前，中国经济已转向高质量发展阶段，主要任务为“质量追赶”，发展模式为“结构升级”，主要驱动力为“创新驱动”。在新发展格局下，通过建设粤港澳大湾区创新资本枢纽，全面提升资本市场融资功能及资源配置效率，从而更好地推动科技创新，实现大湾区经济高质量发展任重道远。

一　资本市场支持科技创新的作用机制及国际实践

（一）资本市场支持科技创新的作用机制

科技创新具有周期长、不确定性高、异质性风险大等特点，资本市场通过发挥资本形成、资源配置、价格发现、风险分散、激励约束等作用，促进科技创新。

1. 资本形成机制

资本形成理论的早期开拓者纳克斯认为，“资本形成是指各式各样可增加生产效能的真实资本；资本形成过程的实质是将社会现有的部分资源抽调出来增加资本品存量，使将来可消费产品的扩张成为可能”。资本市场通过联结资本供需两端，打通社会资本向科技创新配置的渠道，提供了多元化的融资工具，并借助风险资本的融资优势，消除科技创新融资中的障碍和盲点。

一是资本市场畅通了储蓄向产业资本转化的渠道，为科技创新提供了充足资金。Aghion 和 Howitt（1998）通过改进的索洛－斯旺模型指出，资本市场上的资本积累有利于企业创新发展，在资本积累过程中，企业资金使用成本下降，企业愿意将资金用于技术研发等创新项目。在资本形成的过程中，资本市场既通过普通股、优先股、公司债、可转债等各类融资工具帮助企业获得大量资金以投入生产发展，同时又为天使基金、风险投资和私募股权等各类风险资本提供高效的投资和退出渠道。目前，学术界对资本市场在科技创新中的作用已基本形成共识：多层次资本市场是支持科技创新发展的必由之路。一方面，大力发展资本市场并推动科技创新，对经济持续、高速发展具有不可替代的作用（邓乐平、孙从海，2001）。另一方面，创新的层次性和阶段性及企业所具有的不同规模和生命周期决定了为企业技术创新提供融资支持的资本市场必然是一个多层次的资本市场（辜胜阻等，2007）。

二是资本市场为科技创新提供了多元化融资工具，消除了融资盲区。资本市场为企业提供了股权融资和债务融资等多元化的融资渠道，债券和股票市场等资本市场的建立会对技术创新过程产生积极作用（Atanassov et al.，2005）。多数研究结果证明，相较于债务融资，研发型企业更倾向于通过发行股票筹集资金（Caisson et al.，2008），股权融资更能够促进企业创新。并且，创立专门针对创业企业的股票市场，有助于增加对早期创业企业和高科技企业的投资（Da Rin et al.，2006）。针对国内市场，由于当前银行主导的金融结构较难使技术创新得到有效的金融支持，所以要通过健全股权市场的方式来发挥股权融资对技术创新的重要支持作用（张一林等，2016）。而资本市场提供的债务融资虽不具备股权融资在支持科技创新方面的直接优势，但在支持国家基础研究领域科技创新上有着天然优势。

三是资本市场催生了风险资本，解决了科技创新的“最先一公里”问题。创新是失败风险很高的项目，普遍存在融资难问题，相较于其他传统金融机构，风险投资可以解决创新项目早期的资金来源问题。风险投资对科技创新的重要性主要体现在以下几方面。第一，风险投资的专业性可以在科技创新早期阶段筛选出优质项目，为创新项目提供发展所需资金，通过有效解决信息不对称问题控制风险（Chan et al.，1990），并能通过限制融资量和分阶段融资等手段，形成预算硬约束，更有效地为创新项目融资（Gebhardt，2009）。第二，风险投资对失败的容忍度较高，可以有效促进企业创新。特别是当企业面临失败风险时，风险投资的资金约束会对其失败容忍度产生影响，而对失败的容忍会加强对创新的激励作用（Manso，2011）。第三，风险投资会积极参与企业内部管理，对创新项目进行监督，以此提高创新企业内部运营效率，降低企业创新融资成本（Kaplan and

Stomberg，2003）；并利用广泛的关系网络为企业提供增值服务，加快技术成果的商业转化，提高企业创新绩效（Hellmann and Puri，2000）。

2. 资源配置机制

资本市场以其特有的连接技术、市场化的资源配置功能，引导社会资本向具有发展潜力的科技创新产业倾斜，促进创新资源的合理流动和有效整合，形成优胜劣汰的市场化筛选机制，可以快速甄别、支持企业创新活动。

一方面，资本市场通过信息交互、信号传递机制实现资源向创新效率更高的部门流动和配置，以提升资源配置效率。在有效的资本市场中，企业创新的相关信息得到充分交换，形成有效的价格信号，从而实现资金、资源自发地在不同企业、不同行业之间流动和配置。基于逐利本性，各类资金、资源会在价格信号的牵引下自觉流向预期收益最高的企业部门。在良好运作的资本市场中，技术含量较高并且投资周期长的项目通常会获得相关的资源配置，进而推动技术创新发展（Levine，1997）。并且，资本市场通过对创新项目进行合理的估值定价，可以帮助创新企业调整融资结构，同时带来更多的投资机会，以推动企业创新发展（Wojcik，2008）。

另一方面，资本市场通过并购重组机制帮助盘活存量创新，提升创新效率。并购重组可以帮助企业从外部获取关键技术、知名品牌、市场渠道等创新资源（辜胜阻等，2016），促进企业创新的作用渠道主要包括选择机制和协同效应两种方式（田轩、孟清扬，2018）。其中，选择机制是指，创新效率较低的公司直接选择收购创新效率较高的公司，以提高自身创新水平。研究表明，自身创新能力相对薄弱的企业通过收购专业性强或拥有现成专利的企业获取创新，比直接投资自主创新更加有效（温成玉、刘志新，2011）。协同效应是指，两项具有协同性或互补性的创新资产合并后能够提高整体的创新能力。研究发现，并购目标知识积累大于并购方或双方知识积累并形成互补时，并购通过整合资源形成协同效应，从而对创新产生积极影响（于开乐、王铁民，2008）。

3. 价格发现机制

在有效的资本市场上，价格中包含了投资者对创新前景的总体预期，为创新要素提供了价格参考，促进了资源要素的流动，并通过价格信号的传递与反馈机制影响创新投资。同时，市场上投资者通过对创新相关信息的收集对市场交易价格施加影响，从而间接评价企业创新的质量和效益，影响企业下一步的创新行为。

一是资本市场形成“价格锚”，有助于提高创新要素的资源配置效率。创新的高风险决定了创新项目未来前景的高不确定性，因此难以用估值模型对创新项目的价值或前景进行量化估计。资本市场为企业创新提供了价值发现的场所，并通过市场参与主体之间充分交换多空意见、充分博弈来确定参考价格。市场价格的“锚”作用会辐射至资本形成、资源配置等各个要素流动环节，指导其中的定价过程，起到降低议价成本、促进创新要素配置效率提升的作用。对不确定性更高的创新要素，定价准确性更难得到保证，市场价格的“锚”作用在创新要素的资本和资源配置中产生的影响更大。总之，在有效市场中，市场价格对创新要素的公允定价能有效指导资本、资源配置中的交易价格，有助于创新要素在更合理的价格水平上流动，提高创新要素的资源配置效率。

二是资本市场实现价格信号的传递，优化科技创新的决策，牵引科技创新的资本形成和资源配置方向。市场交易形成价格信号后向外传递的路径根据对象区分主要有两条：一条是向创新企业的决策者传递，形成反馈机制；另一条是向资本和资源配置的决策者传递，形成牵引机制。一方面，价格信号向创新企业决策者传递信息而产生的交互反馈机制能帮助创新企业优化创新决策。在市场价格的形成过程中，不同投资者将各自掌握的与企业创新相关的信息通过交易融入市场价格，在市场参与资金的逐利动机下，股价中企业创新信息含量的增加会促进股价对企业创新投资的牵引作用（Mathers et al.，2017）。进一步地，企业创新的调整优化又会反映在市场价格中，从而产生新的价格信号。另一方面，价格信号能够牵引科技创新中的资本和资源配置方向，提高配置效率。资本市场对创新要素配置的影响主要体现在两点。其一，市场定价会影响科技创新的资本形成。具有良好发展前景的新兴产业会受到市场资金的青睐而在市场上产生一定的估值溢价，从而有效吸引产业资本的涌入（陆蓉等，2017）。其二，资产价格的波动会影响并购重组。事实上，市场会给予优质科创企业一定的估值溢价，帮助企业以相对较低的成本进行外延并购，促进企业发挥内外部的协同创新效应，加快创新要素向更高效的主体流动、向更合理的方向配置。

三是资本市场通过价格涨跌构建对创新绩效的评价体系，进一步激励、约束企业创新。市场价格的涨跌是对企业创新绩效及前景的反映，交易者充当了信息中介的角色，通过将企业信息反映在股价上的方式对企业创新行为管理者做出评价，继而影响管理者后续的创新行为。从激励角度看，资本市场回报和创新之间能够形成“创新—市场回报—继续创新”的正反馈效应。本质上，市场回报是对企业创新绩效的反映，创新绩效提升会引起市场价格向上波动，从而促进企业进一步加大创新投入，对科技创新形成正向激励。从约束角度看，当管理层考虑个人利益，过于追求短期目标而造成公司价值损失时，市场交易者作为信息中介会对股价形成负向压力，即“用脚投票”。而当企业降低创新专注度时，市场价格的负向压力能够抑制管理者短视，通过约束“代理人问题”，促使管理者回到长期创新的轨道上（He and Tian，2016）。

4. 风险分散机制

资本市场分散市场参与者风险的功能，有利于技术创新的培育。在企业端，技术创新的高风险在无法被分散的情况下，会阻碍企业进行大胆的创新尝试，不利于企业创新战略的有效实施。在投资者端，过高的创新风险积聚会影响投资者的参与意愿，降低投融资效率。资本市场的风险分散功能能够有效分散上述风险，形成支持高科技项目研发的友好环境。

一方面，资本市场为企业提供分散创新风险的路径及工具，促进企业创新尝试。资本市场通过股权形式将企业创新风险分散给外部投资者。不同于债务形式下对回报确定性的追求，股权形式下投资者以资金换取追逐未来潜在高收益的权利，同时承担未来创新失败的风险。由于股权投资市场参与者众多，且参与个体自主决策，风险、收益与他人隔离，企业能够通过所有权出让的方式将部分创新风险分散化地转移给市场，有利于企业对高风险的高科技项目进行大胆尝试，促进创新专业化（Orman，2015）。此外，资本市场的衍生品等金融工具为技术创新提供了更多的风险管理工具。金融工具的使用能够帮助企业采用更多元化的方式减少、转移创新风险。

另一方面，资本市场为投资者提供风险管理的理想环境，提高长期资金对技术创新的参与度。资本市场为投资者提供了丰富的风险管理工具，帮助投资者平衡创新类投资组合的风险与收益。投资者根据其风险承受力和风险偏好在资本市场上自由选择创新项目并形成组合，通过实施风险配置计划参与创新项目投资。同时，资本市场的风险分散功能对吸引机构等成熟投资者参与科技创新尤其重要。在实际中，成熟投资者的进入有助于减少企业持续创新的短期压力，促使企业能更专注于实施长期创新计划。但是，机构投资者特别是长期资金对本金安全的要求较高，这与科技创新固有的高风险不相适配，而资本市场的风险分散功能使长期资金能够通过分散化投资的方式对创新风险进行组合和管理，在风险可控的范围内对技术创新提供资本支持。

5. *激励约束机制*

资本市场特有的股权激励制度，可以实现创新人才的知识资本化，促进企业家、技术人才和资本所有者形成利益共同体，释放企业创新活力。同时，资本市场也可以借助外部监督机制帮助公司优化内部治理，使企业内部人尽其才、各司其职、协调运作，让创新、创业、创富有机对接并形成合力，促进创新发展。

一方面，资本市场提供股权激励机制，调动人才积极性，促进企业创新。资本市场的股权激励机制可以将企业绩效与管理层、关键技术员工的利益紧密结合，在给予激励对象丰厚回报的同时，促进创新发展（田轩、孟清扬，2018）。一是股权激励可以将短期创新失败与长期激励回报有机结合，当激励对象的创新项目取得成功并促进股价上涨时，激励对象可以利用股权激励获得股价上升带来的收益；当激励对象的创新项目失败并导致股价下跌时，激励对象可以放弃行权而免受由股价下降带来的损失（田轩、孟清扬，2018）。二是股权激励通常具有较长的有效期，这能加强代理人对公司长期利益的重视，有效激励公司战略层以及核心技术人员投入创新工作，企业通过资本市场授予创新参与人员股权能够促进企业创新（Jensen and Meckling，1976）。三是股权激励将激励对象的薪酬与股价波动挂钩，促使激励对象有更强的动机去尝试有风险的研发项目，从而激发企业的创新意识（Dong and Gou，2010）。

另一方面，资本市场能够发挥外部监督作用，优化企业内部治理，缓解创新中的代理问题。其一，资本市场通过信息中介的信息收集和传递发挥外部监督的作用。在“信息中介”假说下，中介机构和分析师作为上市公司和投资者之间的信息中介，能有效降低上市公司与外部投资者之间的信息不对称程度，帮助投资者更好地了解上市公司的长期投资价值，促进企业创新发展（徐欣、唐清泉，2010）。其二，资本市场通过投资者的股东积极主义推动公司的创新发展。根据委托－代理理论，管理层可能会出现过度投资超前技术，或者由于“管理层短视”削减创新投入，从而损害公司长期价值，而股东积极主义通过影响公司管理层内部决策，可缓解现代公司由于所有权与经营权分离造成的管理层“代理人问题”。相关研究表明，随着机构投资者规模的不断扩大，投资者参与公司管理决策的积极性随之加强，对企业创新容易产生正面影响。

（二）资本市场支持科技创新的国际实践

回溯人类社会和城市发展的历史，全球各大中心城市都经历了从原始经济发展到工业资本积累，再到服务经济发展推动的原始金融资本形态出现，最后到创新资本形成的路径（吴燕妮，2020）。其中，美国、英国、日本已逐步形成具有代表性的资本市场支持科技创新模式。

1. 美国：以完备的资本市场体系全方位支持企业创新

作为世界上最大的经济体，美国拥有全球最完备的多层次资本市场体系，金融产品丰富并且互相衔接，为高新技术企业提供全生命周期的金融配套服务，凭借发达的股权融资和资本市场有效推动科技创新。按交易的组织形式、地理空间以及上市公司要求，可将美国资本市场划分为三个层次。第一个层次包括纽约证券交易所、纳斯达克全球精选市场和纳斯达克全球市场，以及芝加哥商品交易所、费城证券交易所和太平洋证券交易所等区域性交易所。第二个层次包括纳斯达克资本市场和纽约证券交易所高增长板市场。第三个层次包括场外柜台交易系统、美国场外交易市场以及地方性柜台交易市场和私募股票交易市场（刘文娟，2011）。各层次分工明显，不同层次的资本市场为不同成长阶段的企业提供在资本市场上运作的机会；同时，各级市场都存在一定程度上的交叉，便于市场间的沟通，以及企业在各级市场上交易的转换。其中，第二个层次主要为具有高成长性的中小科技企业和高科技企业提供融资服务，有利于扶持高新技术产业，鼓励风险投资。一是为新兴产业相关企业提供融资场所，增加新兴企业的融资渠道；二是在市场准则、市场理念、监管制度等方面完善资本市场体系，优化市场结构；三是与主板市场形成一定程度的竞争关系，并通过创业板市场的培育向主板市场输送高质量的上市公司，有利于提高市场效率，降低交易费用。

总体来看，美国多层次资本市场形成了较为完备的服务科技创新的微观机制，促进了科技创新的发展，具体表现在对科技型企业风险投资的发现、筛选机制和全套的融资服务两方面。一方面，风险投资的发现、筛选机制为企业创新提供强劲保障。由于美国的风险投资家、投资银行家与追求创新的企业家均偏好创新可能带来的高回报，他们通过在资本市场与创新间的互动，逐步优化、完善资本对技术及市场对企业的筛选机制，促使分散的社会资金通过资本市场和风险投资渠道，集中到有潜力的创新型企业中。随后，风险投资家和投资银行家通过市场化运作将优质的创新型企业引入资本市场。另一方面，为保护投资者和经营者的利益，美国资本市场通过提供全套的融资服务，切实推动创新型企业形成完善的体制机制和显著的竞争优势。一是通过提供股权和期权计划，帮助企业形成有效的激励机制和相对完善的公司治理结构；二是为企业提供专业的财务和管理顾问服务，促使企业转变经营方式；三是为企业并购和业务扩张提供便利，加速企业竞争优势的形成。

2. 英国：以成熟的创业风险投资市场有效促进科技创新

英国资本市场包括伦敦证券交易所、创业板市场和交易所场外交易市场三个层次。本着为中小型企业和高新技术企业提供有针对性的技术和资金支持的初衷，英国政府在伦敦证券交易所内设立了一个专门为中小型企业提供融资服务的 AIM 证券市场。伦敦证券交易所将主板市场与 AIM 证券市场中的高科技公司划分为 Tech Mark 市场板块，板块内的生物医药类公司又进一步划分出 Tech Mark Mediscience 板块，两大板块致力于为有创新性的科技或医疗科学企业提供专门的行业支持，是一个独立的专业性投融资平台（曾繁振，2012）。

与美国不同，英国科技创新型中小企业融资服务微观机制的显著特点是政府的大力支持，多样化的创业投资基金是其高新技术产业投融资体系发展的重要原因，有效促进了国内高新技术产业的成长（宋立，2005）。综观整个欧洲，英国的创业投资市场最为发达，政府通过出台宽松的经济金融政策，拓宽风险资本来源，让更多的风险资本流入新兴产业领域，支持科技创新企业发展壮大（何小三，2013）。一方面，政府利用地方风险资本基金、英国高科技基金、SBS 商业孵化基金、早期成长基金、凤凰基金等一系列中小企业商业融资基金，支持科技创新型中小企业发展。另一方面，成立小企业服务局，帮助创新型中小企业学习监管法规，对创业管理人员进行培训，并及时提供国外市场信息等方面的服务。

3. 日本：全面覆盖的政策型金融体系是创新型企业融资的主要渠道

与美国和部分欧洲国家相比，日本多层次资本市场体系的建设进程总体较为缓慢。虽然早在 1878 年 5 月日本东京证券交易所的雏形就已经初现，并且历史上最早的期货市场也出现在日本的江户幕府时代，但是其证券市场的发展在“二战”结束日本投降之后中断，1949 年才重新开启。20 世纪 90 年代以来，日本资本市场发展迅速，以场外交易市场及多个中小企业市场的成立为标志，建立起完善的多层次资本市场体系，东京证券交易所也成为全球三大证券交易所之一（阙紫康，2007）。总体而言，不同于英、美市场主导型的资本市场体系，日本资本市场体系以主银行制度为核心，银行系统在其经济发展中发挥重要作用，证券市场和创业风险投资的主要作用为填补银行信贷融资缺口。并且，与美、英以私人投资为主的创业风险投资不同，日本的银行业和证券业在创业风险投资事业中占据主导地位。受到互联网泡沫破裂引发的金融危机影响，日本政府重新推进创业风险投资事业，以期为陷入困境的经济注入新的活力。

通过研究境外主要经济体利用多层次资本市场服务科技创新的经验，我们发现，完善的资本市场结构、有效的转板机制、发达的风险资本及通畅的退出渠道是多层次资本市场有效服务科技创新融资的关键。

二　建设创新资本枢纽的现实意义

（一）激发大湾区国际金融枢纽核心功能的动力引擎

粤港澳大湾区创新资本枢纽凭借对全球优质资本和创新资源的强大吸引力和国际影响力，充分激发大湾区国际金融枢纽的发展集聚和辐射带动功能，有效推进各类要素联通，驱动区域协同创新发展迈向更高水平。

多层次的资本市场体系、高效的资源配置、健全的金融市场制度是创新资本枢纽的内在要求。定位清晰、功能互补的多层次市场体系，为不同阶段的科创企业提供“定制化”融资服务；金融资源的优化配置，加速各类创新要素高度集聚，有效推动对优质创新型企业的挖掘和培育；通过对标国际先进标准的金融市场运行规则，畅通境内外投融资渠道，吸引全球创新资本在大湾区集散，成为链接各路创新资本和各地创新企业的中心枢纽，集聚效应和规模效应不断增强。同时，通过发挥科技创新的溢出效应，借助技术转移和成果转化的市场通道，创新资本枢纽进一步推动资本、技术、成果、人才等创新要素的跨区域合理流动，促进各地基于要素禀赋比较优势深化区域创新合作，以创新核心区和头部企业为源头辐射带动周边地区实现科技产业链、创新链、资金链、服务链的深度融合，助力大湾区协同创新共同体建设。并且，凭借对金融和创新资源的高效配置能力以及大湾区良好的科技创新生态环境和不断扩大的科技成果国际影响力，创新资本枢纽将成为创新企业和投资者首选的优质投融资平台，进一步吸引和汇聚全国乃至全球的优质创新资源，形成兼具多元化、国际化、跨区域的科技创新投融资生态循环系统，全面提升大湾区国际金融枢纽的金融集聚力、辐射力、影响力。

（二） 建设大湾区国际科技创新中心的重要路径

建设国际科技创新中心是大湾区打造国际一流湾区的核心内容，创新资本枢纽将依托资本市场高水平对外开放的国际优势，集聚海内外创新资本，链接全球科技创新资源，推进大湾区加速融入全球创新体系，成为世界科技创新高地。

《粤港澳大湾区发展规划纲要》提出把大湾区打造成为“具有全球影响力的国际科技创新中心”，这是针对国家发展全局和粤港澳发展基础做出的科学部署。国际科技创新中心既是世界创新资源的集聚中心，也是全球创新活动的控制中心。建设国际科技创新中心，可加速推动大湾区建成创新型经济体，完善区域创新总体布局，有助于集聚全球创新资源，全面提升科技综合实力，引领中国经济向创新驱动转型（吴斌、袁东，2019）。建设大湾区创新资本枢纽，借助境内外资本市场开放合作、协同发展、互联互通的机制，高度集聚国内国际创新资本，精准对接、高效配置人才、知识、技术、服务等各类优质创新要素；同时，利用自身枢纽性节点集聚资源并输出影响的优势，深化与欧美发达国家、亚洲新兴国家和共建“一带一路”国家的科技产业合作，统筹利用全球科技创新资源，不断引领全球科技进步和产业升级，成为全球科技创新高地和新兴产业重要策源地。

（三） 实现大湾区经济高质量发展的主要抓手

科技创新是引领高质量发展的首要动力，创新资本枢纽通过对各类创新资源的优化配置，不断激发创新主体活力，充分营造良好创新氛围，有力推动科技创新高水平发展，全面提升科技创新对大湾区经济高质量发展的引领支撑作用。

党的十九大报告指出，“要深化金融体制改革，增强金融服务实体经济能力”。推动实体经济高质量发展，归根结底要依靠完善的金融支持创新体系来实现。作为现代金融体系的重要组成部分，资本市场不仅是一国经济发展的“晴雨表”，还是经济结构转型升级的“助推器”。在加快构建双循环新发展格局的背景下，资本市场应进一步增强促进资本、科技和实体经济实现高水平循环的枢纽作用。[①] 当前，中国经济已转向高质量发展阶段，依靠创新引领的效率提升成为驱动经济增长的核心动力。为了应对复杂多变的国际形势，进一步提升大湾区在国家经济发展和对外开放中的支撑引领作用，必须实施创新驱动发展战略，构建多层次、高适配的资本市场体系，充分发挥资本市场支持科技创新的枢纽作用，以科技创新驱动大湾区高质量发展。建设大湾区创新资本枢纽无疑将加速这一进程。借助资本市场的直接融资和资源配置功能，疏通社会资本和风险资本等创新资本进入科技研发领域的管道，实现金融资源和创新要素的有效对接，提高创新资本配置和科技成果转化效率，促进新技术产业化、规模化应用，推动“金融＋科技＋产业”融合发展，形成科技、资本和实体经济高水平循环。

第二节　资本市场推动创新发展实践

一　大湾区资本市场推动创新发展的现状分析

（一）基础与优势

在资本市场助推科技创新方面，粤港澳大湾区拥有港交所和深交所两大证券交易所，不仅鼓励企业登陆主板（中小板）、创业板、科创板、北京证券交易所（简称“北交所”）和新三板等主流资本市场，还着力打造省内区域性股权交易市场，为大湾区国际科技创新中心建设打下坚实基础。

1. 总量指标全国领先

大湾区资本市场交投活跃，上市公司数量、成交量、成交金额等指标

① 《发挥好资本市场枢纽功能　服务“十四五”新发展格局》，新华网，2020 年 12 月 16 日，http://www.xinhuanet.com/fortune/2020-12/16/c_1126865899.htm。

均位于全国前列。从时间趋势上看，2016～2020年，广东省上市公司数量从474家增加至677家，年均增长率高达9.32%；总市值从7.84万亿元增长到15.05万亿元，增长接近一倍；证券市场融资功能凸显，当年累计筹资额从3711.81亿元增加到突破1万亿元，达11154.46亿元（见表6－1）。从上市公司注册地分布上看，半数以上的上市公司集中在广州和深圳，其次为汕头、佛山、珠海和东莞，区域资本市场发展不平衡问题较为突出。

表6－1　2016～2020年广东省证券市场主要指标数据

指标	2016年	2017年	2018年	2019年	2020年
上市公司数量（家）	474	571	588	618	677
总市值（万亿元）	7.84	9.59	7.64	11.39	15.05
当年累计筹资额（亿元）	3711.81	2749.56	2941.74	4152.01	11154.46

资料来源：2016～2020年《广东省国民经济和社会发展统计公报》。

2. 主板、创业板、科创板及北交所错位发展

从板块功能上看，主板（中小板）、创业板、科创板已初步形成错位发展、优势互补的格局，加之北交所与新三板形成全链条服务体系，多层次资本市场体系建设成效显著，有力推动了大湾区科技创新发展。截至2021年8月30日，广东证券市场上市公司数量已达735家，其中，主板上市企业445家，创业板238家，科创板52家（见图6－1）。新三板市场活跃度显著提升。2021年上半年广东共有15家企业从新三板转入A股上市，其次是山东（8家）、上海和苏州（均为7家）、浙江（5家）。①

2021年11月15日，北交所正式开市交易，以服务“专精特新”企业、“打造创新型中小企业服务的主阵地”的特点，成为资本市场的一股新活力。北交所首批81家上市公司中，广东占10家，仅次于江苏（12家）、北京（11家），位居全国第三。从总市值看，广东10家公司总市值达1010亿

① 《2021年中盘点：共63家企业从新三板转入A股上市，精选层直接转板7月底可申请》，资鲸网，2021年7月5日，http://www.capwhale.com/newsfile/details/20210705/e395d447972d42d2808ffdc1c47fdcbd.shtml。

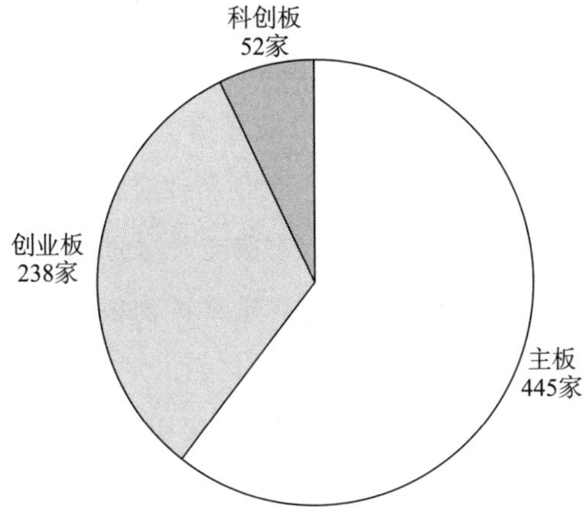

图 6-1　截至 2021 年 8 月 30 日广东上市企业数量分布

资料来源：广东省社会科学院财政金融研究所课题组根据 iFinD 同花顺统计数据自行整理。

元，位居全国第一，远高于排名第二的北京（303 亿元）。[①] 广东 10 家北交所上市公司中，4 家来自广州，3 家来自深圳，2 家来自惠州，1 家来自珠海，主要集中在新能源、先进制造业、生产性服务业等领域。[②] 目前，广东国家级高新技术企业超 5 万家，科技型中小企业超 2.8 万家，[③] 数量居全国首位，科技创新实力强劲。随着北交所日趋成熟，科创企业的高速发展将加速推进，进而有效增强大湾区整体科技实力和产业竞争力。

3. 区域性股权市场地方特色鲜明

广东拥有广东股权交易中心（简称“广东股交”）和深圳前海股权交易中心，其中广东股交是广东（除深圳外）唯一合法的区域性股权市场运营机构，是广东金融改革的重要内容。自广东区域性股权市场发展以来，已有

① 《北京证券交易所财富密码大透视：首批 81 家上市公司信息大盘点》，“金融界”百家号，2021 年 11 月 19 日，https://baijiahao.baidu.com/s?id=1716823888100918207&wfr=spider&for=pc。

② 《专精特新“小巨人”有了更强劲动力》，“东方财富网”百家号，2021 年 11 月 16 日，https://baijiahao.baidu.com/s?id=1716546046114027924&wfr=spider&for=pc。

③ 数据源自《变局·新局——2020 粤港澳大湾区企业创新报告》。

包括省科技厅、省工信厅、省教育厅、团省委、广州市政府、佛山市政府、汕头市政府及各区、镇政府在内的30多个“四级”政府部门，在“政府资金管理、政策对接、平台运营、培训和投融对接、专项工作外包、综合企业服务”六方面积极利用区域性股权市场平台创新政府服务方式。通过特色板块，实现政府政策精准扶持，如团省委与广东股交共建的“青创板”，目前累计上板项目2627项；科技部门与广东股交共建“科创板”累计挂牌展示企业共1706家，累计为126家企业实现融资超10亿元，并培育32家科创板企业成功挂牌新三板；与组织部门共建“人才板”，已吸引人才团队142家，实现融资2.11亿元；与汕头市政府共建的“华侨板”，主要对接潮汕及粤东地区优质中小企业，已聚集企业492家，其中8家转板新三板。①

（二）资本市场助推经济发展

1. 资本市场加速助推大湾区科创产业发展

从募集资金投向上看，大湾区上市公司从资本市场募集的资金有相当一部分投向电子信息、LED光电、生物医药、机械装备制造、新材料等产业领域和基础设施建设，为广东实施创新驱动发展战略、加快发展战略性支柱产业及新兴产业集群提供了强有力的支持。截至2021年2月19日，广东辖区共有290家上市公司属于高新技术企业，占比达83.57%；2019年辖区上市公司研发支出达606亿元，占广东全省研发投入的20.2%，研发强度为2.54%，明显高于辖区企业平均水平。② 深圳推动科技创新与金融资本深度融合，2020年设立科创主题基金规模超191亿元、创业板封闭式基金规模超73亿元。③

2. 双核心城市借力资本市场大力推进科创企业做大做强

广州举全市之力全面建设区域金融中心，在资本市场建设方面，陆续

① 《市场化先行　多措并举助力中小微企业》，证券时报网，2020年11月10日，http://wap.stcn.com/zqsbapp/gusi/202011/t20201110_2517556.html。

② 《构建提高上市公司质量合力　服务广东经济高质量发展》，证券日报网，2021年2月24日，http://www.zqrb.cn/finance/hongguanjingji/2021-02-24/A1614119801271.html。

③ 数据源自《深圳证监局2020年监管年报》。

出台了《关于加快推进企业上市工作的实施意见》《广州市加快推进企业上市高质量发展“领头羊”行动计划（2020—2022年）》等文件，进一步完善发展和利用资本市场工作机制，广泛培育、推动企业利用资本市场实现高质量发展。截至2020年6月末，广州市累计培育境内外上市公司189家，总市值近2.9万亿元，累计募资金额690亿元；新三板挂牌公司497家，总市值约1047亿元。[①]

深圳市政府和深交所开展紧密合作推动创新型企业上市。2018年7月，深圳市政府与深交所签订了战略合作协议，共同在企业培育、债券发行、人才交流等方面携手开展工作。2019年，双方合作更加密切，在推动创业板改革、深港互联互通以及证券产品创新等方面携手共进，不到一年时间，创业板改革、沪深300ETF期权、基础设施公募REITs试点、知识产权证券化等先后落地，各项工作取得显著成效。作为资本市场的重要核心板块之一，创业板市场为深圳战略性新兴产业发展、自主创新战略实施提供了关键支撑。目前，创业板市场已经集聚了一大批深圳企业。深圳创业板上市公司占创业板企业总数比例超10%，在全国大中城市中位居前列。创业板以服务创新型企业为重点，对推动深圳市创新型城市建设做出极大贡献，推动深圳高新技术产业发展成为全国的一面旗帜。创业板加速推动科技与资本结合，带动创投产业快速发展。深圳作为全国创投业三大高地之一，已经成为全国民营创投机构最活跃的区域。

3. 港交所服务实体经济质效显著提升

香港正发展成为中国金融科技企业的融资中心。腾讯、阿里巴巴、京东、小米和美团等中国大型互联网企业相继在港交所挂牌，凸显了港交所正在转型为一个新的科技企业上市中心。2020年，港交所IPO额高达4002亿港元，位列全球第二。2020年，新上市公司154家，集资额较2019年增加27%，创历史新高，其中64%来自50家新经济公司，包括22家根据新

① 广东省社会科学院财政金融研究所课题组根据广州市地方金融监督管理局发布的数据自行整理。

上市制度上市的不同投票权架构公司、生物科技公司及第二上市公司；新股集资额共计1649亿港元，高于2019年根据新上市制度上市的10家公司的合共集资1173亿港元。自推行新上市制度后，香港在短短两年内已成为全球第二大生物科技公司集资中心。2020年港交所也迎来了多只全球最大型的新股，包括在6月上市的京东及网易（均为第二上市公司），集资额分别达350亿港元及240亿港元。①

（三）粤港澳三地资本市场协同发展

1. 港交所有效打通大湾区内地企业境外融资渠道

在资本市场合作方面，珠三角企业灵活运用香港资本市场进行境外融资。截至2019年9月30日，珠三角9市累计有200家公司（含红筹架构公司）在港交所上市，总市值达到8.93万亿港元，总市值占全部港交所上市企业总市值的比例为14.10%，在全部中资股中的市值占比达到24.79%。大湾区在港上市企业的市值占比基本保持稳定，占港股整体市值的1/3左右，② 对市场起到举足轻重的作用。

从上市公司数量来看，2014年至2019年9月，珠三角9市赴港上市的公司数量呈现先下降、后上升、再下降的趋势（见表6-2）；从融资金额来看，2014年和2015年，珠三角9市在港上市的融资金额均在300亿港元以上，2016年以来基本在140~198亿港元，总体保持较为稳定的态势。③

表6-2 2014~2019年珠三角9市赴港上市企业数量及融资金额

单位：家，亿港元

指标	2014年	2015年	2016年	2017年	2018年	2019年
上市公司数量	17	11	13	17	21	13
融资金额	387.40	352.27	196.03	197.63	146.21	169.03

注：2019年数据为2019年1~9月数据。

资料来源：香港交易所。

---

① 数据源自香港交易所发布的“2020年业绩报告”。

② 广东省社会科学院财政金融研究所课题组根据香港交易所发布的数据自行整理。

③ 广东省社会科学院财政金融研究所课题组根据香港交易所发布的数据自行整理。

从行业分布看，珠三角9市赴港上市的前十大企业行业分布与境内市场的上市企业呈现出差异化的特征，房地产、互联网或手机游戏等行业企业均顺利在港上市，可见香港市场对行业的包容度对大湾区内地企业有较强吸引力。

2. 粤港金融合作向纵深发展

在粤港合作方面，自2010年建设前海深港现代服务业合作区以来，前海对港开放合作不断深入，先后推出100余项惠港利港政策，CEPA框架下金融业对港澳开放措施全面落地。截至2021年8月，前海合作区累计注册港资企业1.15万家，注册资本1.28万亿元，实际利用港资占实际利用外资92.4%。[①]《全面深化前海深港现代服务业合作区改革开放方案》的发布，既有利于加速推进与香港金融市场互联互通、人民币跨境使用、外汇管理便利化等先行先试，也有利于加强国际金融开放合作，推动构建更加开放完善的投融资体系。2021年10月6日，香港特区行政长官林郑月娥公布任期内最后一份《施政报告》，提出在香港北部建设新的都会区和科创新区，与深圳科创园区组成深港科技创新合作区。特区政府支持港交所设立SPAC（特殊目的收购公司）的上市制度，并进一步扩大跨境人民币资金双向流通管道，推动离岸人民币产品和工具发展，研究提升发行及交易人民币证券需求、容许"港股通"南向交易的股票以人民币计价等具体措施。

3. 粤澳金融融合发展稳步推进

在粤澳合作方面，自2009年国务院批准实施《横琴总体发展规划》以来，澳资企业在横琴加速发展，截至2020年末横琴新区实有澳资企业3575家，[②]粤澳跨境金融合作（珠海）示范区等产业合作载体加快建设。《横琴粤澳深度合作区建设总体方案》（简称《方案》）的印发，加速推进了粤澳金融融合发展。《方案》提出充分发挥澳门对接葡语国家的窗口作用，支持合作区打造中国－葡语国家金融服务平台；鼓励社会资本按照市场化原则

---

① 《前海合作区累计注册港资企业达1.15万家》，"新华社"百家号，2021年8月23日，https://baijiahao.baidu.com/s?id=1708879533372332339&wfr=spider&for=pc。

② 《横琴，向世界发出邀约!》，腾讯网，2021年11月10日，https://new.qq.com/omn/20211110/20211110A0C50M00.html。

设立多币种创业投资基金、私募股权投资基金，引导外资加大对合作区高新技术产业和创新创业的支持力度。

（四）科技金融政策叠加效应深度释放

作为国内最早一批对科技金融进行政策指引的省份之一，广东资本市场助推科技创新是其科技金融体系建设的重要组成部分。2012 年以来，广东通过出台包括《广东省人民政府办公厅关于促进科技和金融结合的实施意见》等在内的多项重要指导性文件为科创企业高质量发展保驾护航（见表 6－3）。目前广东已基本建立起支持科技创新的金融政策体系，并形成“一个专项、两个平台、四个体系、多方联动”① 的科技金融发展模式，通过科技、金融、产业三者的互促共进，推动广东科技金融工作取得显著成效，有力支撑全省产业结构升级和经济转型。

表 6－3　2012 年以来广东出台涉及资本市场推动创新发展的主要政策及内容

发布时间	政策名称	出台机构	涉及资本市场助推创新的主要内容
2013 年 8 月	《广东省人民政府办公厅关于促进科技和金融结合的实施意见》	广东省人民政府办公厅	积极推动科技型企业上市；加快发展场外交易（OTC）市场发展；鼓励科技型企业发行区域集优融资模式下的中小企业集合票据；建立健全技术产权交易市场
2014 年 5 月	《中共广东省委广东省人民政府关于全面深化科技体制改革加快创新驱动发展的决定》	中共广东省委 广东省人民政府	支持科技型企业研究制定上市路线图，引导企业通过主板、中小板、创业板、新三板等资本市场上市融资，推动企业做大做强

① 一个专项，是指“产业技术开发与科技金融”专项资金，并联合创投联动、科技信贷和科技金融服务体系，引导各大金融机构和社会资本参与科技创新，为科技型企业注入更多研发资金，推进科技型企业的发展。两个平台，分别是依托广东省粤科金融集团有限公司的政策性科技金融集团和依托广东省生产力促进中心与全省科技系统力量建设的广东省科技金融综合服务中心。主要作用是减少科技金融发展过程中的信息不对称，更好地推动科技金融的发展。四个体系，分别是科技信贷体系、创业风险投资体系、互联网金融体系和多层次资本市场体系。多方联动，第一，广东省科技厅与省金融办、省银监局、省保监局、省证监局等各大部门联合出台科技金融政策；第二，省科技厅与各地级市加强沟通互动；第三，成立广东省科技金融促进会，促进科技与金融的融合。

续表

发布时间	政策名称	出台机构	涉及资本市场助推创新的主要内容
2015 年 2 月	《广东省人民政府关于加快科技创新的若干政策意见》	广东省人民政府	建立科技企业孵化器风险补偿制度
2016 年 3 月	《关于促进科技创新的若干措施》	中共深圳市委、深圳市人民政府	鼓励企业通过上市、再融资、并购重组等多种方式筹措资金，提高直接融资比重；利用深交所创业板设立的单独层次，支持深圳尚未盈利的互联网和高新技术企业上市融资
2016 年 6 月	《广东省人民政府办公厅关于金融服务创新驱动发展的若干意见》	广东省人民政府办公厅	研究特殊股权结构类创业企业到创业板上市的制度设计；鼓励符合条件的创新创业企业、传统产业优势企业改制上市，到新三板或区域性股权交易场所注册挂牌，利用资本市场做大做强；鼓励有条件的地区制定支持企业到区域性股权交易场所注册挂牌的政策措施
2016 年 12 月	《广东省促进科技成果转化条例》	广东省人民代表大会常务委员会	鼓励和引导企业通过依法发行股票和债券、股权交易、融资租赁、知识产权质押等方式筹集资金，开展科技成果转化活动
2017 年 9 月	《广东省促进科技企业挂牌上市专项行动方案》	广东省科学技术厅	进一步推动科技与金融结合，充分发挥资本市场配置创新资源和服务创新主体的作用，支持科技企业挂牌上市和自主创新，促进科技成果转化和产业化，推动经济转型升级
2019 年 1 月	《关于进一步促进科技创新的若干政策措施》	广东省人民政府	支持符合条件的创业投资企业及其股东、有限合伙人发行创投债，扩大创业投资企业资本规模
2021 年 7 月	《关于新时期进一步促进科技金融与产业融合发展的实施意见》	广州市人民政府办公厅	实施挂牌上市“科创领头羊”工程，在境内外同步上市，而主板、中小板、创业板、科技创新板、新三板等市场板块要并重，5 年之内推动不少于 60 家科技企业在境内外上市。同时，支持市场化并购重组，探索以市场化方式推动广州市民营上市科技企业联合社会资本共同出资设立总规模 200 亿元的科技企业并购基金

资料来源：广东省社会科学院财政金融研究所课题组根据公开资料自行整理。

二　大湾区资本市场推动创新发展存在的问题

（一）资本市场能级与世界级湾区对比仍有较大差距

根据第 30 期全球金融中心指数（GFCI）排名，纽约已连续三年位居榜首，伦敦位居第二，香港位居第三。资本市场方面，全球 IPO 首选地还是集中在美国的纽交所及纳斯达克证券交易所。据世界证券交易所联合会数据，截至 2020 年末，根据股票市值排名，全球五大交易所分别是纽约证券交易所、纳斯达克证券交易所、上海证券交易所、日本交易所集团及香港交易所。其中，纽交所的股票总市值超过 26 万亿美元，全球占比 24.3%，独占鳌头；纳斯达克证券交易所的股票总市值为 19 万亿美元，居全球第 2 位，占全球 17.6%。港交所及深交所奋力赶超，股票总市值分别为 6.13 万亿美元、5.24 万亿美元，分别相当于纽交所的 23.58% 和 20.15%，分别居全球第 5 位、第 8 位，与美国相比仍存在较大差距。从日常交易额看，纳斯达克证券交易所和纽交所的成交额分别为 63.6 万亿美元、26.4 万亿美元，合计约占全球股票成交额的 49%，港交所及深交所成交额仅为 3.3 万亿美元、18.8 万亿美元，分别相当于纳斯达克证券交易所的 5.19% 和 29.56%，差距较为明显。①

（二）资本市场支持科技创新的体制机制有待完善

对标其他国际湾区，粤港澳大湾区为民营企业、中小企业、科创企业提供的金融资本服务还有所欠缺，企业更多依靠有形资产评估融资，很难形成对高新技术企业的有效金融资本支持。总体来看，粤港澳大湾区资本市场服务科技创新的能力仍然不足，市场体系尚不健全，包容度和覆盖面不够。资本市场分化现象日趋明显，资金主要集中于少数头部企业，部分资金投资风格急功近利，投资偏好仍停留在过热的短周期行业，对科技含量较高的长周期行业望而却步，创新资本形成机制有待优化。资本市场对科技创新初始阶段支持的积极性不够，对科技创新的支持在成果转化阶段

① 数据为广东省社会科学院财政金融研究所课题组根据公开资料自行整理。

远远高于研发投入以及产业产出阶段。转退市制度不健全，资本市场并未实现科创企业的优胜劣汰及创新资源的有效配置，切实影响科技成果向现实生产力转化效率的提高。

（三）亟须加强粤港澳三地资本市场的协同发展

粤港澳三地在金融规则、立法体系、市场监管等方面存在较大差异，随着大湾区多层次资本市场体系建设的进一步发展及经济与金融一体化水平的提高，跨境监管的协调难度将不断加大。2014 年以来，沪港通、深港通先后开通，基金互认、债券通相继启动，“跨境理财通”试点业务正式落地，不仅进一步提升了香港国际金融中心的竞争力和影响力，也为中国资本市场与全球其他市场之间的合作积累了重要经验。在深入推进各项“金融通”的同时，仍不能忽视流通中存在的问题及所带来的潜在金融风险，需尽快完善内地与香港资本市场的沟通协调机制，进一步加强日常沟通和信息共享，加大政策支持力度，进一步丰富和深化两地在市场、机构、产品等领域全方位、多层次务实合作，共同应对各种风险挑战，促进香港和内地资本市场稳定健康发展。

第三节　发展思路与重点领域

一　发展思路

为助力大湾区国际科技创新中心建设，促进粤港澳三地资本市场协同创新、大湾区金融与创新深度融合，加速集聚全球创新资源，充分拓展大湾区科技创新成效的辐射半径，全面提升大湾区创新资本枢纽的国际影响力，本节提出以下发展思路。

（一）以完善多层次资本市场体系为基础，不断增强创新资本集聚能力

金融支持创新的核心是发展多层次资本市场，提高创新资本形成能力。完备的多层次资本市场体系是实现科技创新成果产业化的重要保证。随着多层次资本市场建设的不断完善，资金、企业、机构、人才和信息等各类

创新要素将加速集聚，并通过发挥资本集聚的经济效应，提高企业自主创新的效率。要立足于促进资本市场更好地服务创新驱动发展战略，利用资本市场板块的差异化定位和转板机制，为处于不同创新阶段的企业提供资金融通、股权流转、并购重组、股权激励等全流程优质服务，凭借错位发展、功能互补、有机联系、对外开放的新型多层次资本市场体系助力更多创新创业企业发展壮大。

当前，大湾区创新资本形成的重要任务是打造全球领先的创新资本枢纽，引导金融资本向创新聚集，促进创新经济发展。为实现这一目标，可充分发挥香港联合交易所、深圳证券交易所、上海证券交易所南方中心、新三板华南基地、广东区域性股权市场以及广州期货交易所等平台的载体作用，优化投融资结构，引导推动各类创新型企业利用多层次资本市场开展多渠道融资。凭借完备的资本市场体系汇聚全球金融资源，为科技创新以及产业升级提供支撑，稳步推进金融市场开放和各类要素融合，打造一流创新资本生态体系。

（二）以境内外金融合作交流为抓手，不断拓宽创新资本辐射范围

在全球经济和金融一体化逐步加深的背景下，资本市场将逐步走向国际化。目前，中国资本市场国际化进展缓慢，资本市场高水平开放还面临诸多挑战，现行的基础性制度与国际成熟资本市场还存在一定差距。亟须更加稳妥有序地推进资本市场改革开放，深化境内外金融交流，不断扩大金融合作领域，充分利用全球创新资本，发挥创新资本枢纽的辐射功能，推动创新资源的跨区域流动和精准对接，实现科技创新跨区域协同发展。

深化境内外金融合作交流，一方面要着力用好国际多边投资贸易机制，不断扩展资本市场跨境交流合作的深度和广度，加强与香港、澳门离岸金融市场的联动。凭借香港百年国际金融中心和百年国际贸易中心的地位，依托澳门融资平台或债券市场连接葡语国家，用足用好港澳自由港金融开放优势，有序推进内地与港澳金融市场互联互通，在跨境证券投资等投融资领域实施更加灵活和便利的金融管理政策，实现跨境创新资本的自由便利流动。另一方面要提高资本市场双向开放程度，积极探索证券交易市场

规则与国际接轨，加速融入国际金融市场，主动吸引境外优质创新资源，增强大湾区资本市场在全球范围内配置创新资源的能力，切实提高大湾区金融业的国际影响力及科技创新的国际竞争力。

（三）以创新资本的高效流动为推力，不断激活科技创新投融资生态系统

科技创新投融资生态系统可全面链接政府、创新、金融和中介服务四大子系统，[①] 通过营造支持创新的制度、人文、市场环境，推动人才、信息、资本自由流动，以创新为引领，构建产业创新生态，推动区域科技创新协同发展。建设大湾区创新资本枢纽将实现创新资本与科技创新的良性互动，加强创新链与产业链、资金链、服务链的深度融合，有效激发各子系统功能，提高科创成果转移转化效率，以完善的创新生态环境引流全球优质创新资源。

大湾区构建多元化、国际化、跨区域的科技创新投融资生态体系，一是要营造良好的制度环境，完善区域科技金融生态系统运行机制。着力构建科技、产业、金融协同互促的政策体系，推进投融资机制改革创新，进一步完善发行上市、信息披露、再融资、并购重组等市场体制机制，健全法制、财税、产权、投资者权益保护等配套政策制度，不断优化创新资本形成的外部环境。二是要优化大湾区金融、产业、科技研发布局，促进区域间科技金融优势互补及协同发展。综合港澳的金融开放优势和珠三角9市的科技、产业优势，持续深化粤港澳三地科技创新交流合作，加快形成区域协同创新体系，为大湾区各城市创新主体间的交流合作提供日益良性的创新生态环境。三是要完善省际创新要素互动机制，促进创新要素跨区域自由流动，实现创新资源在不同领域、不同地区的优化配置。通过搭建跨区域协同创新平台，发挥创新要素集聚中心的辐射带动作用，凭借区域间的良性互动机制共享创新要素和成果。四是要完善金融支持科技创新生态

① 政府子系统包括政府部门、中央银行和监管部门等，创新子系统包括高校、企业、产业、科研院所、用户等创新主体及人才、资金、数据等创新要素，金融子系统包括科技贷款机构、资本市场、创业风险投资机构和科技保险机构等，中介服务子系统包括资产评估机构、信用评估机构、融资担保机构和会计服务机构等。

系统，着力激发科技创新活力。建立一体化的科技金融服务体系，以结构完善、功能完备、覆盖科技型企业全生命周期的多层次资本市场更好地服务高新技术产业和战略性新兴产业；进一步发挥股权融资的风险共担、利益共享机制作用，通过创业投资、并购投资基金等方式，加快创新资本的形成；同时，发挥好政策性金融作用，打通金融资源与科技成果转化的渠道，加速推进科技成果向现实生产力转化。[①]

二 重点领域

（一）推动多层次资本市场协调发展，促进科技企业全生命周期融资链的无缝衔接

1. 完善主板市场制度，保障头部科技企业做优做强

完善深交所主板基础性制度，探索推进股票发行制度从核准制向注册制转变，全面提升上市公司质量。主板主要服务于成熟的大型企业，可有效保障技术领跑的头部企业持续做大做强。无论核准制还是注册制，都要求上市公司充分披露信息。为保证上市公司的质量，主板市场应积极打击市场操纵等违法行为，主动完善退市制度并进一步细化退市规则，加大执行力度，以期为上市公司自主创新保驾护航。

2. 加快创业板改革，增强对创新创业企业的制度包容性

借鉴科创板试点注册制的改革经验，全面提升深交所创业板的包容性和覆盖面。一是进一步推进上市制度改革，降低上市门槛和成本，探索构建更适合创新创业企业发展特性的IPO机制。二是优化再融资、并购重组制度，进一步完善创业板首创的定向增发和并购机制，提升创业板的活力和吸引力。三是充分借鉴科创板退市制度，补齐退市制度短板，形成进退有序、自我净化的市场格局。四是试点转板制度，实现不同层次资本市场间的有效衔接。上市企业只要满足其他层次的相应标准，即可灵活地在各层

---

① 《“十四五”资本市场新使命：强科技与资本融合，发挥资本市场支持科技创新体系的枢纽作用》，“经济观察报”百家号，2021年1月16日，https://baijiahao.baidu.com/s?id=1689050483586405071&wfr=spider&for=pc。

次市场之间转板。同时，加强创业板与新三板市场精选层或创新层的转板机制对接，实现场外市场和创业板的有效连通，为场外市场的优质创新型企业转板创业板挂牌上市打开“绿色通道”。

3. 推动区域性股权市场改革与发展，夯实创新资本形成的根基

区域性股权市场是距离创新创业企业最近的资本市场，需加速推动其改革创新，为初创型科技企业提供有力的金融支撑。目前，深圳前海股权交易中心和广州股权交易中心已形成了发展特色并具备了一定规模，有效缓解了省内科创企业的融资难题。未来需进一步推动广东区域性股权市场试点制度和业务创新，支持区域性股权市场完善科技创新特色板块；鼓励区域性股权市场公司向新三板转板，提升转板公司的融资效率，更好地发挥区域性股权市场对科技创新的支撑作用。

4. 推动债券市场制度创新，优化创新创业债券的投融资环境

借鉴美国高收益债券发展经验，深交所可通过建设大湾区债券平台，探索实现大湾区债券市场互通，并逐步建立适应创新创业企业特点的债券市场，充分发挥债券市场对科创企业发展的推动作用。一方面，在机制上查漏补缺，坚持精益求精，以市场化的债券定价机制，为债券市场支持科技创新的可持续发展创造条件。另一方面，聚焦金融创新，通过构建具有前瞻性的债券信用评价体系，制定符合创新创业企业特点的限制性条款，并结合其特点进行产品和技术创新，大力提升债券市场支持科技创新的融资服务水平。

5. 大力发展创业投资，为科技创新注入源头活水

风险投资作为一种创新工具和创业活动的孵化器，在促进科技型的中小企业创新创业等方面发挥着巨大的作用。为促进大湾区风险投资与科技创新的深度融合，一方面，需充分发挥政府产业基金的引导作用，以财税政策鼓励天使投资、创业投资、私募股权投资和夹层投资等风险投资发展壮大，强化对种子期、初创期创业企业的融资支持；另一方面，鼓励协议转让，形成进入门槛不高、退出渠道畅通的风险投资市场，为大湾区创新资本形成提供源源不断的活水。

（二）推动境内外金融市场协同发展，促进创新资本跨区域有序自由流动

1. 湾区内部：进一步完善区域内金融市场互联互通机制

一是构建多层次、广覆盖、深融合的跨境金融联通体系。营造规则统一开放、标准互认、要素自由流动的大湾区统一金融市场环境，有序逐步降低外资与港资流入的成本与门槛，便利区域内资本、人才、技术等要素更自由地流动。联合筹建跨境金融一体化平台，探索建立大湾区内金融机构互通机制，推动金融产品与服务的标准化与统一化。利用香港作为全球最大的离岸人民币市场的优势，进一步推进在岸、离岸市场的快速融合。

二是共建粤港澳金融深度合作平台。以广州南沙、深圳前海和珠海横琴为主要载体，与港澳共建金融深度合作平台，助推三地金融融合发展。南沙着力加强跨境投融资合作，在金融支持科技创新、产业发展等方面先行先试，创新发展跨境金融、绿色金融、航运金融等。前海着力深化与香港的金融规则对接、机制对接，在金融市场、机构、人才、业务等方面深化交流合作，促进金融融合发展。横琴着力加强与澳门的金融互动和互补，合作开展金融改革创新，积极探索金融支持澳门经济适度多元发展的有效路径。

三是加快发展大湾区“金融通”。在资本市场联通方面，支持大湾区内交易所加强合作，优化完善“深港通”“债券通”“跨境理财通”等金融市场互联互通安排。支持深圳证券交易所设立大湾区债券平台，吸引符合条件的港澳金融机构和非金融企业发行债券。支持大湾区内地主体到香港、澳门发行债券筹资。推动广州期货交易所上市大湾区内现货交易量大的大宗商品期货交易品种，并加强与香港、澳门市场的联动。在银行保险市场联通方面，推动“征信通”，支持大湾区内地征信服务机构与香港、澳门征信服务机构按照“商业自愿”的原则开展业务合作。加强数字货币跨境支付应用创新。探索“保险通”，支持大湾区内保险机构合作开发跨境医疗、人寿保险和航运保险等产品。

2. 国内：密切省际金融合作

在金融发展战略和规划、金融信息和人才交流、金融市场和金融机构、金融支持区域产业和重大项目建设、金融风险防范处置等方面强化省际对

接，共同推进区域金融稳定发展。一是强化粤港澳大湾区创新资本枢纽与北京建设国家金融管理中心、上海建设国际金融中心的协调联动，深化与全国性金融市场、金融基础设施、金融机构总部的合作互动。二是进一步完善区域金融合作机制，协同支持海南自贸港金融开放创新。三是积极探索通过金融机构相互参股、发起设立产业投资基金、扶持培育上市公司等方式，强化广东与对口支援地区的金融合作。

3. 国际：强化跨境金融交流

利用国际金融新秩序、新标准、新机遇，广泛开展国际金融交流合作，扩大大湾区金融影响力。一是率先构建符合国际惯例的金融运行制度体系，在信用评级、会计审计、信息披露等方面进一步与国际接轨。通过吸引境外优质资本倒逼大湾区资本市场深化改革，不断提高大湾区资本市场在全球范围内配置创新资源的能力。二是着力用好国际多边投资贸易机制，不断扩展大湾区资本市场跨境交流合作的深度和广度。以落实《区域全面经济伙伴关系协定》（RCEP）为契机，充分发挥澳门对接葡语国家的窗口作用，打造中国－葡语国家金融服务平台；不断探索以人民币计价方式开展债券交易，优化落实债券市场“北向通”“南向通”；探索开展私募基金跨境投资试点，引导外资加大对大湾区内高新技术产业和创新创业的支持力度。三是加强与世界银行、国际货币基金组织、亚洲开发银行、亚洲基础设施投资银行等国际金融组织合作，深化与国际金融中心的交流。支持境外金融机构“走进来”，为外资机构参与投资和提供证券服务创造应有条件。支持大湾区大型金融机构“走出去”，到海外设立网点和参与国际金融市场交易。引导区内金融机构设立人民币海外投贷基金，面向共建“一带一路”国家和地区、RCEP国家开展人民币直接投资和贷款。

（三）完善金融支持科技创新生态系统，促进资本和创新的良性循环

1. 壮大金融机构实力，切实推动科技型企业创新发展

一是以金融机构创新加大对科技型中小企业的资金支持力度。积极推进金融体制机制改革创新，大力发展与科技型中小企业相适应的中小型银行类金融机构、科技类专业性商业银行，成立具有科技银行性质的分支机

构。二是加快金融机构改革开放步伐，更多更好地利用全球创新资源。鼓励境外投资机构落地，聚集境内外知名的投资促进组织、专业服务机构、金融企业、研发中心等资源；推动大湾区国有金融机构与大型企业共同组建大型国际科技创新基金、核心技术和品牌并购基金，加大以技术升级为驱动的境外投资并购力度；降低港澳金融机构的准入门槛，放宽对其在企业注册、股份比例等方面的限制，拓宽大湾区创新资本形成渠道。三是加强大湾区证券公司与其他金融机构的协同发展。与保险公司共同探索科技保险模式，保险资产管理公司直接投资模式；与商业银行共同发展投贷联动，支持商业银行科技信贷资产证券化；与信用评估机构积极探索科技创新企业信用评估机制，积极开展知识产权证券化业务。四是打造一批具有国际竞争力的旗舰券商。鼓励大湾区内券商通过并购重组、优化治理结构等方式做大做强，实现行业内优势互补，提升配置全球创新资本能力。

2. 提升金融服务水平，精准匹配创新创业融资需求

一是以服务创新创业企业为导向，建设多元化金融服务平台。扩展上市服务平台功能，集合政策发布、资本对接、创业辅导、信用体系等功能，升级产业链融资、供应链融资、融资租赁、融资担保、小额贷款等综合融资服务。引导和支持区内各类金融机构为创新创业企业提供各个阶段的融资、咨询等系统化金融服务。二是以支撑科技金融机构为导向，搭建多层次金融支撑平台。以互联网技术为手段，通过数据分析、信息展示、路演推介等服务，促进区内科技创新主体和银行、担保公司、保险公司、风险投资公司、上市公司等机构进行投融资信息对接。三是创新发展知识产权融资体系。盘活大湾区企业知识产权和专利存量，将科技成果作为市场要素介入资本市场交易；支持大湾区银行、证券公司、保险公司等金融机构提供知识产权金融服务、开发知识产权融资服务产品、探索知识产权信托交易试点、研究开展知识产权证券化业务；进一步促进知识产权质押融资工作落实，简化知识产权质押融资流程。四是加速推进投贷联动，为科技成果应用转化、高新技术产业发展提供“投贷保障”。鼓励区内风险投资机构、商业银行、保险公司、科技园区、政策性担保机构共同探索股权投资

与科技创新的有机结合，构建创投加孵化、贷款与担保，同时配合政策补贴“投贷保补”联动的创新金融联盟化支持模式。积极推进“投贷联动”试点银行、商业银行科技支行和科技金融事业部的设立，加速支持中小企业的社区银行落地。五是全面提升科创企业上市服务水平。支持科技创新型企业通过参与上市公司定向增发、并购重组、再融资以及购买企业债权、信托产品等途径开展持续资本运作，推进股份制改造；推动符合条件的大湾区企业在主板（中小板）、创业板、科创板及境外上市，支持和鼓励具备条件的创新创业企业在全国中小企业股份转让系统挂牌融资；加强与区域性股权交易中心的战略合作，积极引导中小微企业、科技企业、战略性新兴企业到区域性股权交易中心挂牌培育。

3. 加强金融产品衔接，为创新型企业提供全生命周期资金支持

一是积极设立满足多样化融资需求的政府引导基金，扩大引导基金的规模和适用范围，涵盖并购重组、股债结合、科技成果转化基金等多种形式。在研究开发阶段，设立面向海内外高层次人才的专项引导基金；积极发挥重点产业的优质项目吸引效应，强化引导基金的培育作用。在成果转化阶段，充分发挥引导基金的带动作用，激发科技成果转化；探索建立产业知识产权运营基金，促进重点产业知识产权实施和产业化。同时，可研究通过大湾区国有重点金融机构发起设立的海外创新投资基金，外汇储备可通过债权、股权等方式参与设立基金工作，打造吸引外资的强磁场。二是健全风险补偿机制。支持区内各类商业性融资担保机构积极开展联保、分保和再担保业务，对融资担保机构和业务提供政策性支持或补贴；推动政策性融资担保平台、基金公司与商业性融资担保机构联合为中小企业提供增信服务，切实降低对创业投资机构投资的初创期、成长期科技企业提供担保的标准，提高担保比例。三是通过设计覆盖科技创新全生命周期的金融产品，增加对科技创新的金融支持和产品供给。区内证券公司可协同投资银行部、研究所、私募股权投资（另类投资）公司等业务部门，打造从科技创新型企业客户获取私募股权投资到科技创新各个阶段证券化融资的综合金融服务链条。

第七章
建设粤港澳大湾区金融科技枢纽

金融科技给粤港澳大湾区（简称“大湾区”）金融市场、金融行业以及金融机构带来了深刻变革。目前，学术界就金融科技领域的研究主要是从推动经济高质量发展、促进金融机构转型升级、提升民生普惠服务等维度展开。在此基础上，我们认为大湾区金融科技枢纽的建设在助力实体经济发展、拓宽金融服务边界以及有效防范金融风险等方面具有重大的战略意义。本章从信息技术产业、创新生态环境以及政策支持体系的视角，分析大湾区打造金融科技枢纽的显著优势和主要成效，同时指出制约大湾区金融科技发展的诸多问题，并根据《粤港澳大湾区发展规划纲要》（简称《规划纲要》），提出建设大湾区金融科技枢纽的基本思路以及需要重点关注的领域。

第一节　推动金融科技发展的理论概述与现实意义

一　推动金融科技发展的理论概述

根据中国人民银行印发的《金融科技（FinTech）发展规划（2019—2021年）》，“金融科技是技术驱动的金融创新，旨在运用现代科技成果改造或创新金融产品、经营模式、业务流程等，推动金融发展提质增效”[①]。现阶段，学术界关于金融科技领域的研究主要集中于以下三个方面。

（一）金融科技推动经济高质量发展

近年来，随着金融科技水平的突飞猛进，中国学术界对金融科技与经济高质量发展之间的关系进行了深入分析，归纳总结现有研究成果，主要观点可分为两类。

第一类观点是促进论，即金融科技的发展显著地促进地区经济高质量发展。陈喆（2019）指出，传统金融与新一代信息技术相结合，在扶持小微企业、助力居民消费等方面发挥重要作用，提升了金融服务实体经济的质量和效率。石丹和余放（2020）研究发现，金融科技发展对经济增长具有促进作用。薛莹和胡坚（2020）指出，金融科技通过发挥资源配置和创新效应，提高传统金融业服务实体经济的能力，从而实现经济高质量发展。汪淑娟和谷慎（2021）研究表明，金融科技对创新发展的促进作用最强，并且促进作用呈现区域差异，在东部地区促进作用最强。赵飞（2021）研究金融科技对区域经济发展的作用，结果发现金融科技对区域经济和全要素生产率具有促进作用，并且东部地区的增长效应高于中西部地区。

第二类观点是条件论，认为金融科技与经济增长之间存在非线性关系。刘园等（2018）研究发现，金融科技在发展初期对企业投资效率的提高有消极作用，在后期对其加强管理对企业投资效率的提高有促进作用，即金融科技与实体企业投资效率之间是“U”形关系。尹应凯和彭兴越（2020）运用面板门限模型进行回归分析发现，金融科技对经济发展的影响呈现非线性的特点，不同阶段的作用方向以及程度具有差异。田新民和张志强（2020）研究发现，金融科技通过提高金融资源配置效率来影响经济增长，只有制度质量达到一定程度时，金融科技对经济增长的促进作用才会明显。

---

① 《中国人民银行关于印发〈金融科技（FinTech）发展规划（2019—2021年）〉的通知》，中国人民银行官网，2019年9月6日，http://www.pbc.gov.cn/zhengwugongkai/4081330/4081344/4081395/4081686/4085169/index.html。

孙志红和张娟（2021）指出，金融科技发展水平较低会抑制经济的发展，但是随着金融科技发展水平的提高，其会促进经济发展。

（二）金融科技推动金融机构转型升级

现有文献就金融科技对金融机构转型升级的影响进行了深入探讨，主要从经营绩效、风险管理、创新发展三个维度展开。

在经营绩效方面，贾立文和万鹏（2019）研究发现，保险科技的应用显著提高了财险公司的经营绩效，该结论得到稳健性检验的支持。刘孟飞和蒋维（2020）研究发现，金融科技的发展对中国银行业赢利能力的提升有促进作用，对成本效率的提高存在阻碍作用。熊健等（2021）的研究结果表明，金融科技的发展水平与商业银行的经营绩效之间呈现先抑制后促进的非线性关系，技术溢出效应不断增强，而挤出效应逐渐减弱。刘孟飞和王琦（2021）指出，金融科技发展对大中型商业银行绩效的影响显著大于小型银行，并且金融科技发展与中国商业银行绩效总体上呈现“倒U形”的关系。

在风险管理方面，Santiago 和 Rafael（2010）以西班牙为样本，研究非现金支付工具对贷款业务的影响，结果发现支付工具的技术进步降低了银行业产生不良贷款的风险。汪可（2018）提出金融科技的发展将导致利率市场化进程加速、银行价格竞争加剧以及银行利润减少，从而增加商业银行的风险承担水平。侯东德和苏成慧（2019）研究发现，证券市场存在信息技术发展带来的交易风险问题，需要以现有问题为导向，建立完备的互联网金融监管体系。金洪飞等（2020）发现金融科技在降低商业银行风险水平方面有显著作用，并且大银行运用金融科技的行为刺激了中小银行风险水平的上升。

在创新发展方面，Lapavitsas 和 Santos（2008）指出，商业银行通过自身的大数据优势创新传统经营模式。陈莉（2016）研究发现，日本互联网证券公司的快速发展打乱了该国证券行业原本固有的格局。王媛媛（2019）研究指出，随着新一代信息技术的普及和应用，保险科技针对保险需求进行创新，由此打造新的保险消费市场。王应贵等（2020）认为在现有的互联网背景下，客户的消费方式更依赖数字化，而这种消费方式的变化催生了数字金融革命。周轶珅（2020）指出，由于资产管理行业的价值链受到金融科技革新的影响，资产管理公司必须获得科技革新带来的优势，满足客户的数字化需求，才能赢得未来的市场。

（三）金融科技推动民生普惠发展

通过梳理现有文献发现，学者一般根据普惠主体进行研究分类：一类是农村农民，另一类则是中小企业。由此，金融科技发展产生的普惠效应也是从以上两大主体的维度展开分析的。

基于农村农民的视角，付琼和郭嘉禹（2021）指出，金融科技有助于解决农村普惠金融领域的诸多问题，并通过农村普惠金融的可持续发展，有效助力乡村振兴。蔡宏宇和阳超（2021）研究发现，数字普惠金融通过提升客户触达能力来促使城乡之间金融服务均衡化，并且降低农村地区的相对贫困水平，但是减贫效果会受到地区相对贫困程度的影响。郝雨辰（2021）分析结果表明，金融科技的创新溢出效应赋能农村三产融合发展。尹振涛等（2021）提出，金融科技可为农民创业提供支持，由此缩小城乡收入差距，提高农村家庭的幸福感。李明贤和何友（2019）研究表明，中国农村普惠金融的发展受到金融科技的推动，并需要在金融基础设施、金融产品应用以及金融制度建设等方面进一步加强。

基于中小企业的视角，杨君等（2021）指出，数字普惠金融显著促进了小微企业的技术创新，发现数字普惠金融对创新行为的促进作用大于对创新产出的促进作用。滕磊（2020）研究发现，数字普惠金融缓解了中小企业的融资约束，并且对民营中小企业的缓解效果更好。喻平和豆俊霞（2020）指出，数字普惠金融的发展对中小企业创新的促进作用主要集中在内部治理质量较差、信息不对称程度较高以及制度环境较好的地区。唐松等（2020）研究发现，通过校正传统金融的服务不足，数字金融成为促进企业创新的强大驱动力；在有效的金融监管下，数字金融发展的促进作用更明显。马广奇和陈雪蒙（2021）的研究结果表明，数字普惠金融反向调节中小型上市公司的融资约束，因此数字普惠金融的发展促进了中小型上市公司的成长。

二 现实意义

（一）金融科技助力大湾区实体经济均衡发展

近年来，粤港澳大湾区建设上升为国家战略，金融服务需求不断增加，带动了金融科技的高速发展，从而帮助大湾区打造国际科技创新中心和科技创新高地。由于大湾区内共有11个城市，产业布局和资源优势各不相同，促进金融与科技的融合发展，能够引导资金流向金融资源相对匮乏的产业和地区，由此缩小大湾区城市之间的发展差异。

（二）金融科技拓宽大湾区金融机构服务边界

大湾区金融机构在保障信息安全的前提下，利用大数据、云计算、物联网等技术全方位分析潜在客户的金融需求，由此开辟获取潜在客户的新途径，实现由标准化传统经营模式向个性化新型模式的转变。此外，大湾区金融机构借助金融科技，可以为客户提供更加多元化的金融服务业态，打造差异化、场景化、智能化的金融产品，从而助力大湾区金融业实现提质增效。

（三）金融科技赋能大湾区有效防范金融风险

由于大湾区具有“一国两制、三种货币、三套金融监管体系、多个金融监管主体”的特征，粤港澳三地金融市场在互联互通的过程中，很有可能产生潜在的系统性金融风险。金融科技通过运用大数据、人工智能等前沿技术建立风险管理模型，能够有效感知异常交易，迅速识别潜在风险，全面提升大湾区金融风险的防控能力。

第二节 粤港澳大湾区金融科技发展实践

一 主要优势

粤港澳大湾区作为世界四大湾区之一，金融集聚效应显著。众多的金融机构、活跃的金融市场交易、完善的金融基础设施为金融科技的发展奠定了坚实的基础。根据2020年度英国智库Z/Yen集团和中国（深圳）综合开发研究院共同编制的第28期“全球金融中心指数”（Global Financial Centers Index，GFCI），2020年粤港澳大湾区的香港、深圳和广州三座城市的全球金融中心地位分别列第5位、第9位和第21位。除全球金融资源的集聚与辐射之外，粤港澳大湾区金融科技高质量发展的主要优势如下。

（一）信息技术产业优势是金融科技发展的强劲动能

作为中国信息技术产业高地，大湾区信息技术龙头企业聚集，数字产业化、产业数字化水平不断提高，为大湾区金融科技发展提供了成熟的技术方案。大湾区信息技术产业的高质量发展主要体现在以下四个方面。一是信息基础设施建设完善。截至2020年末，大湾区已经基本实现香港、澳门和深圳5G网络全覆盖，广州主要城区5G网络连续覆盖，珠三角中心城区5G网络广覆盖。二是信息技术普及程度提升。随着信息基础设施持续优化升级，大湾区固定宽带家庭普及率、移动宽带用户普及率排名全国前列，提前超额完成规划目标。三是数字经济建设显现成效。2020年广东数字经济规模约5.2万亿元，占GDP比重达46.8%。[①] 港澳通过智慧城市建设，全力推动数字经济快速发展。[②] 四是信息技术巨头不断涌现。大湾区将信息技术产业作为战略性新兴产业，培育了华为、中兴通讯、海能达、大疆等一大批国际顶尖的高科技企业。

（二）创新生态环境优势是金融科技发展的关键因素

大湾区坚持创新驱动发展战略，加快建设国际科技中心、产业创新中心。创新环境持续优化，科技人才加快集聚，创新成果不断涌现，创新能力显著提升，创新生态环境优势成为大湾区金融科技发展的关键因素。

---

① 《广东数字经济规模约5.2万亿领跑全国，占GDP比重近一半》，网易号，2021年8月24日，https://www.163.com/dy/article/GI6OEJ3I05129QAF.html。

② 《香港创科局局长揭示香港数字蓝图》，搜狐网，2021年5月28日，https://www.sohu.com/a/469098058_120022804；《澳门公布2021年财政年度施政报告　参与大湾区建设将这样做》，粤港澳大湾区门户网，2020年11月19日，http://www.cnbayarea.org.cn/homepage/news/content/post_301794.html。

1. 创新平台众多

在高校方面，大湾区名校众多，特别是香港4所高校排名亚洲前十。截至2020年末，广东省拥有普通高校154所，数量位居全国第二。在实验室方面，大湾区拥有国家重点实验室30个，国家级工程技术开发中心21个。在科技园区方面，大湾区科技园区以广州经济技术开发区、港深创新及科技园、横琴粤澳合作产业园为代表，实力出众、全国知名。重点实验室、高新技术园区与高校、企业相结合，形成了产学研一体化助推创新发展的良好态势，提高了大湾区内的科技成果转化能力。

2. 创新企业集聚

在成熟企业方面，粤港澳大湾区现有华为、腾讯等16家福布斯世界500强企业，这些企业从整体上提升了大湾区的创新水平。在初创型的独角兽企业方面，根据广州市商务局、广州高新区与胡润百富联合发布的《2021全球独角兽榜》，截至2021年末，总部位于粤港澳大湾区的独角兽企业数量为51家，接近独角兽企业数世界排名第三的国家印度（54家）。

3. 创新成果突出

大湾区总体创新能力处于高速成长阶段，创新成果不断涌现。2020年，广东省重大科技成果登记3302次，成交合同金额3465.92亿元，有效发明专利量、PCT国际专利申请量28098件，稳居全国首位。香港在科技创新成果相对滞后的现状下奋起直追，于2015年11月和12月先后成立了香港创新及科技局、香港科学院，系统助力科技成果转化。

（三）政策支持体系优势是金融科技发展的有力保障

广东省政府率先在国内展开“数字政府”改革建设工作，构建“1+N+M”的“数字政府”政务云平台。之后，粤港澳大湾区政府陆续出台实施了一系列金融科技扶持政策，以发挥各地资源禀赋优势，为金融科技的发展提供有力保障。

1. 金融科技支持政策频出

大湾区各地政府出台了一系列金融科技支持政策，如香港推出了金融科技“监管沙盒”、广州出台了《广州市关于促进金融科技创新发展的实施意见》、深圳出台了《深圳市扶持金融业发展若干措施》等，为大湾区金融科技协同发展营造了良好环境。

2. 高度重视人才引进

大湾区通过实施更加开放的人才政策，吸引集聚优质金融科技人才，不断推动形成引才、育才、用才的人才共享、共融、共建机制，为金融科技可持续发展增添动力源。在广东省方面，通过粤港澳高层次人才认定办法、粤港澳人才合作示范区等人才制度，不断吸引来自港澳的高级金融科技人才，成果显著；在港澳方面，香港推出科技人才入境计划，旨在简化科技人才申请入境的手续，便利海外和内地科技人才的输入。澳门公布了《澳门中长期人才培养计划——五年行动方案》，为去澳门工作的内地金融科技专家提供了便利化措施。

3. 加大科研经费投入

2020 年，珠三角地区（即大湾区内地 9 市）R&D 经费支出为 3333. 83 亿元，R&D 经费支出超过百亿元的地市有 6 个，依次为深圳（1510. 81 亿元）、广州（774. 84 亿元）、东莞（342. 09 亿元）、佛山（288. 56 亿元）、惠州（126. 52 亿元）、珠海（113. 52 亿元）。[①] 香港特区行政长官林郑月娥上任以来，香港特区政府已投资逾 1000 亿港元在科技创新领域，并且香港特区行政长官林郑月娥承诺在任期结束前会将香港的 R&D/GDP 的比率由约 0. 75% 提升至 1. 5% 。[②] 大湾区的政策资金支持有效地改善了金融科技的发展环境，提高了金融科技的发展速度。

二 发展现状

（一）金融机构积极开展数字化转型

自 2019 年 2 月《规划纲要》公布以来，金融市场加快对外开放的步

---

① 《2020 年广东省科技经费投入公报》，广东科技统计网，2021 年 12 月 9 日，http://www. sts. gd. cn/detail/0b57a6a460a748ddae6c3d8770167f8e/c8a7268997334137b79d259078c75c7a。

② 《香港创新及科技事业初见成效 未来前景可期》，新华网，2020 年 10 月 28 日，http://www. xinhuanet. com/gangao/2020 - 10/28/c_1210862257. htm。

伐，内地与港澳合作不断深化。人工智能、区块链、大数据、云计算、物联网、生物科技等新科技的不断涌现，赋予大湾区金融行业更为广泛而深刻的内涵，在不断影响大湾区金融服务理念、金融产品形态、金融运行模式等方面的同时，推动着金融行业的全面变革。

1. 大湾区商业银行的数字化转型

基于金融科技赋能银行业数字化转型的大背景，大湾区商业银行一直都在持续加大金融科技资源投入，全面深化科技与业务融合。在全国股份制商业银行方面，目前粤港澳大湾区拥有招商银行、平安银行以及广发银行，三家银行在数字化转型方面均取得了可圈可点的成绩。现以招商银行为例，简要阐述其数字化转型，如表 7 – 1 所示。

表 7 – 1　招商银行的数字化转型概要

项目	概要
战略目标	紧密围绕“轻型银行”的转型方向，推动“轻型银行”建设不断深入，推进“质量、效益、规模”动态均衡发展，努力实现金融科技银行的质变突破，不断深化风险管理向“治本”转型，大力打造最佳客户体验银行，进一步提升国际化、综合化服务能力
主要措施概况	1. 以“北极星”指标 MAU 为指引，重塑零售金融数字化体系 2. 以生态化为视角，重塑批发业务专业化服务体系 3. 以流程优化为抓手，持续打造最佳客户体验银行 4. 以开放和智能为核心，持续提升科技基础能力

资料来源：招商银行年报。

在城商行和农商行方面，虽然城商行和农商行在资产结构、客户规模、品牌优势等方面均与股份制商业银行存在不小差距，但是粤港澳大湾区的城商行和农商行仍然积极致力于数字化转型，成果颇丰。现以广州银行为例，简要阐述其数字化转型，如表 7 – 2 所示。

表 7 – 2　广州银行的数字化转型合作概要

合作伙伴	合作概要
阿里云	2020 年 4 月，广州银行与阿里云达成战略合作，通过引入阿里云的云计算、大数据、数据智能、金融科技等技术创新能力，全面推进数字化转型战略

续表

合作伙伴	合作概要
广州银联网络	2018 年 12 月，广州银行与广州银联网络达成全面战略合作。协议的签署代表着广州银行与广州银联网络共同迈入了优势互补、信息共享、互利共赢的发展新阶段
京东金融	2017 年 8 月，广州银行与京东金融共同发布广州银行小白卡产品。京东金融通过科技能力的输出，帮助广州银行触达更加广泛的用户群体，降低其获客成本，提高其行业效率

资料来源：笔者根据相关资料自行整理。

在港澳商业银行方面，数字化转型的主要亮点表现在虚拟银行牌照发放及设立上。香港虚拟银行的定义与内地的直销银行和互联网银行类似，即无须设立物理网点，主要通过互联网及其他形式的电子渠道为客户提供零售银行服务。截至 2020 年末，香港共计设立的 8 家虚拟银行简述如表 7－3 所示。

表 7－3　香港虚拟银行概要

序号	虚拟银行	战略目标
1	Livi Bank Limited	Livi 由中银香港、京东数科与怡和集团三家公司合资组成。Livi 结合了银行、科技公司、港资公司三方股东的优势，包括中银香港的金融业务及银行营运经验，京东数科的线上运营能力和科技创新能力，怡和集团在香港的零售网络和在客户覆盖方面的优势
2	Mox Bank Limited	Mox 由渣打银行、电讯盈科、香港电讯及携程金融合资组成，旨在提供更多个性化金融服务，帮助客户实时开设账户和申请金融服务，为客户提供一站式的电信、娱乐、旅行以及金融服务和产品
3	众安银行有限公司	众安银行为众安保险的成员公司。众安保险具有互联网和金融机构合资背景，发起股东为蚂蚁金服、腾讯、平安保险。通过虚拟银行，众安用户可体验真正的全天候银行服务，借助一站式手机应用程序完成开户、存款、转账等操作
4	汇立银行有限公司	汇立银行有限公司为香港金融科技集团 WeLab Holdings 旗下的全资子公司，以三个“I”——即刻（Instant）、互动（Interactive）、智能（Intelligent）为核心理念，利用自主研发的人工智能、大数据及机器学习等领先金融科技，致力于为用户带来随时随地的创新银行服务体验
5	蚂蚁银行（香港）有限公司	蚂蚁银行（香港）有限公司隶属于蚂蚁金服，旨在推动金融科技和普惠金融在香港的发展，用科技为香港的消费者和小微企业带来更多平等的发展机会

续表

序号	虚拟银行	战略目标
6	富融银行	富融银行由腾讯、工银亚洲、香港交易所等股东出资设立，为现在未能受惠于传统金融体系的用户（如小额存款用户）提供金融服务，包括不设最低账户结余要求、免收最低账户结余费等
7	天星银行有限公司	天星银行有限公司由小米集团与尚乘集团共同出资设立。其中，小米集团占比 90%，尚乘集团占比 10%。开业初期，该银行专注于金融科技与传统银行业务的融合，利用在人工智能、大数据、云计算和区块链等领域的前沿技术，提升用户体验
8	平安壹账通银行（香港）有限公司	平安壹账通是中国平安保险集团的成员公司，期望通过人工智能、区块链等技术，推动香港金融科技发展和创新，同时为香港居民和中小企业提供更加便捷、专业的金融服务，提升客户体验，促进普惠金融

资料来源：笔者根据官方网站及相关信息整理而成。

2. 大湾区证券公司的数字化转型

金融科技的发展对粤港澳大湾区证券公司的发展起到举足轻重的作用。各类证券公司以金融科技作为核心竞争力，积极进行战略布局，寻找全新的业务突破点，代表性公司的相关概况如表 7-4 所示。

表 7-4 粤港澳大湾区代表性证券公司金融科技布局概况

证券公司	注册地	金融科技战略
国信证券	深圳	持续加大信息技术投入，加强 IT 战略规划，大力发展金融科技，致力于以领先的科技能力驱动业务创新，引领公司向数字化转型，实现技术领先战略。2020 年，公司信息技术投入为 7.53 亿元，同比增长 8.18%，主要包括系统建设投入、信息技术日常支出及人员薪酬等
招商证券	深圳	坚持科技引领，大力推动数字化转型。2020 年，信息技术总投入 9.94 亿元（包含人力支出），同比增长 52.22%。金融科技创新基金全年立项 43 个项目，立项金额近 1.6 亿元，为投资研究全面赋能，坚持科技引领，大力推动数字化转型
广发证券	广州	通过金融科技赋能，全面推动业务发展，提升竞争力。2020 年，围绕金融科技战略规划，在财富管理、机构业务、投资交易、投资银行、内控管理等方面取得显著成效
富途证券	香港	为内地投资者提供美股和港股交易服务的互联网券商，拥有一站式的金融交易平台富途牛牛，促进财富管理行业的数字化转型升级

资料来源：笔者根据公司年报及相关信息整理而成。

3. 大湾区保险公司的数字化转型

根据《规划纲要》的部署，大湾区将在深圳建设“保险创新发展试验区”。面对如此发展机遇，大湾区保险行业通过整合深圳的技术优势、香港的金融经验及粤港澳庞大的市场，大力发展保险科技，强化自身在全球保险科技领域的领先优势。

大湾区的大型保险公司充分利用自身的客户优势、品牌优势以及资金优势，通过成立科技类子公司或者专项投资基金主攻保险科技领域，在产品开发、定价核保、理赔、营销及分销过程中，引入人工智能、大数据、云计算等技术，为市场带来场景化、定制化产品，从而减少坐席成本，提高核保、理赔效率，进而提高用户体验。大型保险公司不仅为母公司服务，还能为业内同行提供科技支撑。比如，金融壹账通是市场上第一家具有保险公司背景服务同业的科技输出平台，中国太平在深圳策划建立保险大数据中心，在香港特别行政区牵头发起金融科技创新投资基金。

香港是外资保险公司市场份额占比较高的地区，澳门的外资保险公司数目更是超过整个澳门地区保险公司数目的一半。外资保险公司的数字化进程相较于国内保险公司更快，但是由于许多外资保险公司不太可能将其全球数据存放在内地，因此导致数据和信息的分离。目前，外资保险公司的母公司在加快其数字化转型的步伐。如在港设立分支机构的安联保险集团、慕尼黑再保险集团等传统保险巨头均启动了数字化转型计划，通过重塑内部业务流程、在全球主要城市设置创新中心、投资保险科技初创企业等多种方式从多角度推进其自身数字化转型进程。

（二）金融科技类基础设施加快搭建

金融科技新业态的出现对传统以中心化为特征的金融体系基础设施提出改建重构的新要求。一系列相关政策的出台为大湾区金融基础设施锚定了基本发展方向，提出要实现粤港澳三地的互联互通，推进三地金融基础设施融合发展，最终构建起一个数据信息、金融资源与人力资源可以自由流动、外联内通的一体化市场。当前，大湾区金融科技类基础设施建设主要体现在跨境基础设施建设和金融监管基础设施建设两个方面。

1. 跨境基础设施建设

第一，跨境金融市场互联互通程度日益深入。首先，企业“走出去”和“引进来”的渠道更加畅通。例如，工行与工银亚洲、工银澳门共同推出“跨境企业通”；中行与中银香港为港澳投资者提供工商登记“一站式”服务以及见证开户服务；工银澳门与国家税务总局横琴粤澳深度合作区税务局合作，推出跨境办税服务。其次，跨境资本市场业务得以拓展。通过发挥银行在粤港澳地区分支机构布局优势，加大对境外发债、“北向通”、“熊猫债”、QFLP 等业务营销的支持力度，取得了香港、澳门金融机构参与广东地方债投资的突破。

第二，以数字人民币为契机，大湾区支付清算系统融合发展。大湾区作为数字人民币的试点地区之一，具有人民币跨境支付清算的优势，数字人民币支付清算的跨境架构与系统建设，能够进一步加快三地支付清算系统的融合。目前，深港已建成多币种资金清算渠道和支票联合结算机制，深港资金结算速度极大提升；多类别账户体系构建速度较快，以满足跨境支付结算需求；移动跨境支付服务相继推出。支付系统等金融基础设施与具体的金融交易和商业活动结合在一起，呈现出更加多样化的形态和场景化、定制化的特征。

第三，跨境金融平台搭建。在跨境金融业务方面，大湾区跨境理财通、内地与香港基金互认、外商投资股权投资企业、合格境外机构投资者、合格境内有限合伙人、合格境内机构投资者、合格境内投资者境外投资等得到试点推出，拓宽了投资者的投资渠道，丰富了投资者的投资产品池。

2. 金融监管基础设施建设

大湾区将金融科技运用于金融监管系统，以防范化解金融风险，走在全国前列。依托广州商品清算中心，广东省建成了地方金融风险监测防控系统，涵盖监测预警平台、金融广告监测平台等 16 类平台，实时监测各种金融异象，对金融风险的尽早识别、预警、计量及处置等起到全方位的支持作用。深圳市建成金融风险监测预警平台，通过对接全市金融机构的相关数据，开展风险评估分析。2016 年，香港启动了金融科技“监管沙盒”试点，成效显著。此后，香港继续推出“监管沙盒2.0”版本，涵盖跨界金融监管、跨境实行测试安排等相关服务。粤港澳大湾区金融基础设施的融合使三地防范化解金融风险的软、硬件设施进一步发展，构建起金融风险联防机制，将推动大湾区防范化解金融风险示范区的建设，提升金融风险防范效率。

（三）金融科技企业高质量发展

根据信息技术的分类，大数据、人工智能、云计算、区块链、信息安全等金融科技企业在粤港澳大湾区均有头部代表，并在全球细分领域具有一席之地。金融科技头部企业的高速发展为科技与金融的深度融合奠定了良好的基础。

1. 在大数据方面

大湾区的大数据企业中，腾讯和中国平安两大行业龙头在业务布局的各个方向均拥有大量用户和数据。腾讯大数据从2009年开始，经历了离线计算时代、实时计算时代、机器学习时代三个发展阶段，基于QQ和微信两大用户平台合计18.13亿月活跃用户人数，构建起丰富的产品线，形成了海量数据，并提供了大数据平台、大数据工具和大数据分析三类产品。中国平安涵盖了以保险为主的全部金融领域，并向医疗健康等生活领域部署，积极构建金融、医疗、房产和汽车四大生态圈。截至2020年末，中国平安的科技专利申请数累计达31412项，集团个人客户总量突破2.18亿人，互联网用户规模超5.98亿人，平安旗下5款App的注册用户量过亿。

2. 在人工智能方面

大湾区人工智能创业活跃，在基础层的芯片企业有耐能人工智能等，在技术层有云从科技、码隆科技，在应用层有广东铂亚、广州极天、广州索答、阿尔妮塔、第四范式、飞蝉智投、深圳祥云等。其中，云从科技在人工智能方面拥有多项自主知识产权，并与兴业数金合作，将人工智能应用到311家银行，为其提供安全验证服务。被誉为港股金融AI第一股的索信达控股，助力金融机构演进组织及科技架构升级、数字化能力提升。[1] 中国平安旗下的平

---

[1] 《企业概述》，索信达控股有限公司官网，https://www.datamargin.com/Info/。

安科技深度学习团队推出智能闪赔、平安声纹、平安票据光学字符识别（OCR）等众多人工智能领域的产品。

3. 在云计算方面

根据2020年上半年中国公有云市场（IaaS + PaaS）的数据，大湾区企业——腾讯云与华为云均占11%的市场份额，位列第二、第三名。[①] 以华为云为例，截至2020年华为云已经上线了220多个云服务和210多个解决方案，在全球IaaS公有云服务市场份额为4.2%。在此背景下，大湾区主要金融机构在建设企业级云平台。腾讯旗下的微众银行全部业务系统均部署云端；腾讯还与长亮科技合作打造智能金融云平台，该平台针对持牌金融机构提供行业云、金融软件等解决方案和服务。平安云形成了三地六中心的云数据中心布局，涵盖集团90%以上的业务，支撑了80%以上的业务系统投产。招商证券利用混合云架构实现了系统弹性与数据安全。

4. 在区块链方面

目前，区块链技术在金融领域开始探索应用。腾讯区块链BaaS开放平台帮助企业搭建上层区块链应用场景。腾讯旗下的微众银行主导研发了企业级联盟链底层平台BCOS和BCOS的金融分支版本FISCO BCOS。招商银行联手永隆银行、永隆银行深圳分行，实现了区块链跨境人民币汇款。此外，招商银行还建立了粤港澳大湾区贸易金融区块链平台和基于区块链的产业互联网协作平台。联易融借助区块链等技术，优化供应链金融的支付周期，探索供应链金融全流程的数字化。

5. 在信息安全方面

大湾区主要的信息安全企业有腾讯、中兴通讯、华为技术、蓝盾股份、任子行、深信服等。其中，中兴通讯、蓝盾股份、任子行、深信服为上市企业，4家上市信息安全企业2020年总营收达到1088.82亿元，总净利润为44.38亿元。大型互联网企业具有强化信息安全的能力，并对金融机构输

---

① 《华为云专题研究报告：全球增速最快的一线云厂商》，“未来智库”百家号，2021年9月2日，https://baijiahao.baidu.com/s?id=1709759912643624238&wfr=spider&for=pc。

出。目前，腾讯安全联合实验室专注于安全技术研究及安全攻防体系搭建，推出面向金融机构的终端安全解决方案。

三　存在的问题

（一）金融科技发展的区域结构失衡

粤港澳大湾区覆盖的区域涉及三种不同的金融制度，三地金融科技发展存在不平衡的特征。主要体现在以下四个方面。

一是区域金融科技能力发展不平衡。香港、广州、深圳是粤港澳大湾区的技术创新中心，极高的开放程度和强大的经济基础为其创造了优良的发展环境，在科技创新能力、吸引资本能力和辐射能力方面有着明显优势，金融科技得到了广泛应用；东莞、珠海、佛山等城市的制造业优势突出，但科技创新能力逊色于香港、广州和深圳；江门、惠州、肇庆无论是在产业发展方面，还是在科技创新和金融发展方面，均较为薄弱，金融科技的创新和应用有待进一步提高。

二是政府财政支持存在区域不平衡。2020 年深圳、广州、佛山三地财政科技投入占全省地方财政科技投入的比重超过 60%。从比例结构来看，深圳、广州的地区财政科技投入占一般公共预算支出的比例高于其他城市，可见大湾区各地财政对科技投入的支持力度存在较大差异，其他大湾区城市在发挥财政资金的杠杆效应方面还有较大提升空间。

三是区域差异性和互补性不足。粤港澳三地金融科技的发展尚未形成各具特色的差异化竞争格局。港澳创新金融资源与珠三角的创新成果转化没有有效对接，香港拥有较多的国际顶尖大学，科研应用能力强，珠三角 9 市则拥有丰富的应用场景，但二者之间的优势互补效应尚未得到完善和强化。

四是区域产融发展未形成合力。粤港澳大湾区目前还未形成健全的股权投资产业链，区域股权交易市场整合力度仍有不足。在科技产业上，大湾区虽然已初步建成规模较大的产业体系，但其与金融创新和产业升级发展导向、科技合作等的协同性不足。

（二） 金融科技政策的协调难度较大

粤港澳大湾区在金融、经济、科技与对外交流合作的体制政策上存在较大差异，这给大湾区金融科技的协调发展带来了巨大的挑战。粤港澳涉及三个不同的司法管辖区，跨境金融活动的法律适用范围和依据都有所不同，在税收制度、就业政策、金融监管等各个方面都有着实质性差别。

在税收制度方面，内地的税收制度与港澳差异较大。总的来说，与内地的税种和税率相比，港澳的税收种类较少并且税收负担较轻，同时还享有高度自治权。内地与港澳的税收征管机构在行政设置上差异明显，且相互独立，并非上下级关系。在此背景下，内地与港澳在金融科技企业的税收征管合作方面存在一定的体制障碍。此外，在珠三角的9个城市中，由于自贸区以及经济特区的存在，某些具体金融业务领域的税收政策与珠三角其他地区也存在一定差异。

在就业政策方面，粤港澳大湾区的就业政策不统一，人才资源分布不均匀。一是就业政策不同，城市之间存在抢人大战。人才引进政策、社保与医保政策、户口落户政策等都存在差异，金融科技人才建设面临大湾区内城市互相竞争的局面和核心城市的“虹吸效应”。二是高校人才培养的差异化。在“一国两制”的背景下，港澳地区在教育体系方面国际化程度较高，内地高校在培养人才方面坚持自己的特色，内地与港澳地区的教育方式存在差异，这给粤港澳三地金融科技人才培养的合作交流带来不便。三是职业技能培育较为缺失。大湾区人才的应用型技能主要依靠企业培养，而大多数金融科技企业对提供实习岗位的积极性不高。

在金融监管方面，香港法律属于英美法系，实行政府监管、行业自律两级监管架构，监管机构在分业监管时更注重功能监管。金融机构可以通过向监管机构申请不同的业务牌照来实现混业经营，业务牌照的划分多是基于金融功能。内地法律属于大陆法系，金融监管架构由国务院金融稳定发展委员会、中国人民银行、中国银行保险监督管理委员会和中国证券监督管理委员会构成，实行分业经营、分业监管，对具体业务的管理更加细致和严格。因此，在对大湾区金融科技进行监管时，协调成本较高。

（三） 金融科技要素的资源共享不足

粤港澳大湾区的基本经济制度和行政运行体系存在显著区别，为大湾区内各地金融资源要素的流动带来了一定的障碍，具体表现如下。

1. 金融资源共享不足

在金融科技发展方面，大湾区内部的金融要素呈现梯队分布，形成了以穗港深为核心城市的“中心—外围”格局，尚未产生有效的金融科技资源配置模式。“虹吸效应”致使占据优势地位的核心城市吸引了大量来自周边城市的金融资源，从而在一定程度上抑制了周边城市的金融活跃度，不可避免地导致金融科技服务向中心城市倾斜的现象发生。

2. 人才资源共享不足

大湾区人才流动受限，影响了金融科技枢纽建设的活力。鉴于现有高端金融人才多集中于香港，再加上制度、法律等原因，粤港澳三地金融人才的流动尚存在一定的限制。在当前的规则框架下，“粤港澳人才合作示范区”“全国人才管理改革试验区”主要集中于深圳、广州以及珠海的自贸区内，并不包括珠三角其他6市，这将导致金融科技竞争力本就较弱的其他6市更无法引入高素质金融人才，加剧区域金融科技发展的不均衡。

3. 信息共享程度较低

在基础征信以及数据信息方面，首先，内地9市数据主要集中于互联网大企业，且数据中个人社交性数据占据主要部分，而政府层面的数据比较割裂，开放度较低。其次，粤港澳三地征信信息暂未实现互联互通，征信基础设施融合发展未达预期。最后，考虑到合规性，港澳地区的数据与内地数据分别存储，造成了整个粤港澳大湾区在数据的使用、协调上比较困难。

4. 资产交易设施融合受限

大湾区资产登记托管系统的运行规则存在差异，从而影响了资产交易设施的融合。粤港澳三地支付结算规则、网络制式等差异较大，广东的互联网支付、移动支付等非常发达，而港澳则相对落后。广东拥有金融科技应用的丰富场景，金融科技发展较为迅猛，而港澳虽然拥有较丰富的应用场景，但监管及规则完善程度不同，对金融科技的发展和监管较为谨慎，三地在金融科技方面的金融基础设施融合面临较大挑战。

第三节　建设思路与重点领域

一　建设思路

（一）以科技创新走廊为基础，打造立足中国辐射全球的金融科技枢纽

1. 打造金融科技创新高地

全力整合产业界的创意、学术界的研究以及金融资本的投入，加快光明科学城、南沙科学城、中子科学城建设，打造世界一流的金融科技基础设施集群。借鉴华为基础创新的实践，推动行业龙头骨干企业采取“支持大学研究、自建实验室、多路径技术投资”等多种方式，提升“广州－深圳－香港－澳门”科技创新走廊的金融创新引领能力，强化该走廊对粤港澳大湾区的金融科技创新的核心引擎以及龙头引领作用，进而推动金融科技效能溢出，使之成为辐射全国乃至全球的金融科技创新发展高地。

2. 优化金融科技生态系统

金融科技生态系统直接决定了科技创新要素与金融资源的流向和集聚，是区域、软硬实力以及国际竞争力的重要体现。基于“广州－深圳－香港－澳门”科技创新走廊，以金融科技政策文件为纲领，协同优化金融科技知识产权的法治环境以及营商环境；加大对金融创新的政策支持力度，完善金融科技领域知识产权的支持、运用和保护体系，组建金融科技创新基金带动区域金融创新发展；同时，倡导勇于创新、适当容错的金融创新文化，让金融资源、科技要素、中介服务与政府引导有机融合，优化生态。

3. 建设金融科技重点平台

金融科技重点平台应具备整合、集聚和优化人才、技术、资金、信息等创新资源的功能，是推动粤港澳大湾区金融科技枢纽发展的重要引擎。

充分利用科技创新走廊区域内高校、科研院所、孵化器等资源丰富的优势，制定奖励政策、扶持措施，支持新设研发平台或分支机构，积极探索金融科技成果转换机制；特别是香港、澳门积极主动与周边城市共用国家重点实验室、双创空间等，共享资源，共同推进金融科技领域的跨境产学研结合，努力打造中国首屈一指的金融科技融合发展平台。

（二）以服务重点产业为目标，打造科技、金融与产业融合发展的生态圈

1. 在制造业方面

粤港澳大湾区将优化布局，在科技创新发展的背景之下，促进制造业与新经济相融合，以珠海、佛山为龙头建设先进装备制造产业带，以深圳、东莞为核心打造具有全球影响力和竞争力的电子信息等世界级先进制造业产业集群，推动新一代信息技术、生物技术、高端装备制造、新材料等产业发展壮大为新支柱产业。

2. 在服务业方面

大湾区将聚焦服务业的重点领域以及发展短板，加快金融支持现代服务业的驱动创新，重点培育金融科技的新业态，以完善创新担保方式为突破口，充分利用各类信用增级、融资担保等市场中介服务组织的发展，探索适合现代服务业自身发展特点的信贷产品和服务方式。

（三）以普惠金融为突破点，助力区域协同发展

1. 在农商行和城商行层面

鼓励粤港澳大湾区农村商业银行和城市商业银行积极与头部金融科技公司开展合作，加快普惠金融业务数字化转型。作为大湾区普惠金融主力军，绝大部分农村商业银行和城市商业银行在人才、资产、技术等方面存在明显不足，很难通过自身投入就能较好地实现金融科技转型。因此，通过大型科技公司的技术输出，本地农商行和城商行结合所服务区域的经济特色、“三农”需求及自身的资源能力禀赋，更好地“支农支小”，推动自身经营高质量发展。目前，在大湾区本地农商行和城商行中，广东省农村信用社联合社、广州银行、东莞银行、广州农村商业银行、深圳农村商业银行是代表，其许多措施值得参考借鉴。我们以广州农商行为例，简述如

专栏7－1所示。

专栏7－1　广州农商行深耕金融科技概览

近年来，广州农商行作为区域经济发展的深耕者，积极践行普惠金融理念，一直用心诠释“智慧金融服务”，致力于产品创新、服务创新、金融科技创新。

2018年7月11日，广州农商行与京东集团以“融智慧·集赋能·创无界”为主题签署战略合作协议，这是京东集团首次与区域性银行开展全方位战略合作。双方在金融业务、线下体验店、电子商务业务、物流配送、营销资源共享、云计算业务等方面开展合作，共同打造“互联网＋金融＋电商”的闭环生态圈。

2020年4月23日，广州农商行与广州联通举行战略合作协议签约仪式，揭牌成立“5G金融创新应用联合实验室”。此合作旨在发挥双方的资源优势，构建“金融＋科技”合作发展新模式、新机制，共同探索和实践5G技术在金融行业的应用场景，打造具有区域影响力的5G金融应用重点示范项目。目前，双方已启动多个5G金融课题的研究。

2020年12月3日，广州农商行与腾讯云计算（北京）有限责任公司举行战略合作协议签署仪式。广州农商行与腾讯云在金融科技、金融业务等领域全面深化战略合作，组建金融科技联合创新实验室，共同推进大数据、云计算、人工智能、物联网、分布式互联网架构等技术在业务创新领域的应用，为普惠金融、创新驱动发展、服务“三农”提供智慧引擎，致力于实现互利共赢。

资料来源：笔者根据公开信息收集整理。

2. *在国有大型和股份制商业银行层面*

国有大型商业银行的广东分行、深圳分行以及以招商银行、平安银行、广发银行等为代表的全国股份制商业银行，因资金实力、科技实践、风险管控能力等方面具备绝对优势，长期在粤港澳大湾区普惠金融机构体系中发挥着重要作用。鉴于此，应引导此类商业银行持续加大科技金融投入力度，创新普惠金融产品体系，优化普惠服务流程；鼓励它们创设独立的普惠金融事业部，通过自主研发金融科技产品，充分利用专业、专营、专属的普惠金融组织体系服务大湾区人民群众；指引它们为小微企业融资提供多种便捷渠道，有效纾解小微企业融资之困。此外，根据粤港澳大湾区的实际情况，须加快推广建立信用档案制度，有效解决商业银行，特别是大型跨境服务的商业银行和客户之间的信息不对称问题，为更好地发展大湾区普惠金融事业奠定坚实的基础。

3. 在新型金融机构层面

消费金融公司、小额贷款公司、金融租赁公司、民营银行、互联网金融机构等各种主体纷纷涉足普惠金融领域，结合自身优势提高金融服务的层次和扩大金融服务的覆盖面，成为粤港澳大湾区金融科技枢纽建设不可或缺的补充。根据中央对粤港澳大湾区的战略定位，一方面，大湾区应当继续支持以腾讯为代表的互联网公司以及传统金融机构通过金融科技实现产品创新、渠道创新以及服务创新，从而实现普惠大湾区中小企业以及社会大众，为金融科技枢纽规范的创新和发展提供拓展空间。另一方面，大湾区应从防范化解金融风险出发，加大金融监管力度，特别是注重在技术安全、信息不对称及流动性管理等方面加强对各类金融风险的防范和密切监控，守住金融风险的底线。

二　重点领域

（一）金融科技要素资源的互联互通

在推动粤港澳大湾区金融科技枢纽的要素资源联通方面，目前可从三个重点领域入手。

1. 以产学研一体化促进科技创新资源共享

完善科技创新体制，提高相关科研机构、高校以及企业的参与度，加强不同机构与企业之间的合作，从而可以取得更好的科技成果。为了将粤港澳大湾区打造成为国家自主创新示范区和国家级双创示范基地，需要加快完善重大科技基础设施建设、推进前沿学科和交叉学科的发展研究、加快港澳国家重点实验室伙伴实验室建设。促进深圳与香港共建“港深创新及科技园”，通过新建国家级实验室、试验区、工程研究中心来加强深港高等院校产学研联动，既推动科研成果在深港两地产业化，又从基础上增强深圳科技力量。

2. 建立跨区域的特色金融市场合作关系

一方面，大湾区政府部门应通过关税减免、政策扶持与跨境服务提供等举措，逐步开展对金融市场跨区域特色合作关系建立的探索。例如，可通过设立珠海－澳门跨境金融合作示范区，逐步完善跨区域产品和资本流通机制。另一方面，金融机构可结合金融和科技创新发展实际水平，运用金融科技手段，加快金融科技载体的建设步伐，拓宽区域间金融支持科技创新发展的边界，逐步实现跨区域市场关系共建。

3. 自身培养结合大力引进金融科技人才

金融科技人才是要素资源互联互通的重要构成部分，大湾区相关政府部门应全面总结已有人才培养及引进政策的成功经验，并且尽快推广，如深圳的“孔雀计划”、珠海的“英才计划”以及香港金融管理局推出的“空档年”全职实习等若干人才培养计划，尽力满足业界日益增长的人才需求。粤港澳大湾区内高校之间展开多领域、多层面的合作，实现优质教育资源的共享，培养精通金融科技知识的复合型人才。企业构建科创圈技术转移人才体系，设立科技成果转移转化服务中心。

（二）金融科技基础设施的夯实完善

在促进粤港澳大湾区金融科技枢纽的基础设施建设方面，我们可从三个重点领域入手。

1. 积极打造大湾区金融科技基础设施的合作载体

建设专业产业园要以双创空间、自贸区、国家级新区、国家自主创新示范区为载体，集聚金融创新要素。提升大湾区的国际化程度，引进港澳地区金融的国际化元素，加强港澳地区金融资源与珠三角高新技术科技园的联系，加强珠三角与港澳地区金融市场的相互沟通。为改善融资租赁等特色金融机构的办公基础设施，大湾区需要加强相关金融产业科技园的构建，探索“飞地”城市运营合作新模式。

2. 建立健全大湾区金融科技基础设施的法律体系

香港地区和内地的法律体系有所差异，香港地区适用英美法系，在管理方面与内地存在很多不同，大湾区应针对金融科技在支付、结算与清算等金融基础设施领域进行专门立法。从地方行政法规、部门规章、规范性文件、自律规则等层面上形成逻辑严密和适用清楚的金融基础设施规则体系。

3. 主动融入大湾区金融科技基础设施的国际合作

以建设粤港澳大湾区金融科技枢纽为契机，积极开展跨区域的金融治理国际合作。第一，基于国际金融中心的地位，香港参与国际金融科技基础设施的标准制定，稳步推进金融全球化监管体制创新，将有助于提升大湾区在国际金融科技领域的影响力。第二，鼓励大湾区金融基础设施运营机构开展国际交流与合作，捍卫多边全球金融治理规则，防范全球金融监管套利，亦有助于维护大湾区的金融稳定。

（三） 金融科技衍生风险的防范化解

在防范化解粤港澳大湾区金融科技枢纽的金融风险方面，目前可从三个重点领域入手。

1. 中央与地方分工协作，共同应对金融科技风险

为提升应对系统性金融风险的能力，一方面，应增强中国人民银行及其派出机构对系统重要性金融机构以及大型金融科技平台的监管，构建相应的监管权力问责机制。另一方面，基于地方金融监管的角度，粤港澳大湾区需要以治理有效、先进可靠、富有弹性的监管框架体系为目标，加强广东省地方金融监督管理局与香港金融管理局、澳门金融管理局之间的协同联动，深化大湾区金融监管合作。

2. 运用金融科技手段，优化防控风险方式

通过技术层面的创新来解决信息不对称、信任机制缺失等风险问题。对于大湾区而言，已经拥有人工智能、大数据、云计算、区块链、物联网等新技术领域的诸多龙头企业，可以通过以上技术的运用形成对金融风险

以及激励机制的高度理解，实现从基础跨境金融服务逐步拓展到大湾区金融服务的所有领域。

3. 加强科技型平台公司的金融风险监控，落实功能监管和行为监管

大湾区科技型平台公司众多，风险防控需要重点做到以下两点。首先，应基于产品的表面形态，对业务实质予以明确化，将监管提升到全新的高度和层次，从全流程视角有效识别出业务风险，防止混业型金融创新潜在风险的出现。其次，要对传统监管思路进行创新，集中整合功能监管和行为监管，针对相同业务，应加强统一化监管标准的制定，避免监管职能冲突的出现，弥补监管方面存在的薄弱点和空白点，顺应混业经营趋势，不断提高金融风险的防控水平，实现全方位、多角度的金融监管体系目标。

第八章 建设粤港澳大湾区绿色金融枢纽

粤港澳大湾区正处于经济结构调整和高质量发展转型阶段。金融作为资源配置的重要手段，构建绿色金融体系，打造绿色金融枢纽，不仅是大湾区从资本源头控制和改善生态环境的有力手段、动员和激励更多社会资本投入绿色产业的重要路径，还是调结构、促转型、提高金融系统竞争力、拓展成熟健全的绿色金融地域系统最终深度融入国际金融市场的必然选择。

本章在系统分析与对照国外碳市场发展实践，特别是欧盟“可持续金融”体系和美国、韩国碳市场建设在国际金融中心建设中的功能特征、运行经验的基础上，结合大湾区实际情况，提出建设粤港澳大湾区绿色金融枢纽的基本思路和路径：一是围绕内部协同、省级协同、国际协同三个维度，打造以碳金融为重点的绿色金融协同发展枢纽；二是围绕平台对接、产品联通、要素流通三个维度，打造大湾区碳市场枢纽；三是发挥碳金融的辐射带动作用，深化碳普惠改革，鼓励全社会参与减碳。

第一节 建设绿色金融枢纽的理论基础和实践意义

金融作为促进经济发展的关键因素，如何将绿色理念贯穿于金融发展，是近年来金融学术界与政策制定者关注的焦点问题。

一 理论基础

（一）绿色金融的内涵和功能

当前理论界对绿色金融没有统一明确的定义，围绕绿色金融的内涵和功能的阐释有三种代表性观点。一是认为绿色金融是一种以环境保护和经济社会可持续发展为目的的金融工具创新，如绿色信贷、绿色股票、绿色债券、绿色保险、绿色产业基金等，可有效提高环境质量、转移环境风险（White and Labatt，2003；易纲，2016；胡鞍钢、周绍杰，2014；天大研究院课题组，2011；卢树立、曹超，2018）。二是认为绿色金融是一种特殊的金融政策和制度设计，即通过金融杠杆和利益传导机制将社会资金引向绿色环保产业，在发放贷款、股票融资、债券融资等融资方式以及融资条件等方面，对环保型企业给予一定的优先权（赵亮，2018；李晓西等，2014；俞岚，2016）。三是认为绿色金融是向低碳和资源节约型经济转型的突破路径和战略方法，认为绿色金融是将金融业作为服务业纳入经济系统考虑，为实现资源环境和经济社会协同发展，以及金融业自身可持续发展的金融服务。2016 年 8 月《关于构建绿色金融体系的指导意见》提出，“绿色金融是指为支持环境改善、应对气候变化和资源节约高效利用的经济活动，即对环保、节能、清洁能源、绿色交通、绿色建筑等领域的项目投融资、项目运营、风险管理等所提供的金融服务”①。比较而言，第三种界定更能得到国内学术界的广泛认同，本书遵循这一惯例，定义绿色金融是一种通过绿色信贷、绿色债券、绿色股票指数和相关产品、绿色发展基金、绿色保险、碳金融等金融工具和相关政策支持经济向绿色化转型的制度安排。

绿色金融涉及领域广泛，其理论研究演进脉络随着经济发展与绿色技术的创新而不断演进，具体可分为 3 个阶段。

---

① 《中国人民银行等〈关于构建绿色金融体系的指导意见〉》，中国证券投资基金业协会官网，2016 年 8 月 31 日，https://www.amac.org.cn/businessservices_2025/ywfw_esg/esgzc/zczgsc/202007/t20200714_9845.html。

1. 环境金融（生态金融）阶段

环境金融的概念最早由学者 Salazar（1998）提出。作为连接金融发展与环境保护两大领域的重要桥梁，发展环境金融的目的是探寻经济低能耗发展路径，平衡经济高速发展与资源集约利用之间的关系。环境金融作为金融学和环境经济学的交叉学科，其本质是一种金融工具，通过转移潜在的环境风险以帮助提高经济主体的市场声誉和风险管理能力（White and Labatt，2003）。

2. 可持续金融阶段

与传统金融只考虑金融收益和风险不同，可持续金融在决策时把人文、社会和环境的综合收益考虑在内（Lagoarde - Segot and Martinez，2020）。越高“版本”的可持续金融，其社会和环境收益越大，金融产品组合的外部性越优质（王瑶、张笑，2015）。Ziolo 等（2021）利用 OECD 国家数据，对可持续金融促进可持续发展方面开展实证研究，认为清洁能源技术的实施可以在一定程度上减少环境污染与破坏，而清洁能源技术的开发、使用和推广的基础则是资本要素的流向和利用状况（Graedel and Allenby，2004）。

3. 碳金融阶段

《联合国气候变化框架公约》和《京都议定书》两个国际公约是碳金融产生的重要背景。碳金融属于环境金融应对气候变化的理论延伸。将碳金融作为绿色金融的研究主体是目前国内外理论界的重要共识，其研究范围包括碳交易市场、碳金融产品及相关政策、运行机制等。关于碳金融的内涵界定，有狭义和广义之分。一般来说，狭义的碳金融体系是指为温室气体减排量相关活动提供资金来源的市场交易，交易的“产品”主要是“温室气体减排量或交易碳许可证”。学术界对碳金融内涵的界定，更偏重于为了实现低碳发展，而利用金融手段对碳金融产品及其金融衍生品进行交易与流通。广义的碳金融体系不仅涵盖市场交易活动，还包括相关金融制度设计、金融工具使用和金融中介行为，如低碳项目开发的投融资等其他相关的金融活动（张明珅，2010；吴玉宇，2009；曾刚、万志宏，2009），即凡是以实现“低碳经济”为目的的与金融相关的活动，均可被称为碳金融。

不少学者认为，要以发展的眼光和国际视角来分析和定义碳金融（尹应凯、崔茂中，2010），站在对社会产业结构和国际经济格局产生影响的高度，站在“国际碳金融体系”框架下，定义碳金融活动。

（二）碳排放权交易市场的理论研究

碳排放权交易市场（简称“碳市场”）是碳金融体系重要的组成部分。市场具有价格发现和资源配置的作用，碳市场运行效率的高低决定了碳减排成本的高低、成效的多少，是实现“碳达峰”和“碳中和”目标的重要路径（曾刚、万志宏，2009）。国内外学者对碳市场的研究主要聚焦在三个方面。

一是针对碳排放权交易市场的运行和影响因素的研究。1968 年，碳排放权交易的概念由美国经济学家戴尔斯提出，是一种以温室气体排放配额或温室气体减排信用为标的物所进行的市场交易。《京都议定书》中提出包括碳排放权交易在内的 3 种灵活市场履约机制，碳交易体系由此产生。至今，欧盟、新西兰、美国、澳大利亚、韩国和中国都形成了各自独特的碳交易体系。作为一种政策性市场，碳市场按照碳信用来源不同，可分为配额型交易市场和项目型交易市场（张晓艳，2012）。在影响因素方面，碳市场受碳排放指标的核算、以碳核算为基础发放的碳配额，以及反映供（碳配额）求（控排量）关系的碳价格这三方面因素影响较大（王文举、陈真玲，2019），其高效运行主要取决于覆盖范围的划分、总量目标的设定、分配机制的确立、交易管理制度和法律框架等内容（王文军等，2012）。在实践方面，一般初期会采用免费配额方式，政府发放无偿配额（张鸿云樱，2018）。而相对于无偿分配，拍卖有偿分配模式的经济效益优势更加明显，拍卖收入可用于 CO_2减排相关设施建设和项目投入，长期看更有利于减排目标的实现（张红亮，2009）。

二是针对碳排放权定价及其影响因素的研究。碳价格是碳排放权交易市场机制的核心。碳定价分为直接定价的“总量－交易机制”、间接定价的项目抵消机制和碳税三类（王文举、赵艳，2019）。在交易启动期、平稳交易期、履约冲刺期和履约截止临近期四个阶段，碳价呈现不同的特征（郭白滢、周任远，2016）。碳价格与能源市场存在较强关联（刘英，2010），同时，受能源价格、气候问题谈判、环境风险、市场交易制度等影响，碳价格也会发生不同的变化（齐绍洲等，2015；Lewis，2010）。

三是针对碳市场风险及其测度的研究。近几年全球碳金融市场发展迅速，但由于尚未形成统一的国际碳排放权交易市场，加之各类碳金融衍生产品层出不穷，伴随而来的是碳市场交易的高风险、高监管成本。碳市场存在系统性风险和非系统性风险（林立，2012），其中清洁发展机制（CDM）项目存在的风险最为多元，包括基准线风险、政策风险、项目风险、市场风险、信用风险、政治风险以及名誉风险七大类风险。为了更好地防范化解碳市场风险，理论界有学者提出要逐步推进碳市场跨区域合作，包括减排目标与总量控制的调节、覆盖范围的科学适度、报告核查机制的严格程度、配额分配规则和抵消机制的合理设计等。

二　实践意义

（一）有利于推进供给侧结构性改革，为实现“碳达峰”“碳中和”提供“湾区样板”

中国力争2030年前实现“碳达峰”，2060年前实现“碳中和”，是以习近平同志为核心的党中央经过深思熟虑后做出的重大战略决策。2020年9月，国家主席习近平在第七十五届联合国大会一般性辩论上宣布，中国二氧化碳排放力争于2030年前达到峰值，努力争取2060年前实现“碳中和”。在“双区”驱动下，大湾区提出力争在2025年前实现“碳达峰”（香港在2014年就已实现“碳达峰”），在2050年前实现“碳中和”，均早于国家目标，这标志着“十四五”时期是大湾区“减碳”的关键时期。“减碳”意味着要创新减排技术、部署能源转型、淘汰落后产业、助力企业寻找“新常态”下的经济增长点；意味着生产、消费、流通、服务各个环节要减少“高碳”供给、激发绿色发展动力，这也是推进供给侧结构性改革的重要内容。在这一转型发展的背后，蕴含着巨额的资金需求。根据中国环境与发展国际合作委员会计算，“碳中和”将会带来138万亿元的投资机遇，其中

2021～2030年的绿色投资需求约为22万亿元，2031～2060年的绿色投资需求约为116万亿元。打造粤港澳大湾区绿色金融枢纽，一方面，可有效引导资金、技术等要素从污染性行业逐步退出，推动大湾区整体绿色转型升级和生态环境改善，为全国持续推进生态文明建设提供湾区经验。另一方面，大湾区通过碳普惠先行先试，率先实现“碳达峰、碳中和”，也将为中国积极应对气候变化、构建人类命运共同体贡献广东智慧和湾区样板。

（二）有利于贯彻落实新发展理念，助力大湾区高质量发展

《粤港澳大湾区发展规划纲要》明确提出，要“建成世界新兴产业、先进制造业和现代服务业基地”、“重点推进传统制造业绿色改造、开发绿色产品，打造绿色供应链”、打造“具有全球影响力的国际科技创新中心”。据深圳排放权交易所测算，碳交易机制对科技创新具有明显的正向激励作用，即碳排放每减少1%，专利申请量则同步增加1.8%；每盈余1万吨碳配额，专利申请量同步增加354件。[①] 大湾区可充分借助绿色金融发展竞争力强、碳市场对外开放程度高的优势，以碳金融撬动社会资本协同支持实体经济发展，在更大的范围内实现金融资源有效配置。

（三）有利于推进大湾区金融系统的改革创新

绿色产业往往投入大、回收期长、收益率低，传统经营理念下的金融产品难以满足绿色项目需要。在建设资源节约型、环境友好型社会的战略框架下，打造粤港澳大湾区绿色金融枢纽，通过调整信贷结构、优化金融机构资产配置等途径，不仅可以服务绿色产业发展和传统产业绿色改造，还可以助推金融系统稳健可持续发展。一方面，绿色贷款不良率更低，大湾区绿色贷款不良率在2017年达到最低，远低于同期总体的不良率1.69%，有利于银行系统进一步防范化解疫情防控常态化时期的企业信用风险。另一方面，发展绿色金融将促使金融机构、证券发行人、公共部门提升环境信息披露的强制性和规范性、鼓励绿色产品创新、规范交易流

① 《多渠道获取独家信息 一篇叫好又叫座的新闻报道出炉前后》，深圳新闻网，2022年6月2日，http://www.sznews.com/news/content/mb/2022-06/02/content_25166284.htm。

程、完善市场体系，这对大湾区金融市场稳健发展也有着重要的推进作用。

（四）有利于大湾区深度融入国际金融市场，高效参与“一带一路”建设

“基础设施”和“产能合作”这两类项目是“一带一路”倡议实施的重要抓手，而这两类项目都具有投入大、周期长和“碳锁定效应”（建成后年排放量将在很长一段时间内保持不变）明显等特点。据全球基础设施中心发布的《全球基础设施展望——2040 年基础设施投资需求：50 个国家 7 个部门》报告，2016～2040 年，全球基础设施投资需求将达到 94 万亿美元，其中有相当一部分来源于共建“一带一路”国家，同时基础设施和建筑物在建设和运行过程中排放的温室气体将占全球碳排放总量的 70%。打造粤港澳大湾区绿色金融枢纽，将进一步推进大湾区在参与“一带一路”项目建设、产能合作中实现绿色化、低碳化，形成生态环境保护与经贸合作融合协同发展的双赢格局。

第二节　粤港澳大湾区绿色金融的发展实践

近年来，粤港澳大湾区通过积极发挥香港成为绿色金融中心的政策优势、澳门中葡平台绿色金融合作优势、广州绿色金融改革创新试验区建设的平台资源优势、深圳金融科技赋能绿色金融创新发展的基础优势以及珠海、佛山、东莞等地以制造产业开启绿色转型升级的战略优势，不断完善政策框架、推进绿色金融产品改革创新、积极投身国际合作，初步建成了以广州、深圳为代表，珠三角区域各具特色的绿色金融政策框架和全国交易规模领先的碳市场体系。

一　基础和成效

（一）政策支撑体系逐步建立健全

2019 年 2 月，中共中央、国务院印发《粤港澳大湾区发展规划纲要》，其中 27 处提及“绿色”，15 处提及“低碳”，明确提出要在大湾区大力发

展绿色金融，支持香港地区打造大湾区绿色金融中心；支持广州建设绿色金融改革创新试验区，研究设立首个以碳排放为品种的创新型期货交易所；研究在澳门地区建立以人民币计价结算的证券市场、绿色金融平台、中葡金融服务平台等。2020年4月，中国人民银行等四部门发布《关于金融支持粤港澳大湾区建设的意见》，明确提出要推动粤港澳大湾区绿色金融合作。2020年7月31日，广东省地方金融监管局等联合发布《关于贯彻落实金融支持粤港澳大湾区建设意见的实施方案》，其中8条措施涉及“落实中央部署、推动大湾区绿色金融合作”。一系列政策导向顺应了当前深化金融体制改革的发展方向和顶层设计意图，绿色金融也逐渐成为当前金融高质量发展的重要体现。据2020年第三方权威机构发布的评价结果，广东绿色金融发展评价得分位居全国各省区市之首。[①]

（二）各地绿色金融特色优势明显

在一系列政策红利的逐步释放中，大湾区各城市根据自身资源禀赋、区位特征、金融基础设施、政策保障等方面的差异，在推动绿色金融创新发展的领域进行了一系列改革与创新，逐渐形成了不同的发展特色。香港依托国际金融中心优势打造大湾区绿色金融枢纽，澳门侧重绿色融资租赁及财富管理，广州成为全国有重要影响力的绿色金融改革创新试验区，深圳全球率先立法支持绿色金融发展成为国际标杆，大湾区各地绿色金融发展战略重点和路径选择进一步明晰。

1. 香港致力于打造大湾区绿色金融枢纽

香港作为连接内地与国际绿色金融市场的“桥头堡”，是粤港澳大湾区绿色投融资的重要平台。香港在绿色债券发行、认证、资助等方面表现突出，成为全球第一的绿色债券市场。借助内地、国际庞大的绿债发行需求，在《绿色金融策略框架》下，香港特区政府积极推动内地企业赴港发行绿色债券。一是绿色债券发行规模快速增长。2021年，香港金融管理局正协

---

① 《绿色金融被多份文件频繁提及 大湾区金融如何做好“绿”文章?》，“南方新闻网”百家号，2020年9月5日，https://baijiahao.baidu.com/s?id=1676951300035299222&wfr=spider&for=pc。

助政府推行总值为2000亿港元的绿色债券计划，并将集资所得全部拨入基本工程储备基金。① 二是内地和海外机构发行债券占比高。截至2020年底，内地及海外机构在港发行绿色债券额度达90亿美元，占比83%。三是创新绿色金融认证、资助机制。2021年5月，香港金融管理局出台“绿色和可持续金融资助计划”，将“债券资助先导计划”和“绿色债券资助计划”合并，对符合资格的债券发行人和借款人发债及外部评审服务支出进行全额资助，填补了国内对有关债券资助计划的空白。

2. 澳门基于中葡平台优势发展绿色金融

澳门在推动大湾区与海外葡语国家的绿色金融市场互联互通方面，获得多项政策支持，成功发行多币种绿色债券，在成立环保节能基金方面成效显著。但整体而言，以绿色债券、绿色基金为代表的绿色金融发展规模、层级都较低，仍处于摸索起步阶段。

3. 广州绿色金融改革创新试验区全国领先

2017年广州成为全国第一批绿色金融改革创新试验区之一，以花都区为核心，广州先行开展绿色金融改革创新试点。截至2021年底，广州试验区绿色贷款余额、绿色债券发行量和新增绿色保费收入三项指标在全国各试验区中均高居首位。一是绿色金融资产质量整体良好。企业和金融机构绿色债券累计发行金额超过千亿元且尚无违约案例，相关经验在全省推广；污水处理、绿色农业、节能环保等多个行业绿色贷款不良率远低于全国商业银行贷款不良率。二是创新开发绿色产融对接平台。截至2021年初，系统共纳入2500个项目，已认证绿色项目90个，进一步提高了绿色金融对接绿色企业、项目的精准性、有效性。三是不断丰富绿色金融产品和服务，发行全省首只和全国水资源领域首只绿色政府专项债券（27亿元）、全国光伏行业首单银行间债务融资工具（绿色中期票据，2亿元）、全国造纸行业首单绿色中期票据（20亿元），用于支持绿色金融新能源领域发展。广东省

---

① 《香港金管局余伟文：正协助推行总值2000亿港元的绿色债券计划》，“金融界”百家号，2021年10月21日，https://baijiahao.baidu.com/s?id=1714212406260174148&wfr=spider&for=pc。

首个排污权交易金融项目落地广州，为节能环保企业提供融资总额200亿元的排污权质押融资支持。探索开展碳交易履约保险和“绿色产品食安心责任保险”“绿色农保+”“绿色农产品质量安心追溯保险”等创新型绿色保险产品。

4. 深圳绿色金融科技和立法保障走在前

2020年11月，深圳发布《深圳经济特区绿色金融条例》，这标志着中国首部绿色金融法律法规出台，同时也标志着全球首部规范绿色金融的综合性法案正式出台。根据该条例，深圳将正式建立绿色金融制度体系和地方标准，推动国内和国际标准互认。该条例进一步指出，深圳金融机构将建立绿色信贷统计制度，围绕绿色供应链、绿色园区、绿色建筑、新能源、个人绿色消费等推广更新绿色信贷品种；开展环境权益抵押和质押融资业务，并主要参与粤港澳大湾区碳交易市场跨境交易业务。进一步防止“洗绿”“漂绿”，强制性要求披露环境信息等，成为贯彻落实中国人民银行“落实碳达峰、碳中和重大决策部署，完善绿色金融政策框架和激励机制”会议要求的重要支撑。

5. 其他地区绿色金融各具特色

整体而言，佛山、东莞、惠州、中山、珠海、江门和肇庆的绿色金融发展各具特色。佛山正由传统的“制造”不断发展为“创造”，并以“智造”为目标大力发展先进制造业，目前已在绿色债券支持实体经济发展方面做出一定探索。东莞制造业产业体系完善，为发展绿色金融提供了良好的支撑。惠州主动对接深圳和东莞，接受两地的产业辐射，推进了产业转型和升级，具备良好和扎实的深度合作承载地的资格条件和基础。中山具备在规划上主动衔接、在交通上主动对接、在产业上主动承接的区位优势，发行绿色债券、绿色基金的成效显著。珠海政府明确提出将珠海建造成粤港澳大湾区创新高地的战略定位，在绿色信贷、绿色债券、绿色基金支持创新驱动战略发展方面进展良好。江门通过在推进绿色金融改革创新、服务、基础建设和宣传等方面进行了一系列有益探索，促进了绿色金融蓬勃发展，加快绿色低碳转型，实现绿色复苏发展。肇庆开发力度低、人口密度低，森林覆盖率达到70.6%，同时率先在广东省推出绿色金融统计指标，涵盖了绿色信贷、绿色保险、绿色债券、绿色证券等方面，在“绿富同兴”发展理念引领下，有望成为“绿色”资金主要流入地。

（三） 多层次绿色金融市场发展迅速

1. 以碳排放权交易为重点的环境权益交易市场发展迅速

2011 年起，中国先后在京津沪渝四大直辖市和广东、湖北、福建等地探索开展了碳排放权交易试点工作。2013 年底，广东省正式启动碳排放权交易市场，以广州和深圳碳排放权交易所（简称“广碳所”“深碳所”）为载体，交易范围涵盖钢铁、石化、电力、水泥、航空、造纸六大行业，涉及 250 家控排企业，覆盖全省约 70% 的能源碳排放量。通过多年的试点，“十三五”前四年广东碳强度累计下降 20.1%。[①] 截至 2020 年底，广东省碳排放配额累计成交量、成交额（累计成交量 1.69 亿吨，占全国碳交易试点的 38%；累计成交额 34.89 亿元，占全国碳交易试点的 34%）均位居全国第一。广深两个碳交所运行 8 年来，在制度创新、信息披露、产品服务等一系列领域先行先试，通过在全国首次引入配额有偿分配机制试点，坚持实行有偿分配和免费分配相结合的配额分配方法，以竞价形式适时开展配额有偿发放，借助“资源有偿使用”鼓励企业节能减排。截至 2020 年底，广深两个碳交所 245 家控排企业实现 8 个履约期（自 2013 履约年度开始）100% 履约。碳配额成交金额较首个履约期增长 13 倍，平均年度换手率超 12%。碳市场运行以来，超 80% 的控排企业实施节能减碳技术改造，电力、水泥、钢铁、造纸、民航行业单位产品碳排放量分别下降 11.8%、7.1%、12.7%、15.9%、5.4%。广州和深圳碳市场成为国内外法规体系健全完善、监管真实有效、市场主体参与度高的区域碳排放权交易市场。

一是广州碳市场创新发展全国领先，广碳所自 2011 年成立以来累计成

---

① 《广东碳排放成交量、交易额继续领跑全国》，广东省人民政府官网，2020 年 12 月 14 日，http://www.gd.gov.cn/gdywdt/bmdt/content/post_3149235.html。

交量突破1亿吨，累计成交额34.89亿元（占全国碳交易试点的34%），均位居全国第一、全球第三。2019年现货交易量超越欧洲能源交易所（EEX），2020年现货交易量超越韩国交易所（KRX）。2021年广碳所完成广东省碳排放配额（GDEA）成交量2750.58万吨，成交金额10.49亿元；国家核证自愿减排量（CCER）成交量1717.36万吨，成交金额2.31亿元；广东省碳普惠核证自愿减排量（PHCER）成交量107.29万吨，成交金额4067.82万元。广碳所超过80%的控排企业实施了节能减碳技术改造，超过60%的控排企业实现单位产品碳强度下降。同时，多项交易创新属全国首创：完成国内第一单CCER线上交易；在全国率先探索部分配额实行有偿竞价分配；首创碳排放权抵质押融资标准，率先推出碳排放配额在线抵押融资业务；首次开展碳交易法人账户透支业务；完成国内首期碳交易员培训；等等。广碳所牵头或参与绿色金融及低碳领域标准的制定、修订工作，涉及国际标准、国家标准、行业标准、地方标准和团体标准共15项，其中4项已正式发布，有力填补了相关领域标准的空白；同时发布全国首个湾区企业和项目适用的、与国际衔接的绿色供应链融资标准，并在汽车行业与电子制造业落地实施，构建供应商企业碳排放量测算及碳评级体系，获多家金融机构以及广汽集团、TCL等多家核心企业支持，实现累计融资规模近2亿元。

二是深圳碳市场发展能效纵深拓展。深圳碳市场以全国试点碳市场2.5%的配额规模，实现了15.8%的交易量和17%的交易额。在碳金融创新方面，深圳也创下多项全国第一，包括首发“碳债券”、首个引进境外投资者的碳市场、首个私募“碳基金”、首个“绿色结构性存款”产品、完成国内首单跨境碳资产回购交易业务等。2013年以来，共有706家企业纳入碳市场管控，覆盖制造业、电力、水务、燃气、公共交通、机场、码头等31个行业。截至2021年5月7日，深圳碳市场配额累计总成交量约5900.51万吨，总成交金额约13.85亿元，国家核证自愿减排量累计成交量约2023.36万吨。

三是香港正在积极打造区域碳交易中心。香港由于经济结构偏服务业，碳市场参与者少，暂时没有设立独立运营的碳市场。香港碳排放量已在2014年达峰，而2019年的碳强度已较2005年基准年下降了约35%。近年来香港致力于2050年前实现“碳中和”，根据《香港气候行动蓝图2030+》计划，香港要实现碳强度在2030年将从2005年的水平减少至65%~70%的目标。因此，在全国启动统一碳市场的战略背景下，香港要实现“碳中和”目标，碳交易市场是重要平台，香港证券及期货事务监察委员会于2021年5月对香港成为区域碳交易中心的可行性进行了研究，对气候相关披露和可持续汇报、碳市场发展条件进行评估，未来将围绕环境和气候信息披露体系探索建立首套全球气候汇报相关标准，确保投资者能够掌握一致、可比和可靠的气候信息披露。

2. 绿色债券发行快速增长，绿色信贷规模结构不断优化

2017~2020年，广东省绿色债券发行规模保持高速增长态势，累计发行金额超过千亿元，融资规模位居全国前列。Wind数据显示，截至2020年底，广东省银行法人机构发行绿色金融债券288亿元。从债券类型来看，企业债和资产支持证券合计占比超过70%，募集资金主要用于基础设施建设、公共交通和公用事业发展，其中轨道交通项目、污水处理项目、新能源项目、环保及可再生能源项目等居多。粤港澳大湾区的绿色债券产品融资规模已超过1.5万亿元，处于全国领先水平。广州和香港分别在绿色贷款、绿色债券领域处在发展前列。

截至2020年12月末，广东省（不含深圳）主要银行机构绿色信贷余额超过7300亿元，同比增长超过1/4，显著高于同期主要银行机构各项贷款增速。多家银行机构通过开辟“绿色通道”大幅提高绿色信贷审批效率，并基于绿色项目缺乏抵押物等特点，围绕各类环境权益、污水处理收费权、特许经营权、生态公益林补偿收益权等积极创新融资产品，发行全国首单“三绿”资产支持票据，满足绿色发展的融资需求。从湾区城市内部来看，广州市绿色贷款余额位居湾区之首以及全国六省九地绿色金融改革创新试验区首位。花都区作为广州绿色金融改革创新试验区的核心区，为绿色企业提供信贷融资超过200亿元。截至2020年末，深圳绿色贷款余额近3500亿元，同比增长

16.8%，占各项贷款余额的5.1%。

3. 绿色保险产品持续丰富创新，绿色基金引导作用显著

粤港澳大湾区绿色保险产品持续丰富创新，巨灾指数保险、环境污染责任险、蔬菜降雨气象指数险、“绿色农保+”、“绿色产品食安心责任保险”、气象指数保险等10多只新型绿色保险产品已在大湾区上市试点，“创新型药品置换责任保险”全国率先试点。2009~2019年，珠三角9市总计发行141只绿色基金。其中，由深圳市发行或管理的绿色基金有121只，占比超过85%；广州先后设立总规模41亿元的政府引导基金，撬动和引导社会资本支持绿色产业发展。

（四）各地绿色金融产品丰富多元

在碳金融产品创新方面，粤港澳大湾区陆续推出碳普惠、碳排放权抵押融资、配额回购、配额托管、远期交易等创新型碳金融业务。截至2021年7月20日，广深各类创新型碳金融交易业务累计交易碳排放权约3480万吨，交易金额4亿元，在全国居于领先地位。一是在全国率先开展碳普惠制探索，广州建立全国首个碳普惠平台。2016年，广州、东莞、中山等6市被列为碳普惠制首批试点城市。2019年12月，全国首个可测量、可核算、可追溯的城市碳普惠平台在广州正式上线，小微企业、社区家庭和个人的节能减碳行为被具体量化和赋予一定价值，通过个人碳足迹计算、低碳行为量化、低碳积分取得、低碳积分兑换等，平台认证了20多种生活场景减碳量的核算方法。2020年，在碳普惠线上碳币兑换优惠近5000人次。通过将自愿参与实施的减少温室气体排放（如节水、节电、公交出行等）和增加绿色碳汇等低碳行为产生的减排量接入碳交易市场，碳普惠核证自愿减排量（PHCER）覆盖面大幅提升。二是林业碳汇生态补偿机制进一步建立健全。目前国家核证自愿减排量（CCER）交易对林业碳汇项目开发要求严格，审核流程所需的时间较长、资金成本较高，大量森林资源无法开发成CCER项目。因此，PHCER作为CCER的补充机制被广泛用于林业碳汇交易。截至2021年6月中旬，广东碳市场累计备案签发171个碳普惠项目，其中林业碳普惠项目135个，签发177.08万吨林业PHCER，为林业碳普惠

项目业主创收3584.8万元。①

专栏8-1 广东长隆碳汇造林CCER项目

广东长隆碳汇造林项目早在2011年便在河源和梅州的宜林荒山实施碳汇造林。2015年5月，该项目成为全国首个获得国家发改委减排量签发的林业CCER项目。随后通过与广东粤电环保有限公司签订协议，交易碳排放量5208吨，达成国内购买林业CCER的第一笔交易。而自长隆碳汇造林项目之后，广东一直没有第二单林业CCER获得签发。主要源于长隆项目在前期开发、后期监测计量核证等投入的成本，就几乎与卖减排量所得的收益持平。此外，林业CCER对林地的主体要求也比较严格。

（五）跨境绿色金融合作日益深化

1. 粤港、粤澳绿色金融合作和碳市场链接纵深拓展

当前，在《粤港澳大湾区发展规划纲要》的指引下，发展绿色金融已成为粤港澳三地的共识。粤港和粤澳均有绿色金融领域的合作项目（见表8-1、表8-2）。粤港绿色金融合作起步较早，且有“债券通”的“北向通”作为主要平台。国际投资者借助“债券通”，通过香港交易结算平台进军投资内地市场，同时也进一步提高了内地绿债二手市场的流动性，并促进国内与国际绿色债券市场的接轨。粤澳绿色金融合作于2019年起步，围绕粤澳金融合作联络机制，中国人民银行广州分行与澳门金融管理局多次举行会谈，探讨绿色金融等多个领域的战略合作。

表8-1 内地与香港地区绿色金融合作情况

合作时间	合作内容
2017年5月	香港金融管理局和中国人民银行发表联合公告，决定同意开展香港地区与内地债券市场互联互通合作，通过香港交易所与中国外汇交易中心合作的形式，率先启动“债券通”的“北向通”

① 《成交量稳居全国首位！试水碳市场十年，究竟给广东带来什么？》，搜狐网，2021年7月2日，https://www.sohu.com/a/475226010_161795。

续表

合作时间	合作内容
2018 年 6 月 15 日	中国人民银行研究局与香港金融管理局在联合举办的“内地与香港绿色金融合作研讨会”上达成了关于加强两地绿色债券市场互联互通的共识
2019 年 1 月	中国人民银行研究局和香港金融管理局联合举办了“绿色金融香港机遇”内地主体赴港发行绿色债券主题会议，落实前期成果并进一步明确内地主体在港发行绿色债券的主要流程
2019 年 11 月	中国工商银行香港分行发行了多只中期票据。票据获得香港品质保证局“绿色金融发行前阶段证书”。募集资金将主要投放于粤港澳大湾区的清洁交通和可再生能源类绿色资产，辐射大湾区内多座城市

资料来源：笔者根据公开信息收集整理。

表 8－2　内地与澳门地区绿色金融合作情况

合作时间	合作内容
2019 年 7 月	国家首次在澳门发行国债，标志着澳门地区金融业进入一个新的历史阶段
2019 年 10 月 9 日	中国银行澳门分行成功完成 10 亿美元等值三币种绿色债券定价，此次中国银行澳门分行发行的绿色债券是中资银行澳门地区首笔绿色债券
2019 年 11 月	珠海大横琴投资有限公司发行的 8 亿元人民币绿色高级债券在澳门和香港同时上市，成为践行粤港澳合作的重要实践

资料来源：笔者根据公开信息收集整理。

同时，围绕粤港澳碳市场衔接与碳金融创新，广州碳排放权交易所与香港排放权交易所自 2015 年共同推进区域碳市场建设以来，先后围绕碳资产管理、减碳项目开发与碳金融产品创新、低碳能力建设、碳交易投融资服务、碳普惠制建设及推广等方面，积极开展合作。2019 年，广州碳排放权交易所会同香港品质保证局、澳门银行公会制定《绿色金融改革创新试验区碳排放权抵质押融资实施方案》，在全国首创碳排放权抵质押融资标准，完成全国首单碳排放权抵押融资。

2. 组建绿色金融联盟探索国际标准规则的对接协同

为进一步深化大湾区绿色金融合作，深度参与世界绿色金融治理体系和对话体系，2020 年 9 月，粤港澳大湾区组建粤港澳大湾区绿色金融联盟。该联盟由广东金融学会绿色金融专业委员会、深圳经济特区金融学会绿色金融专业委员会、香港绿色金融协会和澳门银行公会自主发起、自愿结成。目前大湾区已在绿色供应链金融（汽车制造业）、固体废弃物处置、绿色建筑项目、区块链光伏项目等领域展开创新探索，未来将分别就粤港澳组建统一碳市场、以区块链为基础的绿色资产交易、碳金融标准制定、绿色产业目录制定等以第三方的身份协助开展工作，从而进一步提升和巩固自身的绿色金融话语权，抢占行业标准制高点。

3. 环境披露制度对接与信息共享持续深入

2021 年，生态环境部发布的《企业环境信息依法披露格式准则》对碳排放信息披露做出相关规定，要求纳入碳排放权交易市场配额管理的温室气体重点排放单位披露年度碳实际排放量及上一年度碳实际排放量、配额清缴情况，以及依据温室气体排放核算与报告标准或技术规范，披露排放设施、核算方法等信息。为更好地向共建“一带一路”国家输出绿色金融服务，便利国际绿色项目投资对接，粤港澳大湾区在《企业环境信息依法披露格式准则》的基础上，逐步建立合规、透明的环境信息披露制度。2019 年 1 月，粤港两地五家金融机构共同签署粤港澳大湾区环境信息披露倡议，初步搭建了粤港澳三地金融业与大湾区企业的联系沟通和信息共享平台。2021 年初，粤港澳大湾区内广州、珠海、惠州、中山、东莞、佛山、江门、肇庆 8 市的 13 家法人银行机构作为首批试点机构，率先探索开展环境信息披露试点工作。参考和对标中国人民银行下发的《金融机构环境信息披露指南（试行）》，银行机构主要对外披露自身经营活动、投融资活动对气候环境的影响，以及气候环境因素对授信客户信用风险变化的影响等相关信息。

（六） 金融科技支持绿色金融创新

在对绿色企业和绿色项目的风险评估和决策方面，金融科技可实现增信用、提效率、降成本、控风险。粤港澳大湾区作为科技创新集聚地，在建立绿色项目识别、认证、评估、风险控制、过程控制等智能系统的金融科技产品创新应用等领域，一直走在全国前列。特别是在商业银行绿色业务精准识别、环境效益测算、环境和社会风险识别与评价体系、监管数据统计等方面，金融科技渗透广泛。如中国建设银行运用科技手段实现对大湾区绿色企业的高效识别，在信贷管理系统中通过标识管理，为绿色金融的业务统计、监测提供保障。同时，通过开发不同绿色项目的环境效益测算模型，准确测算投融资项目的环境效益，并基于大数据的组合风险管理系统，对绿色企业实施风险评级、差别化管理，并给予风险等级低的绿色企业10%的资本占用减免，进而降低企业融资成本。此外，招商银行对符合条件的绿色企业，基于区块链技术，引入环保机构、银行等外部监督机构共同上链。根据绿色供应链的业务指引，提供特色金融工具，接受无形资产、环境权益、应收账款和票据等多种标的形式进行质押融资，以智能合约的形式向供应商等各方企业提供优惠利率贷款。广电运通依托场景优势助力大湾区银行网点实现无纸化业务，减少碳排放；在提高绿色企业融资效率方面，基于区块链技术开发的供应链金融系统围绕上下游企业建立联盟链条，实现交易数据的实时传递与信息共享，在支持绿色企业发展的同时，也进一步强化银行、发债人和金融中介机构对绿色信贷和债券的风险分析能力和识别能力。

二　存在的问题

当前就全国层面而言，虽已构建了绿色金融体系的基本框架，但绿色金融标准（包括绿色信贷标准、绿色产业目录等）、信息披露水平和激励机制尚未充分反映“碳中和”的要求，产品体系还没有充分解决低碳投资所面临的瓶颈，金融机构也还没有采取充分的措施来防范和管理气候转型所带来的金融风险。就粤港澳大湾区而言，除了共性的问题之外，还存在如下特性问题。

（一）绿色金融协同发展有待完善

由于“一个国家、两种制度、三个关税区”制度差异，行政区划壁垒和三种货币并行都增加了绿色金融对接、信息沟通与资源配置的难度。一是三地现行的财税体制差异，会影响财政资金使用的高效性与绿色项目推动的可行性。二是大湾区缺乏系统性绿色金融合作规划，常态化绿色金融交流机制尚未完善，现行的粤港澳联络会议协调机制还不能满足大湾区对绿色金融深度合作的需求。三是粤港澳三地绿色金融法律法规和监管要求不尽相同，绿色信息披露方式和内容规定也存在一定的不一致，同质化的绿色金融产品在不同城市需满足不同的监管条件，导致监管有效性亟待提升，监管追责的执行效果不佳，不利于三地协同发展。四是大湾区内部在绿色金融产品服务、绿色企业和项目认定、绿色信用评级评估、绿色金融统计、金融机构及上市企业环境信息披露等标准体系的互联互通和标准对接上缺乏统一，同时绿色标准的设立尚未与行业产业的技术标准相结合，由此导致投资者对项目“绿与非绿”的识别成本高，阻碍了绿色项目和产业的落地与集聚。

（二）大湾区尚未建立统一联动的碳排放权交易市场

《广东省国民经济和社会发展第十四个五年规划和2035年远景目标纲要》着重提出要“积极应对气候变化”“积极推动形成粤港澳大湾区碳市场”。当前大湾区碳市场试点区域包括广州和深圳，两地自碳市场启动以来表现良好，达到了预期目的。但总体来看，大湾区系统独立、区域分割，导致市场流动性差、交易价格偏低、投融资功能弱，碳交易价格形成机制和资源配置功能都有待完善。分割的碳市场将不可避免地产生碳泄漏，主要体现在：其一，碳排放较高的企业在高碳价地区失去竞争优势，选择向低碳价地区搬迁；其二，高碳价地区商品价格高，消费者更愿意购买价格相对低廉的低碳价地区同类商品。在上述两种情况下，分割的碳市场并未起到实质性的减排效果。同时，香港作为国际金融中心，金融市场化程度和对外开放程度较高，《粤港澳大湾区发展规划纲要》明确“支持香港打造大湾区绿色金融中心”。澳门作为与葡语国家合作的平台，在衔接绿色项目与绿色资本方面具备优势。因此，为更好地防止碳泄漏、便利国际投资者进入中国碳市场进行交易、巩固香港世界金融中心的地位、提升澳门绿色金融发展能级、推动粤港澳大湾区与海外碳市场互联互通，建立粤港澳大湾区统一碳市场是重要的突破路径。

（三）亟须统筹好与全国碳市场的衔接和联动

一是大湾区碳市场规模受全国碳市场启动影响有所收缩。由于全国碳市场与地方碳市场覆盖的行业有交叉，且全国碳市场的优先级更高，所以不可避免地会压减试点碳市场的规模。根据全国碳市场总体设计，纳入全国碳市场的高能耗行业包括电力、石化、化工、建材、钢铁、有色金属、造纸、民航八大行业。现阶段只有电力行业进入履约范围，而2020年广东电力行业的规模占到广东碳市场规模的49%，纳入全国碳市场后，使得粤港澳大湾区碳市场交易规模有一定程度的收缩。未来，随着其他七大行业陆续进入全国碳市场履约范围的时间表、配额消化等问题逐步明确，大湾区碳市场如何更好地应对市场规模冲击，如何更好地抢占先机在覆盖范围、总量控制、配额计算方法等制度设计方面做好应对，变得更为重要。二是与其他试点碳市场和全国碳市场衔接存在一定的体制机制障碍。一方面，缺乏统一且标准化的碳计量核算体系。从制度设计看，在习近平总书记宣布中国实现“碳达峰、碳中和”目标前，粤港澳大湾区在碳排放规划、数据收集、测量和核查等方面还处于摸索试错阶段。同时，大湾区的碳排放总量核算制度与上海、武汉等地的要求也不尽相同，在2025年实现“碳达峰”、实现国内国际碳核查标准化，需要尽快明确每个排放主体碳排放核定量，进而政府才能拿准碳排放预算，制订每年的消减计划，并推动上市公司、金融机构、发债主体、重点排放单位实现环境信息共享。因此建立统一规范的碳核算体系、摸清碳排放“家底”，是大湾区做好“碳达峰、碳中和”工作的当务之急。另一方面，各地碳市场制度设计存在较大差异，影响协同发展。当前全国8个地方碳市场配额分配方法、交易制度、交易流程、碳价差别较大，从远期看，各地碳市场规则如何与全国碳市场规则统一，企业所持配额如何结转，也是各地碳市场与全国碳市场协同发展的一大难题。这也需要从国家层面进一步明确地方碳市场存续、地方碳市场与全国碳市场的关系、地方碳市场剩余配额的处理方式、地方交易所的职能定位等问题。大湾区碳市场也亟须提前研判，在配额分配、履约等方面提前部署接轨，变被动为主动，最大限度地减少两个市场衔接的额外成本。

（四）国际影响力和话语权有待提升

一是缺乏与全球碳市场的链接，碳价格无法实现国际趋同。目前，国际碳交易市场发展迅速，交易产品多样，交易规模不断扩大，碳市场逐渐成熟并完成了碳标准定价。2021 年 5 月，欧盟碳价达到 50 欧元，这对吸引技术和资本投资于清洁能源领域、带动碳排放配额需求上升有着重要意义。但根据碳定价高级别委员会（High-Level Commission on Carbon Prices）测算，若达到《巴黎协定》的温升目标，2030 年碳价须达到 50 ~ 100 美元/吨。而当前粤港澳大湾区碳价水平与实现《巴黎协定》目标所需的碳价存在明显差距，无法发挥优化资源配置、管理气候风险、发现市场价格的基础作用。因此，应借鉴金融市场连通的经验，通过类似沪港通、深港通、沪伦通、中德 D 股通的做法，推进大湾区的碳市场与国际碳市场连通，使得碳价走向与国际趋同。

二是与国际相关绿色金融标准对接亟待弥合。完整的绿色金融生态链包含标准体系、评估认证、数据统计、激励约束等环节，而标准体系是核心和基础。随着大湾区碳金融发展和各地试点碳市场规模的扩大，绿色产品和绿色项目评估认证、信用评价、环境评价、碳市场监管等也亟须建立标准体系，否则易引发市场无序竞争或“搭便车”等行为。以绿色产业项目为例，在项目选择范围及分类方法上差异较大，且存在多目录共存的局面；绿色信贷标准也与国际通行的《绿色债券原则》（GBP）和《气候债券标准》（CBS）有所不同。因此，应进一步发挥香港接轨国际标准的机制优势以及广州在全国绿色金融改革创新试验区先行先试的优势，加快构建既符合当前国情又对标国际的碳市场标准体系。

三是环境和气候信息披露体系尚未与国际接轨。环境信息披露是金融体系引导资金投向绿色产业的重要基础，被投企业和项目的碳排放信息披露则是“基础中的基础”。但当前就国内而言，大部分企业尚未被强制要求披露碳排放和碳足迹信息，多数金融机构也往往缺乏采集、计算和评估碳排放和碳足迹信息的能力。《粤港澳大湾区绿色金融发展报告》显示，标准对接和信息披露制度衔接是当前影响粤港澳大湾区碳市场“走出去”与国际接轨的重要因素。从国际上看，全球已经有 30 多个国家和地区建立了上市公司 ESG 信息披露制度，逐渐从“鼓励性披露”转向“不披露即解释”和“强制披露”。香港联合交易所也要求强制披露气候变化、排放物等 ESG 报告，但广州、深圳碳市场于 2021 年 3 月才尝试探索开展环境信息披露试点工作，相关法律和规章制度也在逐步建立健全，政策推行效果还未显现。从 2019 年沪深 300 公司 ESG 披露情况来看，环境核心指标披露率较低，环境管理信息披露率仅 28.89%，环境数据信息披露率仅 21.58%。此外，大多数企业也缺乏采集、计算和评估碳排放和碳足迹信息的专业能力。

（五）碳市场监管和风险防范机制有待深化

碳市场风险存在主体多元（控排企业、减排企业、投资机构、交易机构等）、客体特殊（配额、CCER、碳金融衍生品）、利益复杂等特点。碳金融风险主要包括市场诚信风险（投资者受到误导信息的影响买卖碳配额产品，或企业出于经济目的、在监管不完善的情况下抛弃可持续、可信的市场交易策略）、信息风险（信息被有序和及时发布的程度）、市场滥用风险（碳排放市场同样存在像其他市场一样的市场滥用情况）、流动性风险等。在美国和澳大利亚碳市场中，碳市场中介机构在广告宣传或投资建议中曾发现虚假或者误导性陈述，对客户进行欺诈牟利。部分机构交易者在发布商品指数（碳指数、绿色指数等）的同时，通过增大碳信用合约在商品指数内的权重，造成碳信用需求增大的假象，以此吸引更多投资者买入碳信用，抬高价格。而《国务院办公厅关于清理整顿各类交易场所的实施意见》（国办发〔2012〕37 号）在明确碳交易所交易措施和范围的同时，也对从事碳交易时的金融风险防范提出要求。

第三节　发展思路与重点领域

一　国际碳排放权交易市场的创新实践与经验借鉴

2005 年生效的《京都议定书》带来了全球碳排放市场的繁荣。近年来，全球碳市场建设不断加快，从配额限制到出售的市场运作，从出台法规到执法检查的监督管理，全球碳市场交易机制、运行模式日渐完善。根据《全球碳市场进展2021年度报告》，目前，全球已有欧盟、中国国家及地方试点、加拿大魁北克省、美国地方（区域温室气体减排行动RGGI、加利福尼亚州、华盛顿州等）、新西兰、韩国等24个碳交易系统，此外，有22个国家和地区正在考虑或积极开发碳交易系统。全部碳交易系统覆盖全球碳排放量近1/6、人口近1/3、生产总值近54%。其中，欧盟碳排放权交易体系（EU－ETS）占全球价值近90%。

全球碳交易市场体系主要分两类，一类是配额交易市场体系，另一类是自愿交易市场体系。前者又分为基于配额的交易市场和基于项目的交易市场，其中基于配额的交易市场包括欧盟、英国和中国的碳排放权交易体系；而基于项目的交易市场则包括基于清洁发展机制和基于联合履约的交易市场两种。自愿交易市场体系则主要包括芝加哥气候交易所、日本自愿排放交易体系和中国国家核证自愿减排量（见图8－1）。

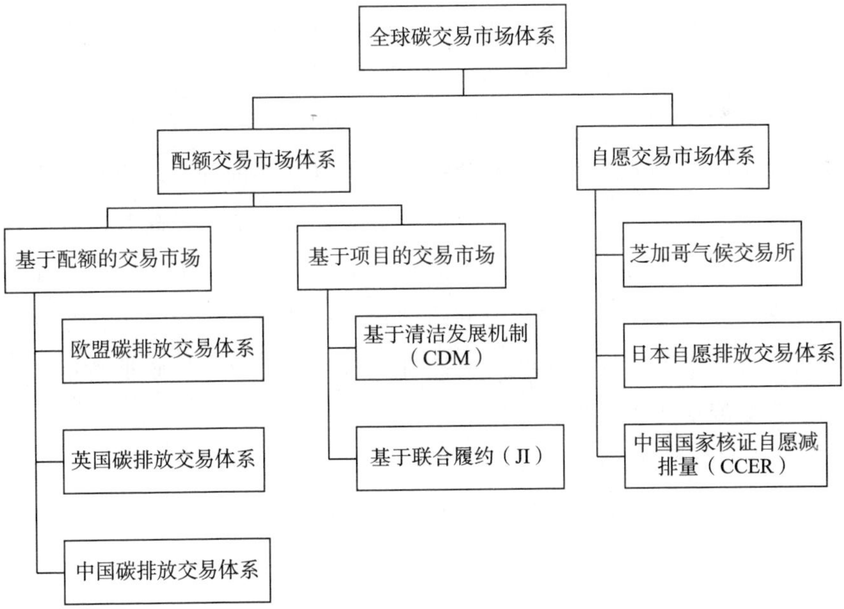

图8－1　全球碳交易市场体系

（一）各国碳排放权交易机制的创新实践

欧盟碳排放权交易体系覆盖27个成员国以及挪威、冰岛和列支敦士登3国约45%的温室气体排放，涉及超过1.1万家高耗能企业及航空运营商。作为全球规模最大、运行时间最长的碳市场，EU-ETS可供交易的产品种类齐全，包括配额现货及其金融衍生品等，通过灵活设置配额分配动态调整机制、冻结（储备MSR）制度、MRV第三方审核机构管理机制、强制履约机制（实际碳排放量超过配额将会严惩）、减排项目抵消机制、统一登记簿机制等，成为迄今为止世界范围内体制机制最为成熟、配额流通性较强且行业影响范围最为广泛的碳交易体系。欧盟一系列绿色新政更强调“可持续”和“公正”，更注重金融创新，在打造气候银行、将气候和环境风险整合进欧盟审慎框架、评估绿色资产适用性等方面的做法已成为各国发展绿色金融、打造碳市场的重要参考。美国没有全国统一的碳排放权交易体系，只有区域性的减排计划，一种是以加州碳排放权交易体系为代表的自愿性温室气体交易体系，另一种是以RGGI为代表的强制性温室气体排放交易体系。其中，加州碳市场是全球最严格的碳排放权交易体系，并在2014年通过西部气候倡议（Western Climate Initiative）正式与加拿大魁北克碳交易体系链接起来，由WCI平台①统一监管，成为跨国碳金融交易市场，配额分配采用以拍卖为主、免费为辅的市场交易制度。RGGI碳市场实物配额及其金融衍生品（例如期货和期权合约等）可以在不同的二级市场上进行交易，对提高配额流动性、保护一级市场参与者的权益、提高参与者的购买意愿有着重要的激励作用。韩国碳排放权交易市场也经历了碳排放配额从全部免费发放到逐步提高拍卖份额的过程。从第三个阶段开始，金融中介机构可以参与二级市场，在韩国交易所交易配额以及转换碳抵消单位，这提高了市场流动性并降低了买卖价差。

（二）经验与启示

一是立法自主、法规完善是碳市场运行的基础。各国碳市场机制的共

① 该平台以拍卖为核心，完成验证、信息发布、接受申请、评估、确定价格、分配以及配额转移等一系列工作。

同特点，是不断提高碳交易的政策强制性和法律约束力。碳排放交易的法律体系分为国际法和国内法两大部分（郑玲丽，2011）。碳交易机制体系庞大、设计复杂、发展和完善周期较长，通过合理设置行业覆盖范围，调整安排配额上限，规范管理配额分配，适度增加拍卖比例，健全测量、报告与核查体系，加强市场监管和取消减免等措施，各国纷纷出台层级高、可操作性强的政策实施细则和法规指导，特别是严格的测量、报告与核查体系（尤其是引入第三方核查机构）为碳市场长期发展提供了坚实的制度保障。

二是合理的碳配额分配方式是碳市场运行的前提。碳配额的初始分配是进行碳交易的核心。欧盟碳排放权交易机制的排放权配额最初采取免费分配的方式，同时也有少量竞价拍卖，之后逐渐增加竞价拍卖比例，从免费分配逐步过渡到拍卖有偿购买，并根据行业特点分别调整，使得配额分配趋于公平和高效。以美国 RGGI 为代表的强制性温室气体排放交易体系是全球第一个以拍卖形式进行配额分配的碳交易体系，各市场主体拍卖获得的配额可在二级市场上通过配额现货及期货、期权等进行交易。

三是以碳市场链接稳固市场、提升流动性①。目前，国际碳市场链接主要可分为两种模式：伞形链接合作和平行链接合作。欧盟与挪威、冰岛和列支敦士登的对接属于伞形链接合作模式，美国加州与加拿大魁北克、欧盟与瑞士的对接属于平行链接合作模式。在伞形链接合作模式下，多个区域实行统一的碳排放交易法律制度，同时各自保留了自身的部分立法权限。在平行链接合作模式下，双方处于不同交易体系，在减排成本和制度设计等方面都存在诸多差异，在配额分配、监测核查规则、价格控制措施以及抵消规则等方面具备较大的共通性和兼容性。如在平行链接合作模式下，加州与魁北克均遵守 WCI 交易体系框架，而瑞士则通过调整自身的交易制度以强化与欧盟的一致性。在具体链接中，通常由体量较小的市场对自身的

① 流动性是指不影响配额市场交易价格下的适当浮动范围。流动性与链接市场所覆盖的排放量大小正相关，和市场参与者的数量也有关联。如果链接市场的交易者态度积极，则各自体系的定价能力就会被削弱。

ETS 体系进行调整和改革。双方市场差异并不影响或阻碍双方市场链接合作。

四是以碳金融产品创新推进碳市场发展。随着全球碳市场的运行日益成熟，以碳排放权为标的的碳金融产品如碳基金、碳排放期权期货等快速发展。如欧盟的欧洲能源交易所和欧洲气候交易所，推出以碳配额和核证减排量为标的的期货、远期、掉期和期权等。美国 RGGI 碳交易体系中，期货先于现货推出。碳金融产品的发展又吸引商业银行、保险公司、资产管理公司、对冲基金、私募股权以及工业企业等纷纷参与其中，提高了碳市场交易活跃度。

五是严格的监管与惩罚机制是碳市场有效运行的重要保障。如欧盟对碳市场制定了严格处罚机制，根据欧盟碳排放交易机制的“强制履约机制”规定，交易企业每超排 1 吨，将被处以罚款 100 欧元，由此保证该体系常态化运转。同时，美国的排放权交易市场在全球具有重要影响，其中，联邦环保局排污跟踪系统、年度调整系统、许可证跟踪系统三个数据信息系统，常年对排污权交易进行有效审核和监督。

二　打造粤港澳大湾区绿色金融枢纽的发展思路

落实“碳达峰、碳中和”目标要求，以创新、改革、开放为动力，以构建现代金融服务体系为目标，坚持特色化发展、专业化服务，积极发挥香港成为绿色金融中心的政策优势、澳门中葡平台绿色金融合作优势、广州绿色金融改革创新试验区建设的平台资源优势、深圳金融科技赋能绿色金融创新发展的基础优势以及珠海、佛山、东莞等地以制造产业开启绿色转型升级的战略优势，努力打造联通国内国际双循环的绿色金融枢纽。通过打造粤港澳统一的碳排放权交易市场，创新发展碳金融业务，进一步形成多层次的绿色金融组织机构体系、多元化的绿色金融产品和服务体系、多渠道的绿色产融结合和产业转型的市场平台体系以及创新复合的绿色技术创新主体，有序推进碳排放权交易市场双向开放和国际合作，全面提升绿色金融服务实体经济、服务创新驱动、服务产业升级的能级（《中国绿色金融发展报告》编写组，2021）。

第一，构建长效机制，完善金融支持绿色低碳转型的顶层设计。引导和撬动金融资源向低碳项目、绿色转型项目、碳捕集与封存等绿色创新项目倾斜。建立健全支持绿色金融发展的风险补偿、增信机制，推动绿色项目库建设。加大金融对绿色技术研发推广、清洁生产、工业部门绿色和数字化转型的支持力度。逐步将绿色消费纳入绿色金融支持范围，推动形成绿色生活方式。

第二，完善绿色金融标准体系。支持全国碳排放权交易市场建设。遵循“大湾区统一、国际接轨”原则，根据“需求导向，急用先行”原则，推动建立和完善跨领域、市场化、具有权威性且内嵌于金融机构全业务流程的绿色金融标准体系。在此基础上打造粤港澳大湾区统一的碳排放权交易市场，发展碳期货等衍生产品，建设高质量绿色金融改革创新试验区。

第三，创新产品服务，打造多层次绿色金融市场体系。创新发展绿色资产证券化、绿色资产支持票据等产品，丰富碳衍生品等碳市场交易品种，推进碳市场参与主体多元化。创新发展数字绿色金融，加强数字技术和金融科技在环境信息披露和共享等方面的应用，降低金融机构与绿色主体之间的信息不对称性。

第四，探索风险管理体系。将气候变化相关风险纳入宏观审慎政策框架，争取气候投融资试点、绿色和棕色资产风险权重调整等工具应用和产品创新，增强金融体系管理气候变化相关风险的能力，及时防范化解经济和产业结构调整可能引发的区域性或行业性金融风险。

第五，积极拓展国际合作空间，以绿色金融参与和引领全球金融治理。坚持“互利共赢、共同发展”原则，发挥好粤港澳大湾区在绿色金融市场规模巨大、政策体系成熟等方面的先行优势，继续通过 NGFS、IPSF、中欧、中英和中法等多边和双边平台，推动绿色金融合作和国际交流，提升大湾区绿色金融政策、标准、产品、市场在国际社会上的认可度和参与度。

三 打造粤港澳大湾区绿色金融枢纽的重点领域

（一）打造内部协同、外部联动、国际辐射的碳市场协同发展枢纽

1. 推动市场对接与制度协同，探索建设粤港澳大湾区统一的国际化碳市场

《广东省深入推进资本要素市场化配置改革行动方案》提出，要基于广东碳排放权交易市场现有基础，研究建设粤港澳大湾区碳排放权交易市场，推动港澳投资者参与广东碳市场交易，建立碳排放权跨境交易机制。粤港澳多年来在大气环境治理、水环境治理、清洁生产、低碳发展等方面开展了一系列合作，如今形成了相对完善的协同合作机制。目前广深碳交易市场在全球同类交易平台中具有一定的影响力，为碳金融市场的发展创造了优越条件，为建立粤港澳大湾区统一碳交易市场打下了很好的基础。因此，本书建议发挥广深两个碳交易试点的基础优势，香港借助债券通及沪深港通等现有渠道积极打造区域性碳交易市场，澳门围绕中葡金融服务平台特色优势，与广州、深圳碳交易所共同搭建粤港澳大湾区统一的交易、流通、资产定价等碳市场制度体系。一是建立碳市场合作组织领导体系。发挥粤港澳大湾区绿色金融联盟作用，加快组建由国家金融管理部门和广东省政府与香港、澳门特区政府相关职能部门参与的“促进粤港澳大湾区碳市场发展专项工作小组”。推动三地政府协商签订《粤港澳碳市场合作协议书》，商议和解决组建统一碳市场的具体事项。开展碳标签互认机制研究与应用示范。加快建立初始分配、有偿使用、市场交易、纠纷解决、配套服务等制度，做好绿色权属交易与相关目标指标的对接协调。二是分步骤、分阶段推进碳市场对接。粤港澳三地因产业结构不同而导致碳减排行业不同，绿色减排技术和碳减排计算、审核、交易机制也各异，可以考虑参照全国碳排放权集中统一交易平台“各司其职、集中汇总”的思路和“初期着重标准对接和交易制度差异化设置，中远期实现全面对接”的协同发展路径，“十四五”期间主要探索认证评价标准体系、配额分配、履约覆盖等方面的提前接轨，如逐步将主要排放行业分批纳入大湾区统一碳市场，同步推动居民和企业碳普惠行为或把开发自愿减排项目形成的碳减

排量纳入碳市场。支持符合条件的境外投资者以外汇参与粤港澳大湾区内地碳排放权交易，鼓励境外投资者以人民币参与粤港澳大湾区内地碳排放权交易。特别是发挥粤港澳三地金融学会、金融行业协会、公共机构的作用，争取在碳市场产品体系、认证体系、评价体系等方面推出一批粤港澳大湾区统一的相关标准。后期围绕统一碳资产及碳交易平台建设，逐步推动绿色金融标准趋同，强化与国际标准衔接，打造规则统一、产品丰富、交易活跃、开放兼容、风险可控的粤港澳大湾区碳交易市场。三是有序推进三地碳市场监管合作。构筑大湾区碳交易市场风险监管合作机制，在总量控制、配额分配、信息披露、报告审查、碳交易注册登记管理以及核算、报告与核查制度等方面开展合作。在碳监测、碳排放报告审查制度等方面引入第三方机构监管机制；在检举控告制度、环境公益诉讼制度等领域建立社会监督机制。督促引导金融机构加强信息披露和与利益相关者的互动，提高投融资项目环境和气候风险管理能力，防范责任和声誉风险。推动碳市场基础设施建设，运用新一代信息技术搭建数字化平台，促进数据互联互通和信息共享，为金融机构监测、预警、评估和处置环境、气候、社会风险提供多维度数据支持。加强环境和社会风险申诉回应平台建设，完善相关制度、政策和程序，强化对利益相关者发展权益和市场声誉的保护。

2. 找准战略定位，做好与全国统一的碳排放权交易市场的衔接与联动

随着碳交易正式从区域试点转变为全国市场，碳市场的打开也为推动大湾区碳市场发展提供了新的机遇和挑战。2021 年 3 月，生态环境部发布的《碳排放权交易管理暂行条例（草案修改稿）》提出，全国碳市场建立以后，地方碳市场涉及的行业与全国碳市场管控范围一致，必须纳入全国碳市场，有地方特色的仍可保留，继续探索先行先试。这对粤港澳大湾区碳市场释放了重要信号，未来发展要更符合本地排放特征，既要和全国碳市场并存，也要明确边界和目标定位。一是围绕“碳排放权期货交易”差异化市场定位。目前国家已经启动的全国碳排放权配额发放及交易市场，属于碳市场的一级现货市场，碳金融衍生品开发较少，如碳期货、碳

期权、碳资产证券化等二级市场以及碳质押授信、碳托管等碳融资服务市场还未普遍建立。从欧盟碳交易市场的发展进程来看，其运行之初就推出碳期货产品，交易量占碳市场交易规模的80%以上，为欧盟碳市场提供了充足的流动性。因此，随着全国碳交易市场的发展，粤港澳大湾区应以广州期货交易所为平台，以碳减排指标、碳配额为标的，分阶段开展碳期货、碳托管、碳回购、碳指数、碳保险等产品创新，提高碳定价效率，实现与国内现有现货碳交所的“错位发展和优势互补”，提高碳市场整体运行质量。二是逐步对接全国碳市场的交易规则和制度。要探索大湾区现有碳市场配额结转兑换全国碳市场配额的制度设计，并对新纳入的行业企业配额逐步按全国标准运行。目前，中国碳市场建设仍在探索和完善之中，除了电力行业，第二批纳入全国碳市场的行业将聚焦石化、建材、钢铁等高排放领域，广东作为制造业大省，在上述行业的碳排放数据、实操，以及监测等多方面具备优势。因此，本书建议瞄准第二批纳入全国碳市场的减排行业，在总量控制、配额分配等制度设计方面做好过渡准备。三是探索牵头成立“全国碳普惠创新发展联盟”。充分发挥广东省碳普惠制试点工作基础及综合优势，联合其他省市及港澳地区的企业、研究机构、协会，成立“全国碳普惠创新发展联盟”，形成以广东牵头，其他省市及港澳地区协同参与的碳普惠自愿减排交易机制与市场。

3. 加强与国际市场的互联互通，提升粤港澳大湾区碳市场的辐射带动作用

不同国家碳市场链接、融合需具备一定条件。首先，链接的各方具有链接意愿，对碳交易市场链接后带来的减排效果与成本、社会经济、生态环境、社会公平等各方面的利弊权衡具有相对一致性。其次，链接的双方或多方基础条件吻合，如产业发展状况和经济发展状况类似、碳排放控制目标和链接前的配额价格相近。最后，制度设计基本匹配，如测量、报告与核查制度的执行严格性，核算规则，抵消产品种类和抵消额度等关键设计要素应接近（蒋金星，2019）。基于此，实现大湾区碳市场与国际碳市场的融合，一是在积极稳妥的前提下，探索建立统一、多元的碳市场、碳金融产品互通互认机制。要对标欧盟，围绕统一规范的碳核算体系、完善

的信息披露制度、标准融合、碳交易产品互认等领域，率先探索、先行试验，加快境内碳市场与境外碳市场联动，推动大湾区建设与自贸区建设和新一轮 CEPA 的对接协调。二是依托粤港澳大湾区绿色金融联盟，加强与国际机构和平台的交流合作，在碳金融创新、气候投融资、气候（碳中和）基金等方面先行先试，服务国家“碳达峰、碳中和”目标落实。三是以“一带一路”倡议为纽带，共建“一带一路”碳中和合作伙伴关系，开展“一带一路”碳减排合作，推动大湾区优质绿色低碳产业“走出去”，帮助中亚等高耗能地区实现绿色转型，提高当地应对气候风险的能力。

（二）打造碳金融产品创新和要素集聚枢纽

1. 优化整合平台载体和服务创新，打造多样化碳金融产品

鼓励香港、澳门以及境外其他国家和地区的金融机构与企业在粤设立绿色金融机构，开展碳排放交易外汇试点和碳金融业务创新。一是提升银行碳金融服务能级。除了提供以开户、结算、存管为主的碳金融基础服务外，持续创新碳资产抵质押融资、碳资产售出回购、碳汇贷款、碳中和资产支持票据等金融服务。在“双碳”目标指引下，继续扩大碳中和债券、可持续发展挂钩债券以及各类“双碳”主题理财产品的覆盖面。进一步提升在碳交易项下外汇进出的便利化水平，在国际资金结算、离岸资金出入等过程中推动人民币成为国际碳金融市场的主要计价、结算货币。二是围绕碳期权等衍生品发挥资本市场资源配置作用。碳交易的底层逻辑是碳排放权的转移，包含配额分配、登记、交易、核查、评估等诸多环节，实际运行成本较高，限制了市场效率。为此，本书建议进一步发挥广州期货交易所功能，探索包括碳期货、碳远期、碳期权等碳衍生品在内的碳金融产品创新，进一步激发碳市场的价格发现功能，降低交易成本。三是进一步丰富森林碳汇交易等区域生态产品交易平台。粤东、粤西、粤北地区森林资源丰富，宜林荒山较多，发展森林碳汇潜力巨大。本书建议大湾区碳市场积极完善和发展碳汇交易等区域生态产品交易平台，通过市场机制和多元化的补偿方式，实现生态资产的价值增值，促使生态资源转化为生产要

素。四是探索推出碳市通（Carbon Connect），打通碳市场的跨境交易渠道。类似于股票市场有沪港通、深港通，债券市场有债券通，在碳市场方面，联盟正在创造一种机制——碳市通，让全球的投资者可以便捷地参与内地的碳市场，建议围绕碳市通打通境内外绿色融资渠道，鼓励和吸引更多投资者进入粤港澳大湾区的碳市场。

2. 以信息、人才、技术流通共享支持绿色金融枢纽建设

搭建大湾区涵盖绿色信贷、绿色债券、绿色保险、绿色基金、碳金融、环境信息、绿色产业等全口径“涉绿”信息共享平台；加快研究建立三地企业征信相关信息共享机制，构建信用监管体系，为大湾区绿色企业和绿色项目提供资金融通的“绿色通道”便利和其他相关激励措施。充分利用大湾区科技、高校等人才技术资源优势，加快推动绿色金融领域相关学科设置和三地绿色金融专业人才的联合培养；积极支持通过多种措施、多渠道吸引境内外优秀人才加入大湾区绿色金融枢纽的建设中。

（三）围绕“四核驱动，互联互通”明确大湾区绿色金融功能布局

在空间布局和功能定位上，粤港澳大湾区应根据各地产业资源禀赋与区位特征，以香港、澳门、深圳、广州四个城市为主轴，将大湾区的绿色金融总体合作模式定位为“四核驱动，互联互通”，即以香港、澳门、深圳和广州为四个核心，培育整个大湾区的绿色金融合作平台，各城市分工协作、错位发展，四个资本雄厚的核心城市侧重建设绿色融资服务区，以佛山、东莞、江门、中山为主的制造业城市侧重建设绿色产业集聚区，珠海、惠州、肇庆等生态环保和自然资源丰富的城市同时建设绿水青山示范区，从而发挥集聚优势，推进珠三角的绿色产业与港澳金融市场要素双向开放与联通，推动大湾区建设成为世界级绿色金融发展示范区。

（四）深化碳普惠改革，鼓励全社会参与减碳

实现“碳达峰”“碳中和”，不仅仅需要政府引导、行业投入，更需要全社会大众的积极参与。要进一步推动碳普惠制试点工作，特别是低碳城

市、低碳城镇、低碳园区、低碳社区、近零碳排放及近零能耗建筑试点示范区。大力推进粤港澳三地自愿碳减排项目交易市场的链接以及碳普惠机制建设及推广。充分利用碳普惠平台，继续鼓励居民参与低碳减排。丰富碳币申报场景，完善激励兑换机制，针对出行、用水与用能、购买新能源汽车、旧物回收、购买节能电器、参与绿化活动等方面设立细化分值，开展个人和家庭的低碳生活积分活动，对获得高分值的个人和家庭给予奖励。

附表 8-1　粤港澳大湾区支持绿色金融发展政策概览

目标地区	政策名称	发布时间	主要内容
广州市	《广东省广州市建设绿色金融改革创新试验区总体方案》	2017 年 6 月 23 日	要求在广州市率先开展绿色金融改革创新试点，是广州建设绿色金融改革创新试验区的总纲领。明确了试验区的主要目标、重点改革创新任务、国家层面的政策支持以及地方政府的支持事项，明确在广州市花都区率先开展绿色金融改革创新试点
广州市花都区	《服务广州市花都区绿色金融产业发展税收优惠政策汇编》	2017 年 11 月 28 日	共包含 106 条地方税收优惠政策，发挥税收力量，助力绿色金融改革创新试验区建设
	《广东省广州市绿色金融改革创新试验区绿色企业认定方法》和《广东省广州市绿色金融改革创新试验区绿色项目认定方法》	2018 年 5 月 25 日	认定方法分别从企业和项目两个不同层面，充分考虑了花都区产业特点，从企业管理、企业与环境、项目技术水平以及项目与环境等多个维度给出了绿色企业和绿色项目的评价认定指标，明确了试验区绿色金融支持的绿色企业及绿色项目范围
	《广东省广州市绿色金融改革创新试验区绿色企业、绿色项目认定管理办法（试行）》	2019 年 9 月 12 日	对辖区内绿色企业和绿色项目的认证要求与流程进行进一步规范
广东省	《广东银监局关于广东银行业加快发展绿色金融的实施意见》	2018 年 10 月 12 日	持续加大对绿色制造、节能环保、污染防治、清洁能源、绿色建筑、绿色交通、绿色农业、资源循环利用、新能源、新材料等重点领域的金融支持，创新绿色企业专属产品并鼓励绿色消费金融

续表

目标地区	政策名称	发布时间	主要内容
深圳市	《深圳市人民政府关于构建绿色金融体系的实施意见》	2018 年 12 月 27 日	支持绿色信贷创新发展、支持绿色企业上市融资和再融资、开展绿色债券业务试点、推动绿色债券市场双向互动、发展绿色资产证券化、鼓励中小企业发行绿色集合债、探索设立绿色产业投资基金、推动绿色保险市场发展和区域性环境权益交易市场发展等
	《中共中央 国务院关于支持深圳建设中国特色社会主义先行示范区的意见》	2019 年 8 月 9 日	强调要加强生态文明建设，并提出具体举措。要求加快建立绿色低碳循环发展的经济体系，构建以市场为导向的绿色技术创新体系，大力发展绿色产业，促进绿色消费，发展绿色金融
肇庆市	《肇庆市推动绿色金融创新发展十项行动计划（2018—2020 年）》	2018 年 7 月 5 日	明确了肇庆市绿色金融创新发展的总体要求、主要任务和保障措施
香港	《1000 亿港元主权绿色债券计划》	2018 年 2 月	将为绿色公共工程提供资金支持
	《国家发展和改革委员会与香港特别行政区政府关于支持香港全面参与和助力“一带一路”建设的安排》	2018 年 3 月 28 日	推动基于香港地区平台发展绿色债券市场，支持符合条件的中资机构为“一带一路”建设相关的绿色项目在香港地区平台发债集资；推动建立国际认可的绿色债券认证机构
	香港证监会《绿色金融策略框架》	2018 年 9 月 21 日	框架提出五点策略，除涉及香港地区现时所聚焦的绿色债券外，更与全球市场和监管的发展接轨：一要加强上市公司环境资讯披露力度，二要对参与香港地区市场的资产管理者及资产拥有人就可持续投资实践进行调查，三要推动发展多样化的绿色相关产品，四要多方合作提高投资者对绿色金融和相关投资的认识和能力，五要推动香港地区成为国际绿色金融中心
	香港金融管理局《促进绿色金融发展的策略框架》	2019 年 5 月 7 日	第一，分阶段建立绿色及可持续银行业的监管框架；第二，外汇基金加强推动负责任的投资；第三，在香港金融管理局基建融资促进办公室旗下成立绿色金融中心，提升业界专业能力
	香港联交所《ESG 报告指引》（新修订版）	2019 年 12 月	强制企业进行信息披露并鼓励独立验证
澳门	《澳门特别行政区五年发展规划（2016—2020 年）》	2016 年 9 月 8 日	不断加大力度培育特色金融，并提出具体举措

资料来源：广东省社会科学院财政金融研究所课题组根据公开信息整理。

第九章
建设粤港澳大湾区跨境金融监管制度创新枢纽

粤港澳大湾区是中国开放程度最高、经济活力最强的区域之一。三地同宗同源，但涵盖了多样化的体制机制，在法律体系、货币、利率与汇率形成机制、金融监管模式等方面存在诸多不同，建立粤港澳大湾区金融监管协调机制迫在眉睫。《中共中央关于制定国民经济和社会发展第十四个五年规划和二〇三五年远景目标的建议》（简称“十四五”规划）要求把安全发展贯彻到各领域和全过程，粤港澳大湾区国际金融枢纽建设必须处理好金融发展和金融安全的关系，牢牢守住不发生系统性风险的底线，为此需要探索建立与粤港澳大湾区建设发展相适应的跨境金融风险监管合作模式，建立监管协调机制，解决好跨境金融监管问题。

跨境金融监管制度创新枢纽对粤港澳大湾区国际金融枢纽的建立，具有保驾护航的关键作用。面对未来三地金融发展可能高发的跨境金融风险，为了适应金融业扩大开放趋势，进行跨境金融监管合作与创新迫在眉睫。本章首先探讨跨境金融监管的理论基础，并从四个方面解释其现实意义；其次介绍粤港澳大湾区跨境金融监管制度的创新实践和现实挑战；再次介绍欧盟金融监管经验；最后建设思路与重点领域。

第一节　跨境金融监管的理论基础与现实意义

全球化背景下资本要素高速流动，因各国监管制度而存在差异，跨境领域监管是金融监管的最大软肋，对金融体系稳定十分重要，将跨境金融监管合作机制化和常态化是当前新形势、新格局下的重要任务（吴燕妮，2020）。本节从跨境金融监管的理论基础和现实意义两个主要方面展开论述。

一 理论基础

国际金融协会指出，传统监管模式下世界金融监管体系碎片化，资本流动性受困于当地市场风险，影响地区间的公平竞争与可比性，增强整个监管框架的风险敏感性。作为金融监管者应当具备前瞻性意识，促进跨境金融监管合作，创新金融监管模式，使之能够及时识别金融创新活动可能带来的潜在风险。

（一）跨境金融监管

跨境金融监管的本质是通过建立制度化的跨境金融监管合作关系，使各国监管机构的信息得到充分沟通，共同防范金融风险，促进银行业稳健发展（陈锋、田娟，2010）。跨境金融监管根据内容有狭义与广义之分。狭义的跨境金融监管指的是对跨境金融机构的监管；广义的跨境金融监管指的是在双边、多边和区域层面对特定金融事项进行监督和管理，是国际金融监管的同义词（廖凡，2018）。

由于各国实行不同的金融监管制度，在处理跨境事务时，往往无所适从，跨境监管问题协调不当，极易造成监管重叠或监管真空，地区监管松紧不一，也容易导致监管套利甚至国内资本大量外流。跨境资本的大量流入造成股票等资产价格的非理性上涨，扩大资产泡沫；当国内经济遭受冲击时，跨境资本逆转抽逃会使资产泡沫破裂，对国内金融稳定产生重大不利影响（Schmitz，2011）。

（二）跨境监管合作

跨境违法行为的产生，一方面是基于跨境监管具有较高难度，不同地区监管制度、监管手段、监管程度存在差异；另一方面也是因为某些金融机构为了逃避强监管从而向监管相对宽松的地区转移。跨境监管的顺利开展离不开国家（地区）之间的配合，国家（地区）之间的监管合作有利于共同打击违法犯罪活动，解决监管空白的问题。

李仁真和周忆（2012）研究了跨境银行监管制度创新，提出有效的监管联席会议制度应具有如下特征：并表监管与单一监管良性互动、日常监管与危机管理统筹兼顾、微观审慎与宏观审慎有机结合。李铭（2018）研究了原油期货市场的跨境监管合作，指出其面临监管冲突、信息获取、跨境操纵和国家安全问题。陈秧秧和张语涵（2019）阐述了内地和香港的审计监管架构与合作现状，在法律层面建议审慎检视内地证券法制与会计法制之交叉规制领域，优化各自市场内部审计监管架构和两地区间会计档案传输与交流机制，提升和扩大跨境审计监管合作的效率与空间。在跨境证券监管方面，学者们主要针对国际组织跨境监管合作（刘凤元、邱铌，2019）、中美跨境证券监管合作（韩洪灵等，2020；张彩萍，2018）、内地和香港跨境证券监管合作（黄辉，2017）等展开研究。

跨境金融监管合作包括双边和多边两种途径。双边途径主要通过谅解备忘录、监管对话和技术援助项目等模式开展。多边途径主要有政府间国际组织模式、非正式国家集团模式和跨政府网络模式（廖凡，2018）。除此之外还有监管联席会议和并表监管等新型监管模式（见表 9－1）。

表 9－1　跨境金融监管合作模式

跨境金融监管合作模式	举例	简介
谅解备忘录	国际证监会组织发布的《关于磋商、合作与信息交换多边谅解备忘录》（MMoU）和《关于磋商、合作与信息交换加强版多边谅解备忘录》（EMMoU）	增强签署方执法权力、指明跨境执法联络点。签署方之间可以请求提供相关当事人在银行或者经纪商的资金财产状况、交易时间和价格、相关经济主体（如银行、经纪公司、受益人）等信息，以进行跨境调查和执法协助
监管对话	美国 OIA 与关键对手方定期举行双边会议	确认和讨论监管问题，调和标准，协调促进跨境证券执法信息交换合作
技术援助项目	“证券市场发展国际学院”项目、“证券执法与市场监管学院”项目	讲解监管应用的技术手段和监督方法；对新兴市场开展区域性和微型培训，派遣专业人员前往相关国家帮助其改进证券监管体系，以符合国际监管标准

续表

跨境金融监管合作模式	举例	简介
政府间国际组织	国际货币基金组织（IMF）、世界银行、世界贸易组织	设立国际条约、"金融部门评估规划"（FSAP）和《关于遵守标准和守则的报告（ROSC）——会计和审计》、《服务贸易总协定》、设定跨境金融服务市场准入规则
非正式国家集团	七国集团（G7）、十国集团（G10）、二十国集团（G20）	G7成立了金融稳定论坛（FSF），促进国际金融稳定、改善市场运行、减少系统风险。G10成立巴塞尔委员会促进成员国银行监管机构之间的信息交换，并发布危机处置指南。G20将FSF升级为金融稳定委员会（FSB），在更强有力的制度基础上促进金融稳定
跨政府网络	金融稳定委员会（FSB）、巴塞尔委员会、国际证监会组织（IOSCO）、国际保险监督官协会（IAIS）	制定并协调金融监管标准
监管联席会议	中国的网络市场监管部门联席会议	持续完善跨境金融集团监管合作与协调的常设机制，由相关监管者组建
并表监管	巴塞尔委员会的并表监管	与注册地无关，银行面临的全球风险皆为母国监管当局在合并资产负债表基础上进行监督控制

资料来源：廖凡（2011，2018）及笔者根据公开资料整理。

金融与科技耦合发展所带来的创新型金融活动造成了传统金融监管模式滞后于金融创新的局面，比如金融科技迅猛发展，使得传统监管模式难以识别监测影子银行与跨境电商等新型业态可能存在的风险，因此跨境金融监管创新具有迫切性和必要性。粤港澳大湾区作为中国"一国两制"和科技发展的前沿阵地，有跨境金融监管的强烈需求，更是跨境金融监管创新的重要试验田，成功经验可在未来尝试应用于国际跨境金融监管。在建设粤港澳大湾区国际金融枢纽的大背景下，探索创新跨境金融监管是必要一环。

（三）国际金融枢纽金融监管

国际金融枢纽的金融监管应当是更高层次、更加完善的监管，由于国际金融枢纽是一个全新的提法，目前相关理论只能参考伦敦、纽约等国际金融中心的监管。英国金融服务管理局（FSA）的监管哲学是"风险为本、原则先行”，通过建立合适的规则指引实现与业界的紧密沟通，注重与市场合作，保持灵活的双向互动；注重市场纪律机制的作用，压实公司高管的责任；注重和高管人员进行开诚布公的交流沟通，帮助他们共同实现监管目标。其他国家受其影响也纷纷采用“以原则为基础”的监管理念。

建立粤港澳大湾区国际金融枢纽，涉及粤港澳三地不同的制度环境、监管环境，在金融监管合作方面面临监管重叠、空白等各种问题。传统的金融监管合作和理论可能无法适应国际金融枢纽的发展，监管理论亟须创新，监管框架亟待完善。国际金融枢纽是国际金融中心的升华，枢纽是网络上的关键节点。根据国际金融枢纽的定义，金融监管理论也需相应发展完善。

国际金融枢纽的金融监管应当是更加规范、更加具有全局意义的监管，身处不同的制度区域，实行不同的政策，在金融监管过程中需要更加注意监管规则的对接处理，针对同一金融活动不应存在监管厚此薄彼，即在某地监管严格，在另一区域监管宽松。粤港澳大湾区国际金融枢纽对外部金融风险具有减缓甚至屏蔽作用，境外金融机构和业务在入驻中国前，须在国际金融枢纽中进行转换适应，使其符合中国本地的监管政策要求，然后再进入内地。在此过程中，国际金融枢纽相当于国际金融活动的中转站，履行枢纽功能。国际金融枢纽内部的金融监管应当更加注意规则的对接和金融机构自身根据内地准入所进行的合规审查与自身治理。

国际金融枢纽的金融监管应当在监管规则衔接的基础上实行功能性监管。目前广东省分业经营，港澳两地混业经营，粤港澳三地金融活动频繁，暴露出的问题明显，金融创新跨行业、跨部门，但分业监管造成管理职责模糊，存在监管重叠或者监管空白。因此内地应当加快实行功能性金融监管，设立一个统一的监管机构对金融业实施整体监管，从而有效解决混业经营下金融创新产品的监管归属问题，维护金融业的安全和稳定。

国际金融枢纽的金融监管功能中防范化解系统性金融风险是关键和根本。在防范风险的基础上，国际金融枢纽的金融监管更要注重维护金融产品的创新不受监管体制束缚，在对金融创新产品实行有效监管的基础上，进一步为中国金融产品创新营造宽松的发展环境。

总之，国际金融枢纽的金融监管应当逐步探索全区域的功能性金融监管，加强粤港澳三地的金融监管规则对接，尤其是内地需要借鉴港澳先进的混业经营监管经验，同时立法确保金融机构的准入、退出和业务合规，在防范化解系统性金融风险和境外风险传导进境内的基础上，为金融产品及服务的创新提供制度和立法保障。

二　现实意义

2018 年，国务院印发的《进一步深化中国（广东）自由贸易试验区改革开放方案》提出“在依法合规的前提下，实施以合作监管与协调监管为支撑的综合监管”，这是粤港澳大湾区内部监管协作的重要一步。2019 年 8 月，《中共中央　国务院关于支持深圳建设中国特色社会主义先行示范区的意见》提出，深圳要“探索创新跨境金融监管”，不仅为深圳金融监管创新赋能，还赋予深圳粤港澳大湾区金融监管协作先行示范的重大使命任务，为中国审慎的金融开放夯实基础。2020 年 4 月，中国人民银行等四部门联合印发的《关于金融支持粤港澳大湾区建设的意见》（简称《意见》）提出，推动完善创新领域金融监管规则，研究建立跨境金融创新的“监管沙盒”，通过建立有效的风险约束机制来支持粤港澳大湾区金融体制深度融合。

（一）防范化解系统性金融风险的需要

自 2008 年金融危机以来，各国重新审视金融风险和监管机制，“太大而不能倒”的传统观念正向“太关联而不能倒”的新理念转变。金融机构在具体的金融交易活动中出现的风险，有可能对该金融机构的生存构成威胁；一家金融机构因经营不善而出现危机，有可能对整个金融体系的稳健运行构成威胁；一旦发生系统性金融风险，金融体系运转失灵，必然会导致全社会经济秩序的混乱，甚至引发严重的政治危机。金融活动和金融市场的全球关联性加强，导致了系统性金融风险的加剧。杨子晖和周颖刚（2018）采用“有向无环图技术方法”和网络拓扑分析方法，从网络关联视角考察全球系统性金融风险的动态演变，发现中国内地金融市场为风险溢出的净输入者，64%的全球波动溢出规模使得系统性金融风险具有明显的跨市场传染效应。金融风险的转变使其不再受制于传统金融监管模式，中国也亟须进行金融监管制度的创新，在新型风险暴露下提供法律保障。

随着世界经济格局的变换，世界经济重心正在加快东移，东亚环太平洋区域是金融活动最密集的区域。金融活动东移意味着金融风险的东移，当下提出建立粤港澳大湾区国际金融枢纽是针对经济格局变化采取的发展战略，国际金融枢纽是防范化解系统性金融风险的主战场，也将为内地防范金融风险提供借鉴。粤港澳三地制度环境不同，跨境金融活动频繁，无疑是金融监管制度和金融产品创新的最佳试验田，在枢纽内部可以率先实施国际先进跨境金融监管合作并积累经验，经历过“排异反应”后应用于内地。在变局中开新局，化风险为机遇，既需要科学技术的发展，更需要法律制度的保障。面对经济格局的变化和金融产品的层出不穷，监管创新是必由之路。

（二）推动粤港澳三地互联互通的需要

在“一国两制”下，粤港澳大湾区在一国领土内因为不同法域而形成的跨境金融监管的局面，与世界其他地区的跨境金融监管存在本质不同。粤港澳大湾区当前面临的突出矛盾是跨境金融要素流动的快速发展与跨境监管协作发展失调，监管相对滞后于要素流动。《规划纲要》指出，粤港澳大湾区在2035年基本实现市场高水平互联互通、各类资源要素高效便捷流动。当前大湾区内的金融基础设施三地分割，在协调统一、互联互通方面潜力巨大，跨境金融监管体制机制的不完善增加了监管压力，大湾区的金融风险防控面临重重挑战。

（三）加快人民币国际化步伐的要求

2016年，国际货币基金组织（IMF）宣布人民币被纳入特别提款权（SDR）货币篮子，人民币在国际货币体系中的地位不断上升，逐渐跻身全球主要的国际支付货币、贸易融资货币与储备货币的行列。随着人民币加快国际化进程，香港作为人民币离岸金融中心的地位日益举足轻重，自

2004年香港开始发展离岸人民币业务后，如今它已经成为全球最大的离岸人民币资金池和全球最丰富的离岸人民币投资产品种类库，全球超过七成的离岸人民币支付交易额经香港处理，这足以支撑粤港澳大湾区金融业务的跨境发展和结算需求。在未来的人民币国际化发展进程中，需要以香港作为人民币离岸中心的大湾区承担更重要的使命，以香港作为人民币国际化中心，大湾区作为人民币国际化枢纽，进一步促进人民币国际化。

大湾区内城市跨境资本流动和跨境金融服务纷繁复杂。随着人民币国际化进程逐步推进，人民币在跨境结算中所占的比重越来越大，中国现行跨境资本流动监管框架存在的弊端逐渐凸显，大湾区作为人民币国际化的主战场，面临诸多风险，跨境金融监管的创新迫在眉睫。

（四）适应中国金融业扩大开放的要求

金融开放主要包括资本账户开放、金融机构和市场开放、资本跨境自由流动、人民币国际化等（陈雨露、罗煜，2007）。粤港澳大湾区作为中国对外开放的窗口，涵盖香港、澳门、深圳、广州等极具金融优势的城市，是中国市场化程度与国际化程度最高的区域之一，有条件、有义务承担金融开放探索与制度创新试点使命，而跨境金融监管制度创新与跨境协调就是金融开放的重要组成部分。促进粤港澳大湾区的金融合作能够整合各地的金融资源优势，推进跨境资本流动，提升综合金融实力，提高香港的国际金融中心地位，为中国构建开放型经济金融体制和提高国际竞争力添砖加瓦。

金融活动日益全球化、金融市场快速开放化，随之而来的是金融风险在全球范围内的泛化，其所带来的影响和破坏强度前所未有。在这种情况下，金融监管亟须突破地域、民族、国家的藩篱。IMF（2012）一方面肯定了跨境资本流动的利益与风险共存，强调跨境资本流动具有“门槛效应”，因此，资本项目开放要注意时机和次序；另一方面也呼吁成员对跨境资本流动进行双边与多边监管，尤其需要流入国与流出国之间的政策协调，特别是宏观经济政策与金融监管制度之间的配合。

粤港澳大湾区三地利率、汇率差异引发了资金的跨境流动，三地经济发展差距、经济周期不同步导致货币政策、财政政策的不协调，甚至造成金融系统的长期不稳定。因此，应立足于完善粤港澳大湾区金融制度目标，促进多种要素在三个市场上合理配置，深化对外开放，同时必须加强跨境金融监管，通过制度改革加强三地监管合作，衔接化解金融风险，全面提高金融开放水平。

第二节　粤港澳大湾区跨境金融监管制度的创新实践和现实挑战

《规划纲要》明确提出，加强跨境金融机构监管和资金流动监测分析合作，建立粤港澳大湾区金融监管协调沟通机制，建立和完善系统性风险的预警、防范和化解体系，共同维护金融系统安全。本节首先比较粤港澳三地金融监管制度的差异，其次介绍目前粤港澳三地跨境金融监管合作实践，最后指出其面临的现实挑战。

一　粤港澳三地金融监管制度比较

在粤港澳大湾区构成中包括香港、澳门两个特别行政区和广东省内珠三角的 9 座城市。其中，香港作为国际金融中心，长期以来具有较为完善的金融监管法律和成熟的金融监管体系。其监管力度从松到紧，金融监管法律逐步完善，逐渐形成一套独特的金融监管体制。澳门在其独特的经济制度环境下，长期以来也形成了自己的金融监管特色。粤港澳大湾区内，香港、澳门两个特别行政区与珠三角 9 市在经济社会制度、法律行政体制和金融行业发展等方面存在显著差异，这些差异导致粤港澳三地在金融监管目标、监管模式、监管方式和监管机构设置等方面均存在差异，具体体现在银行、保险和证券等金融行业事前准入和事中、事后监管规则的设定与管理实施等方面呈现差异化的发展路径与发展轨迹。

（一） 金融监管理念与目标差异

《规划纲要》明确提出，建立粤港澳大湾区金融监管协调沟通机制，加强跨境金融机构监管和资金流动监测分析合作，建立和完善系统性风险的预警、防范和化解体系，共同维护金融系统安全（段鹏，2019；何芬兰，2019；秦玉芳等，2019）。然而，粤港澳三地金融监管理念与目标之间存在显著差异（见表9－2），由此，金融监管的协调需要在明确三地金融监管理念和目标的基础上渐次开展。

表9－2　粤港澳三地金融监管理念与目标

地区	金融监管理念与目标
珠三角9市	保障国家货币政策和宏观调控措施的有效实施、稳步推进《规划纲要》的实施、防范和化解金融风险、保护存款人利益、保障平等竞争和金融机构合法权益、维护整个金融体系的安全稳定、促进金融业健康发展
香港	以市场为核心发展金融业，政府充当“管理者”，发挥引导作用
澳门	指导规范货币、金融、外汇和保险活动正常运作，维持金融体系稳定

（二）金融监管模式差异

在监管模式上，珠三角9市遵照“一委一行两会”的模式，即国务院金融稳定发展委员会、中国人民银行、中国银保监会和中国证监会；香港实行混业经营、分业监管，由香港金融管理局（简称“香港金管局”）、香港证券及期货事务监察委员会（简称“香港证监会”）、香港保险业监管局（简称“香港保监局”）和香港强制性公积金计划管理局（简称“香港积金局”）四大监管机构和行业自律协会构成，分别负责监管银行业、证券和期货业、保险业和退休计划的业务；澳门实行混业经营、单一监管，具体又分为两个监管层次，第一层次是以澳门金融管理局为主体的政府监管，第二层次是以澳门银行公会为代表的行业自律监管。

在具体监管方式上，粤港澳三地的金融监管方式主要包括非现场检查监管和现场检查监管、信用评级和信息披露、内部审计和外部审计、行业组织和公众监督等。由于港澳两地属于资本主义经济制度，金融行业发展模式为混业经营，与珠三角9市相比，港澳的金融监管方式更具灵活性和前沿性，侧重点也略有差异。珠三角9市注重监管过程中的审慎性和合规性，主要采取规范监管和实体监管。监管科技的使用频率较小和场景较少，金融监管方式和手段趋于传统。香港注重监管科技的使用，构建了多元化

“科技监管”生态系统，推出“监管沙盒”，侧重风险防范，运用骆驼信用评价指标体系、压力测试，侧重识别、量化和控制风险。澳门主要通过澳门金融管理局的法律规制和澳门银行公会与澳门保险公会的配合进行监管。

（三）金融监管内容差异

粤港澳三地在具体的金融监管内容和各行业监管细则上存在诸多不同，重点体现在事前准入规则及事中监管规则设定和管理流程等方面。

在金融牌照发行管理方面，珠三角9市属于分散审批制，主要由中国银保监会、中国证监会等部门颁发，少量牌照由商务部和地方金融监督管理局发放，准入条件严格，对多项指标进行审核；香港金融牌照主要由香港证券及期货事务监察委员会、香港金融管理局和香港保险业监管局发放，两家金融管理部门有权发放实体银行和虚拟银行牌照，准入条件比珠三角9市宽松；澳门金融牌照由澳门金融管理局银行监察厅、保险监察厅具体负责发放，银行业市场准入最为简单，仅包括资本要求和管理人资质。

综上，珠三角9市和香港、澳门两大特区之间，金融监管制度演变遵循其内在的制度演变机理，演变过程大体相似。金融监管制度演变方向大体有四个主要特征：一是在监管模式上从原先分业监管模式向统一监管模式过渡，各监管主体间协调性日趋增强；二是在监管手段上由传统监管逐步过渡到以科技监管和智能监管为代表的新型监管，监管手段日趋现代化；三是监管制度程序化、法制化，监管法律体系日趋完善；四是金融监管制度演变过程总体方向基本一致，然而在发展程度、发展速度和侧重等方面存在差异。如何最大化地协调粤港澳大湾区发展规划下不同制度、不同区域之间的金融监管冲突和争端，创新跨境金融监管，以有利于粤港澳大湾区的高质量发展，是值得深入思考的问题。

二　粤港澳三地跨境金融监管合作实践

（一）CEPA和一系列补充协议

2003年，内地与香港、澳门分别签署了《关于建立更紧密经贸关系的安排》（CEPA），后续又签署了一系列补充协议。CEPA是内地与港澳制度性合作的新路径，是“一国两制”的成功实践，是经贸交流与合作的重要里程碑，在中国国家主体与香港、澳门单独关税区之间签署的自由贸易结算方面提供了详尽的规则指引，在信息互助共享方面提供了规则支持，对粤港澳三地跨境金融监管具有重要意义。

（二） 证券市场跨境合作

粤港澳大湾区在证券市场的合作实践主要是跨境理财通和深港通。跨境理财通指的是，居民个人跨境投资大湾区银行销售的理财产品，具体分为北向通和南向通。北向通指港澳居民在内地银行开立投资专户，购买内地银行销售的合格理财产品；南向通指内地居民在港澳银行开立投资专户，购买港澳地区银行销售的合格理财产品。深港通，即深港股票市场交易互联互通，深港投资者购买对方交易所上市的股票（孙璐璐，2020；曹海敏、杨穆瑞，2021）。

保障跨境理财通和深港通监管的一个重要手段是签署谅解备忘录和合作备忘录。2016 年，中国证监会与香港证监会签订深港通及沪港通的谅解备忘录。深港通开通后，深港两地交易所在签署合作备忘录（例如《内地与香港股票市场交易互联互通机制若干规定》）的基础上，确定了跨境监管机制，两地在证据交互、联合调查、信息使用上都做出较为翔实的约定（缪斯斯、郑宇佳，2018）。2017 年，深港签署合作备忘录，确定两地金融监管部门定期沟通机制和季度金融监管例会，初步达成了粤港澳大湾区金融监管数据共享协议（吴燕妮，2020）。2019 年 7 月，在 MMoU 基础上，内地与香港签署了合作备忘录，促进了证券执法合作和审计工作底稿信息交换（刘凤元、邱铌，2019）。2021 年 2 月 5 日，内地和港澳金融监管机构正式签署《关于在粤港澳大湾区开展“跨境理财通”业务试点的谅解备忘录》（简称《谅解备忘录》）。《谅解备忘录》提出“跨境理财通”项下的资金和理财产品不得用于质押、担保，进一步突出“专款专用、闭环管理”的监管原则。

（三） 人民币国际化

当前人民币国际化正在跨境实体经济循环和跨境金融循环两方面推进。跨境实体经济循环包括跨境贸易人民币结算和 FDI，跨境金融循环主要是人民币跨境金融投资与交易（曹小衡、孔海涛，2021）。自贸区在加快人民币国际化中发挥了“先行先试”的重要作用。加快建设和提升跨境金融基础设施水平，例如人民币跨境支付系统（CIPS），实现了人民币跨境双向贷款、跨境资产转让、股权投资等各种跨境金融业务改革创新。

发展人民币跨境金融业务具有双重利好，一是提升人民币国际影响力，二是降低内外资企业的资金使用成本。截至2020年，深圳前海蛇口片区完成国内首单租赁资产、商业保理资产和不良资产的跨境转让；落地“点心债”和银行同业“熊猫债”，规模分别为10亿元和15亿元；跨境双向本外币资金池业务办理超过400家；QFLP设立规模超300亿元、QDIE备案额度超15亿美元（任春杨，2020）。

（四）广东自贸区框架

自贸区充分发挥制度改革“试验田”作用，在大力推动投资便利化的同时，切实防范跨境资本流动风险，积极构建“宏观审慎与微观监管”双管齐下的跨境资本流动监管格局。

广东自贸区自2012年起，出台了多份文件（见表9－3），在跨境人民币贷款管理，反洗钱、反逃税、反恐怖融资，银行业监管，银行业务特色监测报表制度，支付服务与征信服务，保护金融消费者权益，外资投资设立金融机构（市场准入限制）和外资准入后业务管理（国民待遇限制），系统性风险预警、防范和化解体系等诸多方面做出规定和限制，在制度层面为粤港澳三地跨境金融监管提供指引和保障（饶玉亮，2020；周达峰，2015；程钰舒、徐世长，2020；徐玖玖，2018；张末冬，2020）。

表9－3　自贸区相关政策涉及跨境金融监管的内容

文件发布时间及名称	主要内容
2012年《前海跨境人民币贷款管理暂行办法》；2015年《广东南沙、横琴新区跨境人民币贷款业务试点管理暂行办法》	对符合条件的境内企业（在前海注册成立并在前海实际经营或投资的企业）从香港经营人民币业务的银行借入人民币资金的业务实施监督。中国人民银行深圳市中心支行依据本办法对前海跨境人民币贷款业务实施非现场监管和现场检查

续表

文件发布时间及名称	主要内容
2015 年《深圳银监局关于试行中国（广东）自由贸易试验区深圳前海蛇口片区银行业监管相关制度的通知》；2015 年《广东银监局关于试行中国（广东）自由贸易试验区南沙片区和横琴片区银行业务特色监测报表制度的通知》	1. 针对自贸区业务，强调并表风险管理要求，加强日常现场检查和非现场监管，对信用风险、法律合规风险、操作风险进行重点防范；保护金融消费者，强化行为监管 2. 针对自贸区业务建立相对独立的统计和监测制度，定期从业务和机构两个维度收集数据和监管信息，并纳入监管部门非现场监管报表体系。监管部门将根据自贸区政策变化和业务发展，适时完善区域特色报表
2015 年《中国人民银行关于金融支持中国（广东）自由贸易试验区建设的指导意见》；2020 年中国人民银行、中国银行保险监督管理委员会、中国证券监督管理委员会、国家外汇管理局发布的《关于金融支持粤港澳大湾区建设的意见》	1. 扩大自贸区支付服务业、征信服务业对港澳地区的开放。推动自贸区社会信用体系建设。探索在跨境融资中引入信用评级机制 2. 完善区域金融监管协调机制，加强金融信息共享，提升风险联合防范和处置能力，建立和完善系统性风险预警、防范和化解体系 3. 加强跨境资本流动风险防控，加强反洗钱、反恐融资管理。完善粤港澳反洗钱、反恐融资监管合作和信息共享机制。加强金融消费权益保护 4. 加强粤港澳金融监管合作。研究建立跨境金融创新的“监管沙盒”。推动粤港澳三地金融人才培养与交流合作
2016 年《中国人民银行关于扩大全口径跨境融资宏观审慎管理试点的通知》	1. 建立宏观审慎规则下基于微观主体资本或净资产的跨境融资约束机制，试点企业和试点金融机构均可按规定自主开展本外币跨境融资 2. 建立跨境融资宏观风险监测指标体系，在跨境融资宏观风险指标触及预警值时，采取逆周期调控措施，以此控制系统性金融风险 3. 非现场核查和现场检查

资料来源：笔者根据中国（广东）自由贸易试验区网站资料整理。

（五）其他跨境监管合作

《广东省金融改革发展“十四五”规划》提出，加快银行保险市场联通。推动“征信通”，在粤港澳大湾区内地城市全面推行港澳居民信用报告自主查询服务，支持粤港澳大湾区内地征信服务机构与香港、澳门征信服务机构按照“商业自愿”的原则开展业务合作，通过协议安排为大湾区内企业和个人提供可互查、互认的征信服务。拓展跨境移动支付在公共交通、医疗卫生、公用事业缴费、校企园区等领域的跨境应用，推进大湾区移动支付无障碍合作区建设。加强数字货币跨境支付应用创新。探索“保险通”，开发跨境医疗、航运保险和人寿保险等产品，为客户提供便利化承保、查勘、理赔服务，探索“等效先认”和“一张保单保三地”，推动设立港澳保险售后服务中心并逐步增加其所涵盖的产品类型。香港保监局与中国保险监督管理委员会签订了有关保险监管的合作协议；粤港澳三地签订三边反保险欺诈监管合作协议；召开监管联席会议监管跨国保险集团。此外，内地还与香港就四个方面展开反洗钱合作：一是相互法律协助；二是司法部门之间合作，内地和香港的判决可以在双方区域强制执行；三是交换财富情报和其他资料；四是金融监管机构合作。

三　粤港澳大湾区跨境金融监管面临的现实挑战

粤港澳大湾区跨境金融监管涉及粤港澳三地，监管制度和业务合规标准存在差异。不同地区监管部门对跨境金融业务的监管冲突、监管竞争造成了监管的空白和重叠；基于利益冲突下的政府对跨境监管进行干预造成了监管宽容和监管套利；地方监管权限不足影响了监管规则的对接和监管的效率；跨境金融产品和服务创新的迭代向中国监管手段和监管法律提出了重大挑战；监管信息和数据共享方面的平台和机制障碍也影响了对跨境金融风险识别与打击的精准度。种种因素加大了粤港澳大湾区跨境金融监管的难度（见图9－1）。

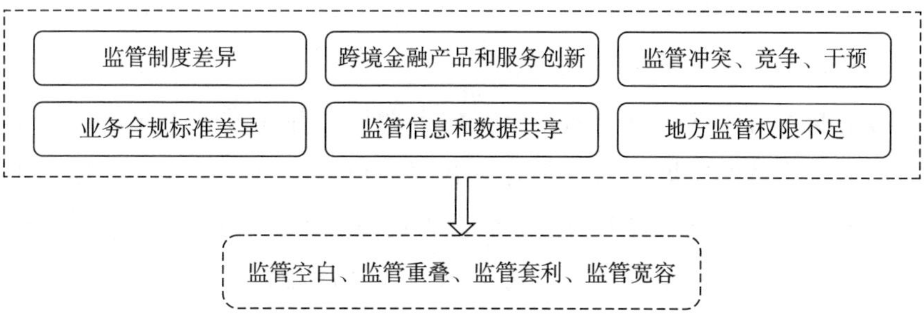

图9－1　粤港澳大湾区跨境金融监管面临的现实挑战

（一）制度规则差异挑战

粤港澳大湾区内缺乏整体法律协调机制和统一的监管标准。香港重视市场自由事后监管；广东省强调行政监管手段。不同区域金融开放程度不同，导致金融业务的合规标准在三地存在差异。香港、澳门比内地金融更加开放，互联网跨境金融服务易成为监管盲点，导致监管职责模糊不清甚至出现监管空白。同时立法机关的不完整授权或者授权存在交叉，导致管辖权争议区监管成本、信息成本和执法成本的多重浪费（徐玖玖，2018）。目前大湾区的金融协调机制无法与国际需求对接，极大影响了大湾区的营商环境，尤其是法制环境。

（二）跨境金融风险挑战

随着科技的发展，金融新兴业态层出不穷，金融科技、P2P贷款、众筹、数字资产等在技术和业务方面存在风险，极易出现非法集资行为。一方面，技术层面的监管合规机制不够成熟，法律制定缺乏灵活性，滞后于不断创新的金融活动和衍生产品，只能采取法规政策约束。这样便使跨境区域存在很多监管漏洞，给不法分子违法经营、集资以可乘之机。另一方面，跨境金融产品和金融创新，基于资本逐利性，在设计时会趋利避害，主动规避监管。涉外企业利用设立空壳公司、关联企业交易、伪造贸易背景、跨境公司换汇等多种形式实现资金违规跨境流动与套利。金融科技的发展与跨境金融工具的不断推陈出新、跨境金融风险处置机制的缺失，导致跨境交叉风险处理难度加大，无法有效遏制风险外溢和监管逃避。

（三）监管体系发展滞后挑战

粤港澳大湾区内尤其是内地自身的金融监管体系发展不足，滞后于香港金融监管体系的发展。内地金融监管顶层设计职责在中央，具体细则和执行在地方，在跨境监管方面地方的监管权限有限，出现跨境违法活动时，地方无法迅速判断并做出反应，极大影响了跨境监管的创新。例如广东省地市以下地区的金融监管力量较弱，以会议平台为主，履职方式单一；地方监管缺乏积极主动性，监管力度不足（罗明玥，2019）。

大湾区内金融监管部门之间形成了权力重叠和冲突，导致市场主体对行业监管的预期降低，监管机构的整体权威性受到损害。而监管部门间相互竞争会导致监管机构执法宽松，致使金融机构利用同质化业务的监管差异而套利。监管宽松区极易形成“金融洼地”，带来丰厚税收；同时政府可能为了本地经济发展而干预金融监管，降低金融监管有效性，导致金融风险激增。

大湾区缺乏数据信息共享平台，降低了金融监管合作的效率。监管部门对监管科技的运用和风险防范的经验不足，对违法违规互联网跨境活动的线上取证、跨境取证难度较大，不能及时叫停甚至无权干涉违法违规的跨境金融服务，加大了跨境金融监管的难度。

第三节　欧盟金融监管经验

他山之石，可以攻玉。欧盟在跨境金融监管合作和金融监管创新方面拥有丰富的经验，粤港澳大湾区与欧盟一样存在区域制度差异，在粤港澳大湾区建立跨境金融监管制度创新枢纽，可以结合自身的发展基础和具体挑战，借鉴欧盟的发展经验。本节归纳了欧盟金融监管体系的主要特征，特别是关于金融科技的最新监管措施。

一　欧盟金融监管体系

欧盟在金融危机后构建了新的金融监管框架，包括两大支柱：欧盟系统性风险委员会（ESRB）和欧盟监管机构（ESAs）。ESRB 负责审慎监管和评估系统性风险，ESAs 负责监管信息数据共享（见图 9－2）。

（一）欧盟金融监管概况

欧盟金融监管主要有两大任务，一是监测和评估系统性风险，必要时提出建议并警告；二是侧重监管标准的一致性和公平性。欧盟委员会负责起草统一的法令和技术标准，制定整体战略政策；欧盟监管机构进行行为调查和监督，与欧盟系统性风险委员会一起为体系的灵活完善出谋划策，从而确保了超主权法律的充分实施。

ESAs 发挥三个部分的总协调作用：成员国监管机构间的争议协调；成

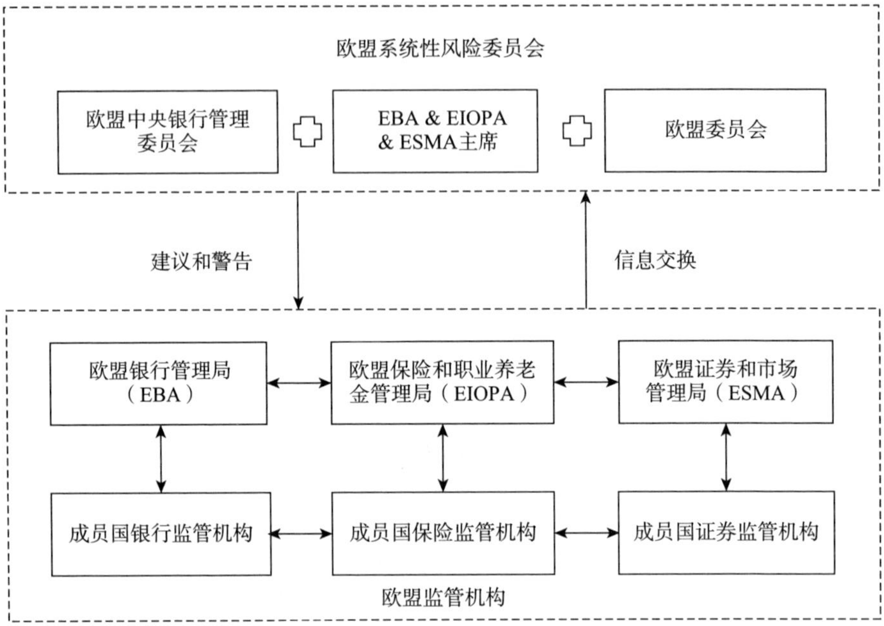

图 9-2　欧盟监管体系架构

资料来源：巴曙松（2020）。

立联合委员会促进监管信息共享，强化跨部门监管、金融集团监管等监管措施；任务委派和合作监管，各国监管当局可以通过协议委派给其他成员国监管机构任务（巴曙松，2020）。

（二）宏观审慎政策应对系统性金融风险

加强宏观审慎监管，ESAs 以及各成员国需要提供相关的微观数据，对欧盟内部可能存在的系统性金融风险进行实时监测以及动态评估，发布年度风险监测报告并及时下发反馈便于各单位整改。对不同的风险来源采取不同的风险指标，根据风险指标的偏离程度选择不同的宏观审慎管理工具。值得一提的是，在宏观审慎的所有环节中，允许外部专家介入，与其他监管部门一起参与决策，有助于弥补政府官员群体思维下产生的漏洞；成立银行问题小组和破产法等专门小组，进一步健全欧盟对银行体系，尤其是影子银行的监管与危机处理机制（吴婷婷、项如意，2020）。

二　欧盟的金融科技监管

（一）加强金融科技立法

欧盟监管机构注重和金融科技公司沟通，建立健全金融科技法律法规体系，并且专门成立专家组，负责审查法规对金融科技行业的适用性。目前欧盟颁布了《欧盟金融工具市场指令Ⅱ》《通用数据保护条例》《支付服务法令2》等以保障及推动金融科技新业态的发展（见表9－4）。

表9－4　欧盟金融科技相关法律

法律	具体内容
《欧盟金融工具市场指令Ⅱ》（MiFIDⅡ）	统一并明确金融科技公司的技术标准和准入条件，坚持等效监管，对交易前后的透明度、高频交易和算法交易提出新的要求
《通用数据保护条例》	从数据安全的合规需求方面促进金融科技发展，有效保护欧盟公民的隐私权，避免其受数据泄露的侵害。金融科技公司能够以合规为前提重构经营框架，进行数据管理
《支付服务法令2》	银行必须为第三方机构创建和开放测试环境，以方便第三方机构利用应用程序接口（API）收集信息

资料来源：笔者根据公开资料整理。

此外，欧盟设立了一系列金融科技平台和论坛以促进金融科技监管发展。欧盟众筹利益相关者论坛帮助欧盟委员会制定众筹领域的相关政策；欧盟区块链观察站和论坛着眼于解决跨地区和跨行业区块链监管政策问题以及社会公共部门机构区块链的应用；欧盟创新促进者论坛定期开会分享通过创新监管手段与公司互动获取的经验，展开多边协调达成共识，从而确保监管的完备性和一致性。

（二）监管模式：功能性金融监管

金融科技方面欧盟采用功能性金融监管。例如在德国，由金融监管局（BaFin）负责金融科技公司的准入，联邦银行负责收集调查数据，两者共同对金融科技公司及其产品进行监督。欧盟的金融科技功能性金融监管有六大原则：①落实到金融科技活动和产品而非监管经济实体；②监管法规保持技术中立，不存在技术歧视；③基于“相同业务、相同风险、相同规则”的原则实行比例监管；④金融科技相关法规及解释统一；⑤保持适度的心态实施监管，与金融科技公司保持互动；⑥设立赔偿责任机制。

（三）监管工具：创新枢纽和“监管沙盒”

目前大部分欧盟成员国建立了创新枢纽。创新枢纽指金融监管机构设立内部组织为金融企业提供对话渠道，便于监管当局对金融科技企业的宣讲和指导，增强企业认知和合规管理。创新枢纽的核心功能是主管当局提供金融机构联络点，企业用其来解决监管合规问题。

“监管沙盒”是目前应用较广的工具，目前有5个欧盟成员国设置。“监管沙盒”实际上是一个相对安全的空间，金融科技在其中进行产品或者商业模式测试，同时监管机构阻止安全空间内的风险外溢，并且主动放宽监管要求，减少对金融创新的制度阻碍。在“监管沙盒”内部的产品或者模式测试期间，监管机构对其进行持续监管，一旦发现潜在风险就会量体裁衣地制定监管条例。

“监管沙盒”的共同点主要包括三点：一是监管规则的相同解读，增强监管框架在金融科技等新业务产品方面的适用性，加强对金融创新的风险和机遇的认知，在测试中持续优化，帮助公司快速满足合规要求；二是金融科技公司准入标准一致，要求创新与风险并存，或者与现有监管框架错配；三是面向的对象均较为开放，单个部门以及跨部门均可，例如证券、银行、保险、投行等。“监管沙盒”在申请时间和报告内容两个方面存在差异：申请时间包括随时提交（如波兰、荷兰）和按序在指定期间提交（如丹麦、英国）；报告内容覆盖范围不同，有的较为具体，例如英国包括测试的命题、潜在机会以及局限，有的较为简单，例如丹麦只报告摘要。

三　欧盟监管科技的发展现状

（一）监管科技在合规端的应用

以被监管的金融机构为主体，应用人工智能、大数据等技术分析大量结构化或非结构化数据，实现自动化报告上传，满足合规要求，此为监管科技在合规端的应用。巴曙松（2020）将监管科技的合规应用分成 8 类：监管报告、风险数据管理、身份识别和控制、市场监督、交易监控、通信监控、合规管理和控制自动化。表 9－5 给出监管科技在合规端应用较多的四个领域。

表 9－5　监管科技在合规端的应用

应用	内容	监管科技公司举例
监管报告	基于云技术和应用程序接口（API）等技术自动化生成报告，实时提交数据和接收报告	波兰 BRAG 公司的“原子”软件，可快速无缝地生成偿付能力可扩展商业报告
身份识别和控制	通过用户的行为识别概况，识别从网络安全漏洞到欺诈的各种风险	卢森堡的 KYC3 构建风险情报数据库，包含政治、犯罪和声誉风险的全球情报，媒体和商业注册数据，以及通过 AI 分析提炼的风险因素，且动态更新
风险数据管理	从监管文件和执行条例中提取相关潜在合规风险，进行数据治理、数据监控和数据保护	法国的 Scaled Risk 允许接入其他软件或程序的 API，统一平台，便于和客户原监管生态无缝对接
交易监控	实时监控数据；识别加密货币的非法活动，并向监管机构和执法机构提供可审计资料等	瑞士的 NetGuardians 程序连接银行系统，实时动态分析数据，主动防范欺诈风险

资料来源：笔者根据巴曙松（2020）整理。

（二）监管科技在监管端的应用

以监管部门为主体，使用创新技术补足监管漏洞，提升监管效率，此为监管科技在监管端的应用，主要分为三大领域，如表 9－6 所示。

表 9－6　监管科技在监管端的应用

应用	内容	举例
监管报告	自动化报告和实时监控	奥地利中央银行（OeNB）开发的自动化平台，形成数据报告传输给 OeNB，能在任意时间内下载银行的相关原始数据
数据管理与市场监督	数据验证、数据整合和数据可视化	意大利银行结合结构化（可疑交易举报）和非结构化数据（新闻评论）进行反洗钱调查；荷兰中央银行的交通灯监管项目，分类预警做到数据可视化

续表

应用	内容	举例
不当行为分析和宏微观审慎监管	通过大数据和 AI 分析结构化数据和非结构化数据，识别潜在风险	意大利银行（BoI）的大数据团队

资料来源：笔者根据巴曙松（2020）整理。

第四节　建设思路与重点领域

一　建设思路

（一）创新金融监管合作模式，建立监管协调机制

粤港澳大湾区作为一个主体网络，拥有众多节点城市，形成了内接内地、外联国际的国际金融枢纽，是金融监管创新的最佳试验田。粤港澳三地法律体系存在较大的差异，且大湾区内各城市的法治水平参差不齐，创新金融监管方式，加强三地金融监管协调是首要举措。国际上功能性金融监管是大势所趋，欧盟和美国有着相对成熟的功能性金融监管经验。现阶段大湾区可采取协调监管模式，以粤港澳大湾区金融事务委员会为中心，创设协调监管机构，建立紧密的金融监管常态化协调机制，统筹指挥各监管机构的工作。

（二）促进金融数据互通共享，完善风险防控体系

粤港澳大湾区国际金融枢纽之所以能够成为枢纽，信息数据的互联互通是应有之义。大湾区应当打造金融监管数据信息互通平台，各地金融监管机构上传各自区域内获取的监管信息，促进各地金融监管机构深入了解跨境金融市场动态，助力打破信息壁垒。同时注意信息披露与保密之间的界限与权衡以及过期数据的销毁（李莉莎、陈丽仪，2020）。

完善跨境金融风险监测和预警机制，是筑牢粤港澳大湾区国际金融枢纽风险防范网络的重要一环，大湾区应该做好风险识别和风险评价，从而进行风险预警和防范，同时对风险识别和评价的标准进行动态更新，不断

完善风险管理系统。

（三）利用金融科技发展成果，提升监管科技水平

欧盟的监管科技发展比较成熟，各成员国的监管科技公司为金融市场提供了出色有效的监管技术、监管平台，而中国仅香港拥有较为丰富的“监管沙盒”经验。因此建设粤港澳大湾区跨境金融监管制度创新枢纽，促进监管科技的发展迫在眉睫。面对世界经济格局的转换，中国不应仅着眼于金融、谋金融发展，还应注意到科技才是促进变革创新的根本动力，大力发展监管科技，加强监管科技立法，保护鼓励监管科技公司发展，在监管端和合规端让监管科技在金融监管方面发光发热。

《广东省金融改革发展“十四五”规划》提出，提高金融监管的科技水平。支持国家金融管理、监管部门在广东设立金融科技基础设施、研究院（所）。引导金融机构积极配合实施穿透式监管，通过系统接口准确报送经营数据，合理应用信息技术加强合规风险监测，提升智能化、自动化合规能力和水平，持续有效满足金融监管要求。加强监管科技应用，完善监管数据采集机制，保证监管信息的真实性和时效性（参见《金融科技（Fin Tech）发展规划（2019—2021 年）》）。充分发挥数据、技术等的重要作用，采用自然语言处理、知识图谱、深度学习等人工智能手段实现监管规则模式化、数字化和程序化，扩展金融监管科技的渗透深度和应用广度。另外，针对监管科技的其他应用领域，例如监管报告、数据处理、市场监督、身份识别等，则需要鼓励建立专项负责公司进行技术突破，令监管技术得以市场化先行先试。粤港澳大湾区国际金融枢纽可以划出专项建设资金鼓励监管科技公司的发展，支持内地人才出国学习先进的监管科技经验，反哺内地，助力粤港澳大湾区跨境金融监管制度创新枢纽建设（薄纯敏，2019）。

监管科技中比较有代表性的是“监管沙盒”，当前许多国家纷纷采用，已经有了相对成熟的监管经验，应当在粤港澳大湾区内引入“监管沙盒”制度。现香港地区已经引入，内地和澳门可以借鉴香港引入“监管沙盒”的经验，将“监管沙盒”应用于跨境金融服务，加强跨境金融监管，构建

粤港澳大湾区“监管沙盒”与香港地区“监管沙盒”的互认互通机制。同时，借鉴英国公布的关于数字“监管沙盒”的指导意见，为大湾区建立数字“监管沙盒”做准备（马楠，2020；李莉莎、陈丽仪，2020）。

（四）立足三种货币基本现状，构筑协同监管框架

粤港澳三地涉及三种货币，对应三种货币制度，货币是金融的血液，货币制度的不同导致粤港澳大湾区金融市场复杂多变，有碍于金融市场的创新，也对现行监管模式提出巨大挑战。建立粤港澳大湾区跨境金融监管制度创新枢纽，势必要面临三地的货币差异问题，应当以数据统计、业务监督管理为主线，设立本外币跨境资本流动共同监管机构。

《广东省金融改革发展“十四五”规划》提出，争取在粤港澳大湾区内地试点，以人民币银行结算账户为基础，账户业务规则统一，适当实现“资金管理”与“账户管理”分离，构建适应人民币国际化和外汇管理需要的本外币合一银行结算账户体系。鼓励粤港澳金融机构双向互设。加快推动符合条件的跨国企业集团搭建本外币合一的跨境资金池，在境内外成员之间集中开展本外币资金余缺调剂和归集业务（徐晶卉，2020）。探索进一步便利粤港澳大湾区保险产品的续保和理赔资金结算制度，建设港澳保险售后服务中心，为持有港澳保单的港澳和内地居民提供咨询、理赔、续保等售后服务。

加强本外币监管的协调沟通。建设本外币监测监管联动机制，做到服务联合、监管协同、监测联动、信息互联、政策互通。构建本外币协同监管法规体系，在原有法律法规基础之上消除监管盲区，完善跨境资金本外币监管的相关政策法规。分类管理重点监测对象，分类别适用便利、审慎和严格的管理措施。重点监测企业采取现场核查、报送材料等方式；正常企业使用便利化监管系统；向异常无重大违规企业发放风险提示函；对严重违规企业严格监管，按规定移交检查部门。

二　重点领域

根据《意见》，粤港澳大湾区建立健全区域金融监管协调机制，完善与

金融开放创新相适应的跨境资本流动风险防控体系，在依法合规、风险可控的前提下稳妥有序推进粤港澳大湾区金融开放创新，成熟一项、推进一项（李丹丹，2020）。

（一）跨境贸易和投融资进一步便利化下的监管

《意见》指出，实施更高水平的贸易投资便利化试点、推进资本项目便利化改革、完善贸易新业态外汇管理。这一系列举措，一方面简化了跨境人民币业务办理流程，简化了结汇和支付管理方式，放宽了时间和资质的限制；另一方面也加快了跨境资本的流通速度，不利于监管。建立粤港澳大湾区跨境金融监管制度创新枢纽，需要保持资本快速流通和金融有效监管的动态平衡。

《意见》提出建立跨境理财通机制，开展本外币合一的跨境资金池业务试点，开展跨境贷款，扩大跨境资产转让范畴，设立人民币海外投资基金。开展私募股权投资基金跨境投资试点对跨境监管提出了更高要求，是跨境金融监管的重点领域。

粤港澳大湾区监管机构应对合格境外有限合伙人（QFLP）、合格境内有限合伙人（QDLP）、合格境内投资企业（QDIE）、合格境外机构投资者（QFII）和人民币合格境外机构投资者（RQFII）的授予资格严格把控，由内地监督管理机构建立健全联合评审制度，加强事中、事后监管。根据收支形势适时逆周期调节，防范跨境资本流动风险（孙璐璐，2020）。

《广东省金融改革发展“十四五”规划》提出，强化跨境金融合作与创新，推进资本项目高水平对外开放，促进企业集团本外币资金集中管理，稳步扩大贸易投资便利化试点的范围，支持银行开展跨境电商外汇业务。探索开展私募基金跨境投资试点、入境游客境内移动支付便利化试点。支持境外金融机构“走进来”，拓展在广东的金融业务。支持大型金融机构“走出去”，到海外设立网点和参与国际金融市场交易。引导金融机构设立人民币海外投贷基金，面向共建“一带一路”国家和地区、《区域全面经济伙伴关系协定》国家开展人民币直接投资和贷款业务，为企业进行投资、并购提供投融资服务。

（二）扩大金融业对外开放下的监管

《意见》提出要扩大银行业、证券业和保险业的开放。建设粤港澳大湾区国际金融枢纽，金融开放是应有之义，金融的开放程度与风险传导程度呈现正相关的关系，在开放背景下，对新设立的金融机构的准入条件，包括资质、资本要求、业务范围等应当严格把关。对已经设立的金融机构的跨境金融产品和金融服务需要确定监管手段和监管规则，做到事前风险识别、追溯资金来源，事中合规监管，事后明察资金去向，精准打击违规。

《意见》指出，支持规范设立粤港澳大湾区相关基金，支持非投资性企业开展股权投资试点。有序推进粤港澳金融市场和金融基础设施互联互通。逐步开放港澳人民币清算行参与内地银行间拆借市场。优化完善“沪港通”“深港通”“债券通”等金融市场互联互通安排。支持符合条件的港澳金融机构和非金融企业在内地发行金融债券、公司债券和债务融资工具，逐步拓宽发行主体范围、增加境内发行工具类型和币种等。推动跨境征信合作，支持粤港澳三地征信机构开展跨境合作，探索推进征信产品互认，为粤港澳大湾区提供征信服务。金融机构准入条件放宽，意味着大湾区内的监管范围扩大，因此应当积极探索新监管领域的监管立法和监管手段，由于缺乏经验，新的领域是监管的重点、难点，应在扩大金融业开放的同时牢牢守住风险防范底线（孙璐璐，2020；谢洁华等，2020；李丹丹，2020；朱炜、陆媛媛，2020）。

同时，《广东省金融改革发展“十四五”规划》提出，健全覆盖金融科技创新的监管框架，强化以合法合规和消费者保护为主的行为监管，着力强化信用信息主体权益保护，提升征信市场有效供给和征信服务水平，切实保障个人信用信息安全。严格落实金融持牌经营原则，金融业务必须持牌经营，严防打着“金融科技”的旗号从事非法集资、金融诈骗等违法犯罪活动。

（三）加强“三反工作”跨境协作

完善粤港澳三地“反洗钱、反逃税、反恐怖融资”跨境合作的法律文件。从客户身份识别、真实性与合规性审核、异常情况尽职审查、可疑交易控制与处置、审查资料留存、内控制度建设等方面，发布跨境监管办法，从制度上加以明确和固定，进一步强化商业银行在跨境业务中执行“展业三原则”的内在自觉性和外在强制性，实现跨境业务真实性、合规性审核和“三反工作”审核标准的统一，促进跨境交易中“三反工作”的落地实施和有效开展。确定三地的“三反工作”跨境合作牵头部门和工作组，充分发挥监管联席会议作用。建立征信系统、反洗钱和反恐怖融资监测系统、银行结算账户管理系统的融合平台，加强监管部门与执法部门协调配合和信息沟通共享，充分借助人工智能、云计算、区块链等信息技术，实现系统自动监测预警和按需查询、分析研判。建立粤港澳三地跨境长臂监管机制，深入追溯大额可疑交易等的资金来源、去向和股权控制关系，强化监管链条，拓展监管视野（简舒宇，2019）。

开展粤港澳大湾区反洗钱和反恐怖融资跨境合作的联合行动，职能类似的执法部门共同执法，跨地区开展跨境洗钱风险评估项目。畅通粤港澳三地跨境协助调查渠道。针对洗钱和恐怖融资刑事案件中涉及的取证环节，制定相应的条例，提供法律支持，以帮助其跨地区获取证据。

完善涉税洗钱监测的技术手段。利用先进的数据挖掘技术与数据关联技术识别异常交易数据，提升对涉税洗钱的识别精度与监测效率，有利于构建系统完整的证据链。在税务、公安部门的信息支持下，共享系统研判成果，显著降低监测误判率与漏抓率，从而在降低监测成本的同时实现精准打击（聂涛，2020）。

高度重视特定非金融行业的洗钱和恐怖融资风险。除了金融机构之外，非正规金融机构、现金、贸易、空壳公司、慈善捐赠等日益成为洗钱和恐怖融资的渠道和方式。应建立并逐步完善房地产等特定非金融行业的反恐怖融资风险管控框架，重视非金融行业交易主体的受益所有权透明度。

防范和处置非法集资。将非法集资监测预警机制纳入社会治安综合治理体系，强化各行业、各领域非法集资的风险排查和监测预警。加强对涉嫌非法集资的互联网信息和网站、移动应用程序等互联网应用的监测。建立非法集资可疑资金监测机制以及中央和地方上下联动的防范非法集资宣传教育工作机制，常态化运用各类媒介或者载体，以法律政策解读、典型案例剖析、投资风险教育等方式，向社会公众宣传非法集资的违法性、危害性和表现形式，增强社会公众对非法集资的防范意识和识别能力。鼓励举报非法集资活动。重拳打击非法集资，及时依法处理查封有关经营场所，查封、扣押有关资产，对构成犯罪的行为依法追究刑事责任。

专栏9－1　反洗钱工作

反洗钱国际组织包括联合国、国际刑警组织、巴塞尔银行监管委员会、反洗钱金融行动特别工作组和艾格蒙特集团。

区域性反洗钱组织：亚太反洗钱集团（Asia/Pacific Group on Money Laundering）、加勒比海反洗钱金融特别工作组（Caribbean Financial Action Task Force）、南美洲反洗钱金融行动特别工作组（South American Financial Action Task Force on Money Laundering）、中东和北非反洗钱金融行动特别工作组（Middle East and North Africa Financial Action Task Force on Money Laundering）、欧亚反洗钱与反恐融资工作组、西非政府间反洗钱金融行动特别工作组（Inter－Governmental Action Group Against Money Laundering in West Africa）等。

区域性反洗钱项目：欧盟PHARE项目为反洗钱制度提供支持；欧盟金融情报机构的非正式世界网络——艾格蒙特集团。

（四）加强虚拟资产跨境监管合作

虚拟资产缺乏主权国家的信用背书，价格波动性很高，缺乏足够的流动性，具有很高的风险，包括洗钱、涉恐、非法集资和非法交易等风险以及消费者、投资者权益受损风险。其快速增长和运用可能会增加银行业面临的风险并产生金融稳定隐患（BCBS，2019a，2019b；G7 Working Group on Stablecoins，2019；FSB，2018）。

将与虚拟资产相关的金融活动，按照业务本质纳入现行监管框架，并明确适用的具体标准。虚拟资产主要涉及四类业务活动：一是以虚拟资产为基础资产的衍生产品交易；二是为虚拟资产交易提供的支付服务；三是虚拟资产交易平台；四是首次代币发行融资。加大对虚拟资产生产、存储、传输等技术的科学研究，并通过加大技术研发，对虚拟资产进行改善。

建立虚拟资产服务提供商的市场准入机制，明确虚拟资产市场主体的市场准入条件。具体包括充足的资金要求、有效的违法防控系统和程序、相应的监控和追踪工具、“监管沙盒”制度，监管部门对机构设立和经营范围的核准。培养高水平、专业化的监管队伍，对虚拟资产相关活动开展现场检查和非现场监测。

在对虚拟资产领域的消费者或投资者保护方面，应通过及时发布公告等方式提高消费者和投资者的风险意识；对虚拟资产相关活动设置标准化的披露要求，以保障消费者或投资者的知情权、参与权；建立安全的资金保管和隔离制度，设立合格投资者制度；通过完善民事制度等方式实现对受欺诈的消费者或投资者的权利救济（齐萌，2020）。

参考文献

巴曙松，2020，《欧盟监管科技的发展现状研究》，《国外社会科学》第5期。

白鹤祥，2019，《推动大湾区国际金融枢纽建设》，《中国金融》第19期。

薄纯敏，2019，《金融科技：改变监管新范式》，《金融博览（财富）》第12期。

卜云帆、陈晓君，2020，《大湾区金融产业协同合作探索》，《科技经济市场》第1期。

蔡赤萌，2017，《粤港澳大湾区城市群建设的战略意义和现实挑战》，《广东社会科学》第4期。

蔡宏宇、阳超，2021，《数字普惠金融、信贷可得性与中国相对贫困减缓》，《财经理论与实践》第4期。

曹海敏、杨穆瑞，2021，《资本市场开放缓解了企业非效率投资行为吗——基于经理人短视的中介效应》，《会计之友》第8期。

曹颢、尤建新等，2011，《我国科技金融发展指数实证研究》，《中国管理科学》第3期。

曹荣、李春萍等，2014，《金融支持科技成果转化的实证研究》，《征信》第5期。

曹小衡、孔海涛，2021，《人民币国际化背景下两岸金融合作路径研究》，

《台湾研究》第1期。
曹玉瑾，2014，《人民币国际化的指数度量》，《经济研究参考》第9期。
查婷俊，2020，《以粤港澳大湾区人才自由流动推进区域协调发展》，《特区经济》第8期。
柴瑞娟、朱士玉，2016，《从美国纳斯达克市场分层评我国新三板分层》，《海南金融》第5期。
陈冲、朱孟楠，2021，《双循环新发展格局下中国国际收支失衡的调节策略——基于跨境资本流动的研究》，《亚太经济》第1期。
陈锋、田娟，2010，《银行跨境监管合作探讨》，《中国金融》第10期。
陈健，2021，《我国金融科技监管面临的挑战和应对策略分析》，《中国市场》第5期。
陈健、丁瑞盈，2020，《粤港澳大湾区背景下珠海人才协同发展机制研究》，载中国环境科学学会《2020中国环境科学学会科学技术年会论文集》（第一卷），中国环境科学学会。
陈金明，2005，《科技革命对金融业发展的影响——兼论我国利用科技创新推动金融创新问题》，《自然辩证法通讯》第6期。
陈莉，2016，《日本互联网证券发展特点及路径研究》，《现代日本经济》第3期。
陈铭仁，2010，《金融机构集聚论——金融中心形成的新视角》，中国金融出版社。
陈若愚、霍伟东、王维禹，2021，《人民币国际化的制度安排与货币合作伙伴研究》，《财经科学》第5期。
陈秧秧、张语涵，2019，《内地与香港跨境审计监管合作探究》，《财务与会计》第14期。
陈雨露、罗煜，2007，《金融开放与经济增长：一个述评》，《管理世界》第4期。
陈喆，2019，《金融科技助力实体经济高质量发展》，《人民论坛》第32期。
程静，2016，《国际金融中心理论：基于案例的研究》，《经济问题探索》第

11 期。
程钰舒、徐世长，2020，《“软法”视角下的粤港澳大湾区跨境金融监管》，《学术论坛》第6期。
崔世平，2019，《粤港澳大湾区科技创新走廊中澳门的机遇和担当》，《科技导报》第23期。
戴了，2018，《香港金融中心影响力分析——基于经济促进和金融辐射视角》，博士学位论文，辽宁大学。
邓乐平、孙从海，2001，《科技创新与资本市场——理论与经验的考察》，《金融研究》第9期。
邓琦，2020，《广深科技创新走廊深圳段的科技治理研究——基于与硅谷的比较分析》，《科技管理研究》第20期。
段鹏，2019，《粤港澳大湾区金融圈建设中的反洗钱问题》，《人民法治》第6期。
冯燕妮、沈沛龙，2020，《我国多层次资本市场体系研究》，《经济研究参考》第22期。
付琼、郭嘉禹，2021，《金融科技助力农村普惠金融发展的内在机理与现实困境》，《管理学刊》第3期。
傅彬发，2018，《香港人民币离岸市场与人民币跨境结算的协同效应研究》，硕士学位论文，福州大学。
傅京燕、章扬帆，2016，《国际碳排放权交易体系链接机制及其对中国的启示》，《环境保护与循环经济》第4期。
高波、张志鹏，2004，《文化与经济发展：一个文献评述》，《江海学刊》第1期。
高洪民、李刚，2020，《金融科技、数字货币与全球金融体系重构》，《学术论坛》第2期。
高一铭、徐映梅等，2020，《我国金融业高质量发展水平测度及时空分布特征研究》，《数量经济技术经济研究》第10期。
辜胜阻、洪群联、张翔，2007，《论构建支持自主创新的多层次资本市场》，《中国软科学》第8期。

辜胜阻、庄芹芹、曹誉波，2016，《构建服务实体经济多层次资本市场的路径选择》，《管理世界》第4期。

关筱谨、任碧云、李坤青，2021，《短期跨境资本流动对系统性金融风险的影响研究》，《经济体制改革》第3期。

郭白滢、周任远，2016，《我国碳交易市场价格周期及其波动性特征分析》，《统计与决策》第21期。

郭榕、王昱，2017，《特朗普政策能否冲击中国短期国际资本流动》，《财经科学》第12期。

《国际金融中心发展报告》编写组，2020，《国际金融中心发展报告2020》，中国金融出版社。

国际碳行动伙伴组织（International Carbon International Carbon Action Partnership，ICAP），2021，《全球碳市场进展2021年度报告》。

国务院研究室课题组，2011，《深化粤港澳金融合作与创新 共同打造更高水平国际金融中心——建立粤港澳更紧密合作框架研究报告之七》，《中共珠海市委党校珠海市行政学院学报》第6期。

韩国文、陆菊春，2014，《碳金融研究及其评价》，《武汉大学学报》（哲学社会科学版）第2期。

韩洪灵、陈帅弟等，2020，《瑞幸事件与中美跨境证券监管合作：回顾与展望》，《会计之友》第9期。

郝雨辰，2021，《金融科技赋能我国农村三产融合的理论逻辑与实现路径》，《金融发展研究》第6期。

何诚颖、张立超，2017，《国际湾区经济建设的主要经验借鉴及横向比较》，《特区经济》第9期。

何芬兰，2019，《大湾区发展规划为私募股权投资带来机遇》，《国际商报》3月21日。

何冠文、刘婧等，2020，《粤港澳大湾区金融创新的税法规制研究》，《税收经济研究》第2期。

何国华、陈晞，2020，《跨境资本流动会加大金融波动吗?》，《国际金融研究》第3期。

何浩，2009，《对外开放背景下的外资保险公司监管》，《保险研究》第5期。

何金旗、张瑞，2016，《人民币国际化、汇率波动与货币政策互动关系研究》，《审计与经济研究》第3期。

何英、刘义圣，2018，《中国金融市场开放的历史进程和发展路径》，《亚太经济》第6期。

何宪、熊亮，2019，《金融中心形成和金融人才聚集》，《经济理论与经济管理》第9期。

何小三，2013，《资本市场促进战略新兴产业成长研究》，博士学位论文，中国社会科学院研究生院。

洪葭管，2008，《建设上海国际金融中心是深化金融体制改革的产物》，《中国金融》第4期。

侯东德、李俏丽，2013，《多层次资本市场间转板对接机制探析》，《上海金融》第12期。

侯东德、苏成慧，2019，《互联网证券监管问题研究——以网络安全风险防控为视角》，《法学论坛》第2期。

胡鞍钢、周绍杰，2014，《绿色发展的功能界定、机制分析和发展战略》，《中国人口·资源与环境》第1期。

胡滨，2020，《从强化监管到放松管制的十年轮回——美国金融监管改革及其对中国的影响与启示》，《国际经济评论》第5期。

胡方荣、张恒安，2005，《国际金融中心的发展历程及特征》，《合作经济与科技》第5期。

胡海峰、罗惠良，2010，《多层次资本市场建设的国际经验及启示》，《中国社会科学院研究生院学报》第1期。

胡坚，1996，《试论亚洲地区多层次的国际金融中心体系》，《经济科学》第6期。

胡坚、杨素兰，2003，《国际金融中心评估指标体系的构建——兼及上海成为国际金融中心的可能性分析》，《北京大学学报》（哲学社会科学版）第5期。

胡耀亭、陈作华，2020，《创新资本形成："双区"建设的优先目标与实现路径》，《深圳大学学报》（人文社会科学版）第2期。

黄辉，2017，《"一国两制"背景下的香港与内地证券监管合作体制：历史演变与前景展望》，《比较法研究》第5期。

黄建欢、吕海龙、王良健，2014，《金融发展影响区域绿色发展的机理——基于生态效率和空间计量的研究》，《地理研究》第3期。

黄解宇，2011，《金融集聚的内在动因分析》，《工业技术经济》第3期。

黄解宇、杨再斌，2006，《金融集聚论：金融中心形成的理论与实践解析》，中国社会科学出版社。

黄雪晴，2018，《以服务贸易促进重庆金融中心建设研究》，硕士学位论文，重庆大学。

IMF，2012，《金融稳定发展报告》，https://www.imf.org/~/media/Websites/IMF/imported-flagship-issues/external/chinese/pubs/ft/gfsr/2012/02/pdf/sumc.ashx。

贾立文、万鹏，2019，《保险科技对财产保险公司业绩影响的实证分析——基于DID模型》，《江汉学术》第1期。

贾德铮、朱文生，2017，《国际金融机构体系与国际金融中心建设研究》，复旦大学出版社。

简舒宇，2019，《中国内地与香港反洗钱跨境合作问题研究——基于中国内地通过香港公司账户洗钱案例》，硕士学位论文，江西财经大学。

姜波克，2018，《国际金融新编（第六版）》，复旦大学出版社。

姜哲、张靖，2019，《我国短期跨境资本流动规模测算与监管研究》，《金融监管研究》第8期。

蒋海玲，2017，《国际金融中心的演进研究——基于演化金融地理学视角》，博士学位论文，南京师范大学。

蒋金星，2019，《碳排放权交易市场链接的潜在利益与风险研究》，《现代管理科学》第3期。

蒋一乐、何雨霖、李一芃，2021，《金融开放下离岸人民币市场的新特征与启示》，《福建金融》第7期。

金德尔伯格，查尔斯·P.，1986，《1929－1939年世界经济萧条》，宋承先、洪文达译，上海译文出版社。

金德尔伯格，查尔斯·P.，2003，《世界经济霸权（1500－1990）》，高祖贵译，商务印书馆。

金洪飞、李弘基、刘音露，2020，《金融科技、银行风险与市场挤出效应》，《财经研究》第5期。

凯西斯，尤瑟夫，2011，《资本之都：国际金融中心变迁史（1780—2009年）》，陈晗译，中国人民大学出版社。

李兵兵，2012，《“金融极化”分析范式研究——对金融中心形成原因的新解》，博士学位论文，武汉大学。

李成、郝俊香，2006，《金融中心发展的理论、总结与展望》，《上海金融》第11期。

李丹丹，2020，《粤港澳大湾区喜迎“26条”金融政策支持礼包》，《上海证券报》5月15日。

李稻葵、刘霖林，2008，《人民币国际化：计量研究及政策分析》，《金融研究》第11期。

李刚、高洪民，2020，《当代国际金融中心发展的决定因素与上海的对策》，《世界经济研究》第9期。

李嘉晓，2007，《我国区域金融中心发展研究》，博士学位论文，西北农林科技大学。

李俊玲、戴朝忠等，2019，《新时代背景下金融高质量发展的内涵与评价——基于省际面板数据的实证研究》，《金融监管研究》第1期。

李莉莎、陈丽仪，2020，《粤港澳大湾区金融监管合作的法律思考》，《区域金融研究》第3期。

李明贤、何友，2019，《农村普惠金融目标下金融科技的工具价值及实现困境》，《华南师范大学学报》（社会科学版）第1期。

李铭，2018，《原油期货市场跨境监管合作》，《中国金融》第6期。

李朋林、叶静童，2019，《绿色金融：发展逻辑、演进路径与中国实践》，《西南金融》第10期。

李仁真、周忆，2012，《监管联席会议：跨境银行集团监管的一项制度创新》，《河南财经政法大学学报》第4期。

李文红，2020，《虚拟资产的国际监管思路及其对建立防范互联网金融风险长效机制的启示》，《金融监管研究》第8期。

李文秀、唐荣，2020，《粤港澳大湾区城市金融发展的区域融合效应研究》，《学习与探索》第2期。

李晓峰、卢紫薇，2021，《珠三角地区创新要素配置效率评价——基于超越对数生产函数的分析》，《改革》第6期。

李晓西、夏光等，2014，《中国绿色金融报告2014》，中国金融出版社。

李衍良、陆文希、吴章芝，2020，《人民币国际化背景下跨境资金流动本外币协同监管框架研究》，《区域金融研究》第S1期。

李艳丽、周值光、曾启，2021，《央行外汇市场调节对汇率预期的影响——基于学习效应的研究》，《国际金融研究》第3期。

李振、宋科、杨家文，2020，《银行业开放、外资持股与银行风险承担》，《财贸经济》第10期。

连建辉、孙焕民、钟惠波，2005，《金融企业集群：经济性质、效率边界与竞争优势》，《金融研究》第6期。

廖凡，2011，《国际金融监管的新发展：以G20和FSB为视角》，“2020年的国际法”暨中国青年国际法学者论坛会议论文集，湖北武汉。

廖凡，2018，《跨境金融监管合作：现状、问题和法制出路》，《政治与法律》第12期。

林可妍、陈艳、陈靖怡，2021，《粤港澳大湾区建设中的税制差异研究》，《特区经济》第1期。

林立，2012，《低碳经济背景下国际碳金融市场发展及风险研究》，《当代财经》第 2 期。

蔺鹏、孟娜娜、马丽斌、马英杰，2019，《区域金融创新与科技创新的耦合机理和联动效果评估——基于京津冀协同创新共同体的研究》，《南方金融》第 1 期。

刘英，2010，《国际碳金融及衍生品市场发展研究》，《金融发展研究》第 11 期。

刘柏、张艾莲、胡思遥，2019，《跨境资本流动、度量方法筛选与金融风险防范》，《南开经济研究》第 5 期。

刘东民、何帆等，2015，《海洋金融发展与中国的海洋经济战略》，《国际经济评论》第 5 期。

刘凤元、邱铌，2019，《证券市场跨境监管研究——以 EMMoU 为视角》，《金融监管研究》第 12 期。

刘海瑞、成春林，2018，《金融发展质量的内涵——基于动力、过程、结果维度的研究》，《南方金融》第 7 期。

刘佳宁，2020，《粤港澳大湾区科技金融协同发展路径研究》，《南方金融》第 9 期。

刘俊，2020，《长江经济带金融高质量发展评价研究》，硕士学位论文，重庆工商大学。

刘孟飞、蒋维，2020，《金融科技促进还是阻碍了商业银行效率？——基于中国银行业的实证研究》，《当代经济科学》第 3 期。

刘孟飞、王琦，2021，《金融科技对商业银行绩效的影响——理论与实证研究》，《金融论坛》第 3 期。

刘宁，2020，《西安跻身区域金融中心十强》，《西安日报》12 月 5 日。

刘泰山，2020，《成都金融政策专项排名全国第二》，《成都日报》12 月 6 日。

刘文娟，2011，《支持自主创新企业的资本市场制度构建》，博士学位论文，东北财经大学。

刘彦平，2019，《四大湾区影响力报告（2018）：纽约、旧金山、东京、粤港澳》，中国社会科学出版社。

刘毅、王云、李宏，2020，《世界级湾区产业发展对粤港澳大湾区建设的启示》，《中国科学院院刊》第3期。

刘昱洋，2021，《中国五大要素市场化配置的制约因素及完善策略》，《区域经济评论》第6期。

刘煜旻、阮建平，2020，《打造国际科技金融中心：香港对接"一带一路"的思考》，《社会科学家》第6期。

刘园、郑忱阳、江萍、刘超，2018，《金融科技有助于提高实体经济的投资效率吗?》，《首都经济贸易大学学报》第6期。

刘蕴喆，2014，《中国省域碳金融发展水平及影响因素的分析与路径》，《经济问题探索》第7期。

卢树立、曹超，2018，《我国绿色金融发展：现状、困境及路径选择》，《现代管理科学》第3期。

鲁政委、方琦，2020，《上海亟待推进国际绿色金融中心建设》，《中国金融》第5期。

陆蓉、何婧、崔晓蕾，2017，《资本市场错误定价与产业结构调整》，《经济研究》第11期。

逯新红，2017，《关于粤港澳大湾区金融监管合作的几点思考》，《特区经济》第5期。

吕靖烨、曹铭、李朋林，2019，《中国碳排放权交易市场有效性的实证分析》，《生态经济》第7期。

吕随启，2019，《资本市场双向开放与跨境监管》，《中国金融》第11期。

伦波，2003，《区域金融中心发展研究》，硕士学位论文，中国海洋大学。

罗明玥，2019，《粤港澳大湾区金融监管法律问题研究》，《现代商业》第21期。

马德功、罗雨柯、张洋，2020，《人民币国际化对中国金融风险的影响》，《金融论坛》第3期。

马广奇、陈雪蒙，2021，《数字普惠金融、融资约束与中小上市公司成长性》，《哈尔滨商业大学学报》（社会科学版）第1期。
马海斌，2020，《深化金融对外开放提升粤港澳大湾区服务效能》，《商业经济》第12期。
马龙官，2019，《资本市场支持科技创新的体制机制研究》，载中国证券业协会编《创新与发展：中国证券业2018年论文集（上册）》，中国财政经济出版社。
马楠，2020，《粤港澳大湾区监管沙盒建设的相关问题与构建思路》，《南方金融》第7期。
毛艳华，2018，《粤港澳大湾区协调发展的体制机制创新研究》，《南方经济》第12期。
缪斯斯、郑宇佳，2018，《境外证券交易所国际化战略与路径研究——基于境外主要交易所的案例分析》，《金融监管研究》第10期。
莫利纽克斯，菲利普、尼达尔·沙姆洛克，2003，《金融创新》，冯健等译，中国人民大学出版社。
倪鹏飞，2004，《构建国际金融中心：全球眼光、国际标准与世界经验》，《开放导报》第2期。
倪鹏飞、孙承平，2005，《中国城市：金融中心的定位研究》，《财贸经济》第2期。
倪权生，2009，《东京国际金融中心地位的崛起和衰退及其启示》，硕士学位论文，上海交通大学。
倪淑慧、胡海峰，2020，《我国资本市场新战略目标的相关探讨》，《理论探索》第5期。
聂涛，2020，《我国反洗钱与反逃税融合机制探讨》，《武汉金融》第8期。
牛晓健、吴客彤，2020，《多层次资本市场条件下交易者互动对资产价格的影响——基于中国股票和债券市场的研究》，《复旦学报》（社会科学版）第2期。
潘英丽，2006，《上海：崛起中的国际金融中心》，《西部论丛》第11期。
潘英丽等，2009，《国际金融中心：历史经验与未来中国》，格致出版社。

盘和林，2021，《五“中心”协同共筑粤港澳大湾区国际金融枢纽》，《国际金融报》4月12日。

皮六一、薛中文，2019，《加密资产交易监管安排及国际实践》，《证券市场导报》第7期。

齐萌，2020，《香港虚拟资产监管经验及其启示》，《亚太经济》第4期。

齐绍洲、赵鑫、谭秀杰，2015，《基于EEMD模型的中国碳市场价格形成机制研究》，《武汉大学学报》（哲学社会科学版）第4期。

钱金保，2020，《后发经济体如何成功开放：从东亚模式到中国道路》，《南方经济》第4期。

秦军，2011，《科技型中小企业自主创新的金融支持体系研究》，《科研管理》第1期。

秦玉芳、易妍君、陈嘉玲、刘飘、陈晶晶，2019，《粤港澳大湾区发展规划：金融经营中心版图全解读》，《中国经营报》2月25日。

青木昌彦，2001，《比较制度分析》，周黎安译，上海远东出版社。

阙紫康，2007，《多层次资本市场发展的理论与经验》，上海交通大学出版社。

饶余庆，1993，《香港：国际金融中心》，香港商务印书馆公司。

饶玉亮，2020，《粤港澳大湾区银行业互联互通研究》，硕士学位论文，广东省社会科学院。

任春杨，2020，《推动自贸试验区持续释放跨境监管改革红利》，《金融市场研究》第5期。

沙文兵、钱圆圆，2021，《人民币国际化背景下的中国宏观金融风险测度》，《会计与经济研究》第3期。

沙文兵、钱圆圆、程孝强、张玫，2020，《人民币国际化程度再评估及其影响因素研究》，《财贸研究》第12期。

邵学峰、赵志琦、姜莉莉，2020，《数字经济时代粤港澳大湾区金融监管创新研究》，经济科学出版社。

申晨、林沛娜，2017，《中国碳排放权交易试点市场的现状特征及风险分析》，《产经评论》第4期。

施琍娅，2016，《开放环境下跨境资金流动宏观审慎管理政策框架研究——基于上海自贸区的实践思考》，《上海金融》第6期。

石丹、余放，2020，《中国金融科技发展的空间集聚与经济增长效应——基于全国30省份面板数据的空间计量》，《北京邮电大学学报》（社会科学版）第5期。

时辰宙，2008，《国际金融监管理念的最新演进——基于原则监管方法的分析和思考》，《金融发展研究》第12期。

时辰宙，2009，《国际金融中心的金融监管——伦敦、纽约的经验教训与上海的作为》，《上海经济研究》第3期。

世界银行碳金融部门，2010，《碳金融发展年度报告》（Carbon Finance Unit Annual Report）。

宋立，2005，《高技术产业投融资体系问题研究（总报告）》，《经济研究参考》第84期。

宋敏、辛强、贺易楠，2020，《碳金融交易市场风险的VaR度量与防控——基于中国五所碳排放权交易所的分析》，《西安财经大学学报》第3期。

苏立峰、雷强，2009，《国际金融中心演进影响因素的实证检验》，《世界经济研究》第7期。

孙国茂、范跃进，2013，《金融中心的本质、功能与路径选择》，《管理世界》第11期。

孙璐璐，2020，《支持粤港澳大湾区建设26条金融举措出炉》，《证券时报》5月15日。

孙志红、李娟，2017，《经济新常态下我国金融发展质量的测度与分析》，《数学的实践与认识》第12期。

孙志红、张娟，2021，《金融科技、金融发展与经济增长》，《财会月刊》第4期。

覃成林、崔聪慧，2019，《粤港澳大湾区协调发展水平评估及其提升策略》，《改革》第2期。

覃成林、张华、毛超，2011，《区域经济协调发展：概念辨析、判断标准与评价方法》，《经济体制改革》第 4 期。

谭跃、周华、高丽，2016，《广东省科技创新与金融市场动态关系测算》，《科技管理研究》第 23 期。

汤超准，2017，《金融集聚对产业结构升级的影响》，硕士学位论文，厦门大学。

唐松、伍旭川、祝佳，2020，《数字金融与企业技术创新——结构特征、机制识别与金融监管下的效应差异》，《管理世界》第 5 期。

唐旭，1996，《论区域性金融中心的形成》，《城市金融论坛》第 7 期。

陶硕，2005，《区域金融中心与区域经济发展研究》，硕士学位论文，东北财经大学。

滕磊，2020，《数字普惠金融缓解中小企业融资约束的机制与路径》，《调研世界》第 9 期。

天大研究院课题组，2011，《中国绿色金融体系：构建与发展战略》，《财贸经济》第 10 期。

田新民、张志强，2020，《金融科技、资源配置效率与经济增长——基于中国金融科技门槛作用的分析》，《统计与信息论坛》第 7 期。

田轩、孟清扬，2018，《股权激励计划能促进企业创新吗》，《南开管理评论》第 3 期。

汪可，2018，《金融科技、利率市场化与商业银行风险承担》，《上海经济》第 2 期。

汪淑娟、谷慎，2021，《科技金融对中国经济高质量发展的影响研究——理论分析与实证检验》，《经济学家》第 2 期。

王朝阳、刘东民，2009，《关于金融中心建设的若干思考》，《上海金融》第 2 期。

王传辉，2000，《国际金融中心产生模式的比较研究及对我国的启示》，《世界经济研究》第 6 期。

王殿武，2020，《绿色信贷对绿色低碳技术进步的经济效应研究》，博士学位论文，吉林大学。

王景武，2018，《深化粤港澳大湾区金融合作》，《中国金融》第14期。

王婧茹，2020，《粤港澳大湾区金融合作发展的现状、问题与对策》，《特区经济》第10期。

王军、李萍，2017，《新常态下中国经济增长动力新解——基于“创新、协调、绿色、开放、共享”的测算与对比》，《经济与管理研究》第7期。

王力，2008，《中国区域金融中心研究》，中国金融出版社。

王力、黄育华，2004a，《国际金融中心研究》，中国财政经济出版社。

王力、黄育华，2004b，《中国建设国际金融中心的对策思考》，《中国城市经济》第12期。

王鹏，2020，《金融开放与经济增长探究》，《合作经济与科技》第4期。

王擎、宋磊，2021，《资本市场更好支持实体经济发展的路径探索》，《理论探讨》第5期。

王淑英、寇晶晶、卫朝蓉，2021，《创新要素集聚对经济高质量发展的影响研究——空间视角下金融发展的调节作用》，《科技管理研究》第7期。

王维安、钱晓霞，2017，《金融开放、短期跨境资本流动与资本市场稳定——基于宏观审慎监管视角》，《浙江大学学报》（人文社会科学版）第5期。

王伟，2012，《中国金融中心发展问题研究》，硕士学位论文，中国社会科学院研究生院。

王文、卞永祖、陈治衡，2019，《试论建设“金融特区”应对中美经贸摩擦——基于粤港澳大湾区的案例研究》，《当代金融研究》第6期。

王文举、陈真玲，2019，《中国省级区域初始碳配额分配方案研究——基于责任与目标、公平与效率的视角》，《管理世界》第3期。

王文举、赵艳，2019，《全球碳市场研究及对中国碳市场建设的启示》，《东北亚论坛》第2期。

王文军、傅崇辉、赵黛青，2012，《碳交易体系之行业选择机制的经验借鉴与案例分析——以广东为例》，《生态经济》第7期。

王欣，2005，《区域性金融中心形成机制初探》，硕士学位论文，天津师范大学。

王瑶、张笑，2015，《生态文明视域下的生态金融建设》，《中国特色社会主义研究》第2期。

王应贵、刘浩博、娄世艳，2020，《数字金融、业务转型与未来银行探讨》，《新金融》第9期。

王宇、郭新强、干春晖，2015，《关于金融集聚与国际金融中心建设的理论研究——基于动态随机一般均衡系统和消息冲击的视角》，《经济学》（季刊）第1期。

王远志，2020，《我国银行金融数据跨境流动的法律规制》，《金融监管研究》第1期。

王媛媛，2019，《保险科技如何重塑保险业发展》，《金融经济学研究》第6期。

王志成、熊启跃，2020，《我国金融基础设施的发展》，《中国金融》第12期。

温成玉、刘志新，2011，《技术并购对高技术上市公司创新绩效的影响》，《科研管理》第5期。

吴斌、袁东，2019，《开发性金融助力粤港澳大湾区打造国际科技创新中心研究》，《开发性金融研究》第4期。

吴贵明、杨耀武、王建平，2016，《上海全球科技人才枢纽：内涵与建设》，《东南学术》第6期。

吴海瑾，2018，《在发展枢纽经济中培育新动能》，《群众》第15期。

吴婷婷、项如意，2020，《系统性金融风险防控：国别经验与政策启示》，《金融理论与实践》第11期。

吴晓求、方明浩，2021，《中国资本市场30年：探索与变革》，《财贸经济》第4期。

吴燕妮，2020，《跨境金融监管的创新机制研究——以粤港澳大湾区建设为视角》，《深圳社会科学》第6期。

吴玉宇，2009，《我国碳金融发展及碳金融机制创新策略》，《上海金融》第10期。

吴中超、靳静，2017，《我国新三板市场发展现状、趋势与监管——对十年间的回顾》，《现代经济探讨》第1期。

西南财经大学发展研究院、环保部环境与经济政策研究中心课题组，2015，《绿色金融与可持续发展》，《金融论坛》第10期。

向君，2004，《提升上海国际金融中心地位的对策研究》，硕士学位论文，武汉大学。

肖耿，2019，《粤港澳大湾区的使命》，《中国金融》第5期。

谢洁华、姜珊、李成青、刘瑨杰、徐聪，2020，《商业银行有效支持粤港澳大湾区发展研究——从经济特区到粤港澳大湾区》，《国际金融》第8期。

谢炜聪，2019，《广州建设广深港澳科技创新走廊的定位、路径与对策》，《广东开放大学学报》第4期。

邢毓静、丁安华，2019，《粤港澳大湾区金融融合发展研究》，中国金融出版社。

熊健、张晔、董晓林，2021，《金融科技对商业银行经营绩效的影响：挤出效应还是技术溢出效应?》，《经济评论》第3期。

胥爱欢、刘爱成，2019，《金融支持我国海洋经济发展的主要做法及启示——以粤鲁闽浙为例》，《海南金融》第2期。

徐晶卉，2020，《8个方面80条举措 推动服务贸易改革向纵深发展》，《上海文汇报》11月18日。

徐玖玖，2018，《协调与合作：我国金融监管模式选择的重估》，《现代经济探讨》第11期。

徐凯，2018，《我国新三板市场挂牌企业融资效率分析》，《新金融》第4期。

徐维军、付志能，2019，《粤港澳大湾区金融财税政策研究》，《华南理工大学学报》(社会科学版) 第4期。

徐欣、唐清泉，2010，《R&D 活动、创新专利对企业价值的影响——来自中国上市公司的研究》，《研究与发展管理》第 4 期。

徐璋勇，2018，《金融发展质量及其评价指标体系构建研究》，《武汉科技大学学报》（社会科学版）第 5 期。

许传华等，2017，《湖北建成全国碳金融中心的宏观思考》，《湖北经济学院学报》第 1 期。

薛波、杨小军、彭晗蓉，2009，《国际金融中心的理论研究》，上海财经大学出版社。

薛莹、胡坚，2020，《金融科技助推经济高质量发展：理论逻辑、实践基础与路径选择》，《改革》第 3 期。

亚洲金融智库编，2020，《粤港澳大湾区金融发展报告（2019）》，中国金融出版社。

闫彦明，2006，《金融资源集聚与扩散的机理与模式分析——上海建设国际金融中心的路径选择》，《上海经济研究》第 9 期。

闫彦明、何丽、田田，2013，《国际金融中心形成与演化的动力模式研究》，《经济学家》第 2 期。

严晨，2013，《不同类型国际金融中心建设中的国家角色比较——基于国家自主性的角度》，《上海行政学院学报》第 4 期。

杨宏玲，2010，《中印自由贸易区的可行性及推进战略研究》，博士学位论文，河北大学。

杨君、肖明月、吕品，2021，《数字普惠金融促进了小微企业技术创新吗？——基于中国小微企业调查（CMES）数据的实证研究》，《中南财经政法大学学报》第 4 期。

杨咸月、何光辉，2005，《城市群与国际金融中心的战略整合》，《上海经济研究》第 1 期。

杨子晖、周颖刚，2018，《全球系统性金融风险溢出与外部冲击》，《中国社会科学》第 12 期。

姚辰，2019，《“监管沙盒”的国际探索与中国选择——以上海自贸区为试点探索建立中国式“监管沙盒”》，《浙江金融》第1期。
叶永刚、李林、舒莉，2018，《中非法郎区银行风险预警研究——基于层次法和熵值法的组合分析》，《国际金融研究》第4期。
叶玉瑶、王景诗、吴康敏等，2020，《粤港澳大湾区建设国际科技创新中心的战略思考》，《热带地理》第1期。
易纲，2016，《易纲：完善全球金融治理促进世界经济增长》，《南方企业家》11月。
易兰、鲁瑶、李朝鹏，2016，《中国试点碳市场监管机制研究与国际经验借鉴》，《中国人口·资源与环境》第12期。
尹应凯、崔茂中，2010，《国际碳金融体系构建中的“中国方案”研究》，《国际金融研究》第12期。
尹应凯、彭兴越，2020，《数字化基础、金融科技与经济发展》，《学术论坛》第2期。
尹振涛、李俊成、杨璐，2021，《金融科技发展能提高农村家庭幸福感吗？——基于幸福经济学的研究视角》，《中国农村经济》第8期。
尹振涛、潘拥军，2020，《我国金融基础设施发展态势及其统筹监管》，《改革》第8期。
于开乐、王铁民，2008，《基于并购的开放式创新对企业自主创新的影响——南汽并购罗孚经验及一般启示》，《管理世界》第4期。
余佳奇，2020，《中美会计跨境监管合作有关问题研究》，《会计研究》第4期。
余秀荣，2009a，《国际金融中心历史变迁与功能演进研究》，博士学位论文，辽宁大学。
余秀荣，2009b，《金融中心与金融中心功能研究》，《商场现代化》第12期。
余秀荣，2011，《国际金融中心功能的历史演进》，《河南师范大学学报》（哲学社会科学版）第2期。
余泳泽、宣烨、沈扬扬，2013，《金融集聚对工业效率提升的空间外溢效应》，《世界经济》第2期。

俞岚，2016，《绿色金融发展与创新研究》，《经济问题》第1期。

喻平、豆俊霞，2020，《数字普惠金融、企业异质性与中小微企业创新》，《当代经济管理》第12期。

宰晓娜、吴东立、刘钟钦，2012，《金融中心：一个文献综述》，《经济研究导刊》第5期。

曾繁振，2012，《国际化背景下中国多层次资本市场体系及其构建研究》，博士学位论文，中共中央党校。

曾刚、万志宏，2009，《国际碳金融市场：现状、问题与前景》，《国际金融研究》第10期。

曾康霖，2003，《对建设上海国际金融中心的思考》，《中国货币市场》第6期。

曾康霖、刘锡良、陈斌，1995，《世界各金融中心建设的基本特征及条件》，《金融研究》第11期。

曾智海、张剑虹，2008，《进一步加强内地与香港证券跨境监管的思考》，《南方金融》第1期。

翟东升，2019，《货币、权力与人：全球货币与金融体系的民本主义政治经济学》，中国社会科学出版社。

詹钰叶，2020，《深圳连续第十二年“坐稳”第三》，《深圳商报》12月7日。

张安军，2019，《金融市场扩大开放下我国省域金融风险综合度量实证分析——以浙江省为例》，《兰州学刊》第4期。

张彩萍，2018，《中美跨境证券监管机制比较研究》，博士学位论文，外交学院。

张大为、黄秀丽，2021，《粤港澳大湾区金融支持科技创新的现实困境及破解路径》，《西南金融》第3期。

张凤超，2003，《“港粤”金融一体化理论与模式研究》，博士学位论文，东北师范大学。

张红亮，2009，《碳排放权初始分配方法比较》，《环境保护与循环经济》第

12 期。

张鸿云樱，2018，《碳排放权配额无偿分配制度研究——以美国的碳排放交易制度为例》，《法制与经济》第 11 期。

张建伟、张谊浩，2020，《主要经济体金融开放的解构及启示》，《上海经济研究》第 10 期。

张景波，2019，《城市经济高质量发展的空间差异及收敛性研究》，博士学位论文，东北财经大学。

张磊，2021，《多层次资本市场发展与中国挑战》，《南京社会科学》第 1 期。

张明珅，2010，《对我国碳金融发展的思考》，《浙江金融》第 4 期。

张末冬，2020，《粤港澳大湾区金融支持政策全面升级》，《金融时报》5 月 15 日。

张倩，2019，《区域科技金融生态系统效率差异及收敛性研究》，博士学位论文，哈尔滨工程大学。

张强、赵建晔，《我国资本市场支持科技创新的实证研究》，《科技进步与对策》第 7 期。

张世平，1994，《儒家文化与经济发展——国外研究述评》，《社会学研究》第 3 期。

张晓艳，2012，《国际碳金融市场发展对我国的启示及借鉴》，《经济问题》第 2 期。

张雪芳、戴伟，2020，《金融发展对经济增长影响的门槛效应研究——基于金融发展规模、效率和结构三维视角的实证检验》，《当代经济管理》第 4 期。

张亚欣、陈茜，2008，《构建多层次金融中心体系 促进区域经济协调发展》，《当代经济研究》第 6 期。

张一林、龚强、荣昭，2016，《技术创新、股权融资与金融结构转型》，《管理世界》第 11 期。

张永鹏，2009，《建设西部多金融中心的可行性研究》，《经济体制改革》第

1期。

张跃文，2021，《开创资本市场发展新格局》，《中国金融》第11期。

张云、孙桂芳、程丽萍，2007，《国际金融中心形成模式和条件及对上海的启示》，《改革与战略》第9期。

张志刚、黄解宇，2008，《金融中心形成的自然集聚过程与政府推动》，《运城学院学报》第1期。

赵飞，2021，《金融科技与经济高质量发展：来自省份层面的证据》，《金融经济》第3期。

赵弘，2004，《总部经济》，中国经济出版社。

赵华锋，2014，《资本市场对企业自主创新的影响》，硕士学位论文，山西财经大学。

赵健兵、李海东、冯小龙、陈欣，2021，《金融基础设施建设与监管的国际经验借鉴》，《河北金融》第5期。

赵亮，2018，《绿色金融理论研究综述》，《现代商贸工业》第19期。

赵晓斌、王坦、张晋熹，2002，《信息流和“不对称信息”是金融与服务中心发展的决定因素：中国案例》，《经济地理》第4期。

郑玲丽，2011，《低碳经济下碳交易法律体系的构建》，《华东政法大学学报》第1期。

郑晴，2020，《从国际湾区发展看香港在粤港澳大湾区发展中的定位》，《现代国际关系》第7期。

《中国绿色金融发展报告》编写组，2021，《绿色金融发展及“十四五”展望》，《中国金融》2021年第8期。

钟红、陈玉琳，2020，《资本市场开放的历程与方向》，《中国金融》第17期。

周诚君，2018，《关于我国银行账户体系的若干思考——兼论FT账户和海南自贸区（港）账户选择问题》，《上海金融》第11期。

周达峰，2015，《上海自贸区商业银行监管制度研究》，硕士学位论文，云南大学。

周光友、罗素梅，2011，《国际金融中心形成模式的比较及启示》，《现代经济探讨》第1期。

周权雄，2019，《国际湾区金融中心的成功经验及对广州的启示》，《探求》第2期。

周先平、向古月、谭本艳、刘仁芳，2018，《经济发展水平对跨境资本流动的门限效应——兼评中国“非理性”对外投资》，《国际金融研究》第11期。

周轶珅，2020，《全球资产管理行业现状与趋势——在拐点遇见新机遇，科技重塑竞争格局》，《保险研究》第1期。

周振江、曾铁城，2021，《“广深港澳”科技创新走廊促进“一核一带一区”协同发展的总体思路与对策建议》，《科技创新发展战略研究》第1期。

周仲飞、弓宇峰，2016，《法律在国际金融中心形成与发展中的作用》，《法学》第4期。

朱炜、陆媛媛，2020，《把握政策机遇，实现粤港澳大湾区建设的金融赋能》，《上海国资》，第2期。

邹传伟，2019，《金融科技的基础设施》，《中国金融》第20期。

Aghion, P. , and P. W. Howitt. 1998. *Endogenous Growth Theory*. MIT Press.

Aizenman, J. , Y. Jinjarak, and D. Park. 2013. "Capital Flows and Economic Growth in the Era of Financial Integration and Crisis, 1990 – 2010." *Open Economics Review* 24 (3): 371 – 396.

Arner, D. W. , et al. 2015. "The Evolution of FinTech: A New Post – Crisis Paradigm." University of Hong Kong Faculty of Law Research Paper.

Arthur, W. B. 1988. *Urban Systems and Historical Path Dependence: Cites and Their Vital System*. Washington D. C. : National Academy Press.

Atanassov, J. , V. Nanda, and A. Seru. 2005. "Finance and Innovation: The Case of Publicly Traded Firms." Working Paper.

BCBS. 2019a. Discussion Paper: Designing a Prudential Treatment for Crypto-assets.

BCBS. 2019b. Statement on Crypto – Assets.

Caisson, P. D. , R. Martin, and T. M. Nicer. 2008. "The Financing Decisions of Innovative Firms." *Research in International Business and Finance* 22: 208 – 221.

Chan, Y., P. Siegeh, and A. Thakor. 1990. "Corporate Control and Performance Requirements in Venture Capital Contracts." *International Economics Reviews* 31: 365 – 381.

Choi, S. R., A. E. Tschoegl, and C. M. Yu. 1986. "Banks and the World's Major Financial Centers, 1970 – 1980." *Review of World Economics* 122 (1): 48 – 64.

Choi, S. R., D. Park, and A. E. Tschoegl. 1996. "Banks and the World's Major Banking Centers, 1990." *Review of World Economics* 132 (4): 774 – 793.

Choi, S. R., D. Park, and A. E. Tschoegl. 2002. "Banks and the World's Major Banking Centers, 2000." Working Paper, The Wharton Financial Institutions Center.

Clark, G. L., K. Connor. 2011. The Informational Content of Financial Products and the Spatial Structure of the Global Finance Industry.

Da Rin, M., G. Nicodano, and A. Sembenelli. 2006. "Public Policy and the Creation of Active Venture Capital Markets." *Journal of Public Economics* 90: 1699 – 1723.

Davis, E. P. 1990. "International Financial Centers-an Industrial Analysis." Bank of England Discussion Paper (51): 1 – 23.

Dong, J., and Y. Gou. 2010. "Corporate Governance Structure, Managerial Discretion, and the R&D Investment in China." *International Review of Economics & Finance* 19 (2): 180 – 188.

Dufey, G., and H. G. Ian. 1978. "Financial Centers and External Financial Markets." in Appendix 2 of *The International Money Market*. Englewood Cliffs, N. J., Princeton – Hall: 35 – 47.

Eichengreen, B., and M. Kawai. 2014. "Issues for Renminbi Internationalization: An Overview." *SSRN Electronic Journal*.

FSB. 2016. Describing the Landscape and a Framework for Analysis. Financial Stability Board.

FSB. 2018. Crypto-asset Markets: Potential Channels for Future Financial Stability Implications.

Fujita, M. , P. Krugman, and A. J. Venables. 2001. *The Spatial Economy: Cities, Regions, and International Trade.* MIT Press .

Fujita, M. , P. Krugman, and T. Mori. 1999. "On the Evolution of Hierarchical Urban Systems." *European Economic Review* 43 (2): 209 - 251.

G7 Working Group on Stablecoins. 2019. Investigating the Impact of Global Stablecoins.

Gebhardt, G. A. 2009. "A Soft Budget Constraint Explanation for the Venture Capital Cycle." *German Economic Review* 10: 71 - 90.

Gehrig, T. 1998. *Cities and the Geography of Financial Centers.* Cambridge: Cambridge University Press.

Gomber, P. , et al. 2017. "Digital Finance and Fintech: Current Research and Future Research Directions." *Journal of Business Economics.*

Graedel, T. E. , B. R. Allenby. 2004. *Industrial Ecology*, 清华大学出版社。

Harry, G. J. 1976. "Panama as a Regional Financial Center: A Preliminary Analysis of Development Contribution." *Economic Development and Cultural Change* 24 (2): 261 - 286.

He, J. , and X. Tian. 2016. "Do Short Sellers Exacerbate or Mitigate Managerial Myopia? Evidence from Patenting Activities." Working Paper.

Hellmann, T. , and M. Puri. 2000. "The Interaction Between Product Market and Financing Strategy: The Role of Venture Capital." *Review of Financial Studies* 13 (4): 959 - 984.

Hepworth, Mark P. 1991. "Information Technology and the Global Restructuring of Capital Markets.", in *Collapsing Space & Time*, edited by Brunn Stanley D. and Leinbach Thomas R. , London: Harper Collins: 132 - 148.

Hicks, J. R. 1969. *A Theory of Economic History.* Oxford University Press.

Jao, Y. C. 1997. *Hong Kong as an International Financial Centre City*. University of Hong Kong Press.

Jensen, M. C. , and W. H. Meckling. 1976. "Theory of the Firm: Managerial Behavior, Agency Costs and Ownership Structure." *Journal of Financial Economics* 3 (4): 305 - 360.

Jones, G. 1992. *International Financial Centres in Asia, the Middle East and Australia: A Historical Perspective*. Cambridge: Cambridge University Press: 405 - 428.

Kaplan, S. N. , and P. Stomberg. 2003. "Financing Contracting Theory Meets the Real World: An Empirical Analysis of Venture Capital Contracts." *Review of Economic Studies* 243: 281 - 315.

Kindleberger, C. P. 1973. " The Formation of Financial Centers: A Study in Comparative Economic History." Working Papers.

Kindleberger, C. P. 1974. *The Formation of Financial Centers: A Study in Comparative Economic History*. Princeton: Princeton University Press.

Krugman, F. P. 1995. "When Is the Economy Monocentric? : Von Thünen and Chamberlin Unified." *Regional Science and Urban Economics* 25 (4): 505 - 528.

Lagoarde - Segot, T. 2019. "Sustainable Finance: A Critical Realist Perspective." *Research in International Business and Finance* 47: 1 - 9.

Lagoarde - Segot, T. , E. Martinez. 2020. " Ecological Finance Theory: New Foundations." *SSRN Electronic Journal*.

Lapavitsas, C. , and P. L. D. Santos. 2008. "Globalization and Contemporary Banking: On the Impact of New Technology." *Contributions to Political Economy* 27 (1): 31 - 56.

Levine, R. 1997. "Financial Development and Economic Growth: Views and Agenda." *Journal of Economic Literature* 35 (2): 688 - 726.

Lewis, J. 2010. "The Role of Trust in Managing Uncer - tainties in the Transition to a Sustainable Energy Economy." *Energy Policy* 38 (6): 2875 - 2886.

Li, H., J. Feng, S. Sun, and Y. Li. 2021. "A New Secondary Decomposition Ensemble Learning Approach for Carbon Price Forecasting." *Knowledge-Based Systems* 214: 106686.

Li, K., and C. Liu. 2011. "Construction of Carbon Finance System and Promotion of Environmental Finance Innovation in China." *Energy Procedia* 5 (14): 1065-1072.

Liu, H., and L. Shen. 2020. "Forecasting Carbon Price Using Empirical Wavelet Transform and Gated Recurrent Unit Neural Network." *Carbon Management* 11 (1): 25-37.

Liu, L., C. Chen, Y. Zhao, and E. Zhao. 2015. "China's Carbon-emissions Trading: Overview, Challenges and Future." *Renewable and Sustainable Energy Reviews* 49: 254-266.

Manso, G. 2011. "Motivating Innovation." *Journal of Finance* 66 (5): 1823-1860.

Mathers, A. M., B. Wang, and X. S. Wang. 2017. "Innovation and Price Informativeness." *Financial Management* 46 (2): 523-546.

McCarthy, I. 1997. "Offshore Banking Centers: Benefits and Costs." *Finance and Development* 16 (4): 45-48.

O'Brien, R. 1992. Global Financial Integration: The End of Geography. Council on Foreign Relations.

Orman, C. 2015. "Organization of Innovation and Capital Markets." *North American Journal of Economics and Finance* 33: 94-114.

Park, K. S., and M. Essayyad. 1989. *International Banking Centers*. Netherland: Kluwer Academic Publishers.

Park, Y. S. 1982. "The Economics of Offshore Financial Center." *Columbia Journal of World Business*, *Winter*: 31.

Poon, J. P. H. 2003. "Hierarchical Tendencies of Capital Markets among International Financial Centers." *Growth and Change*: *Spring*.

Porteous, D. J. 1995. *The Geography of Finance: Spatial Dimensions of Intermediary*

Behavior. England: Avebury.

Porteous, D. J. 1999. "The Development of Financial Centres Location, Information Externalities and Path Dependence." in R. L. Martin Eds. *Money and the Space Economy*. Chichester: John Wiley Sons.

Reed, H. C. 1980. "The Ascent of Tokyo as an International Financial Center." *Journal of International Business Studies*.

Reed, H. C. 1981. *The Performance of International Finance Centers*. New York: Praeger Publishers.

Reed, H. C. 1989. *Financial Center Hegemony, Interest Rates, and the Global Political Economy*. Springer, Dordrecht.

Roberts, P. W., R. Amit. 2003. "The Dynamics of Innovative Activity and Competitive Advantage: The Case of Australian Retail Banking, 1981 to 1995." *Organization Science* 14 (2): 107 - 122.

Sagaram, J. P. A., and J. Wickramanayake. 2005. Financial Centers in the Asia - pacific Region: An Empirical Study on Australia, Hong Kong, Japan and Singapore. *PSL Quarterly Review* 58: 21 - 51.

Salazar, J. 1998. "Environmental Finance, Linking Two World." Bratislava, Slovakia.

Santiago, C. V., and L. D. P. Rafael. 2010. "Dose the Development of Noncash Payment Affect Bank Lending? ." *The Manchester School* 78 (5): 412 - 436.

Schmitz, M. 2011. "Financial Reforms and Capital Flows to Emerging Europe." *Empirica*.

Schueffel, P. 2016. "Taming the Beast: A Scientific Definition of Fintech." *Journal of Innovation Management*.

Slaughter, A., and D. Zaring. 2006. "Networking Goes International: An Update." *Annual Review of Law and Social Science*2: 211 - 229.

Taylor, A. M. 2013. "The Future of International Liquidity and the Role of China." *Journal of Applied Corporate Finance* 25 (2): 86 - 94.

Vo, X. V., K. J. Daly. 2005. International Financial Integration: An Empirical Investigation into Asian Equity Markets Pre-and Post - 1997 Asian Financial Crisis//Asia Pacific Financial Markets in Comparative Perspective: Issues and Implications for the 21st Century. Emerald Group Publishing Limited.

White, R. R., and. S. Labatt. 2003. *Environmental Finance: A Guide to Environmental Risk Assessment and Financial Products.* New York: John Wiley and Sons: 1 - 32.

Wojcik, D. 2008. "Innovation and Stock Market: International Evidence on Manufacturing and Services." Working Paper.

Young, K., and K. Mun. 1990. "Financial Centres in Asia: Implications for Bank Marketing in Hong Kong." *International Journal of Bank Marketing* 8 (1): 10 - 16.

Ziolo, M., L. Bak, and K. Cheba. 2021. "The Role of Sustainabale Finance in Achieving Sustainable Development Goals: Does It Work?." *Technological and Economic Development of Economy* 27.

后　记

国际金融枢纽的建设和成长反映了一个国家或地区综合竞争力的持续提升。站在中国改革开放的新起点，立足国际金融资本集聚和流动的全球格局，系统全面地研究粤港澳大湾区国际金融枢纽建设，理论与实践意义重大。本书是广东省社会科学院2021年重大课题项目“开放与创新——粤港澳大湾区建设国际金融枢纽研究”的重要研究成果。

本书研究过程汇集了各种智慧和力量，既有充分的国内外研究成果借鉴，也有到北京、上海等地实地调研的经验参考，还有省内相关金融机构、研究单位的智慧支持，当然更离不开全所同事扎实投入的研究写作。

本书以开放与创新为主线，以新时期促进金融高质量发展为核心，系统总结和归纳国际金融枢纽发展的格局演变和趋势，首次对粤港澳大湾区国际金融枢纽建设内涵、特征等进行深入的分析，重点围绕金融开放、创新资本、金融科技、绿色金融、跨境金融监管制度创新五大子枢纽建设，提出打造立足大湾区、面向全国、辐射全球的综合性国际金融枢纽的总体构想。

本书共分为九章，由刘佳宁研究员负责全书的统稿，主要的执笔者为广东省社会科学院财政金融研究所的研究人员。第一章由钱金保研究员执笔，第二章由王茜助理研究员和梁德思助理研究员执笔，第三章由刘佳宁研究员、黎超博士和广东财经大学财政税务学院朱翠华老师执笔，第四章由刘佳宁研究员和李霞博士执笔，第五章由李礼副研究员执笔，第六章由刘佳宁研究员、黎超博士和梁德思助理研究员执笔，第七章由李礼副研究员执笔，第八章由李霞博士和澳门城市大学金融学院娄世艳老师执笔，第九章由钱金保研究员执笔。

本书即将付梓之际，感谢广东省社会科学院郭跃文书记、向晓梅副院长等领导的鼓励和支持，并认真审读书稿和提出宝贵意见。科研处负责具体组织和联系出版社等工作，社会科学文献出版社的编辑从框架思路到内容文字都给予了悉心指导，确保了本书的学术质量。此外，感谢黎超博士负责编写工作的日常组织协调工作，广东省社会科学院研究生院的硕士研究生党安琪、栾成华等参与了前期资料收集及后期排版校对工作。在此谨致谢忱。

理论研究无止境，关于国际金融枢纽的研究是一个与时俱进的理论和实践课题。我们将以此书为起点，在理论上不断探索，在实践中继续拓展深化。当然，由于笔者水平有限，书中难免存在一些疏漏或不当的地方，敬请批评指正。

刘佳宁

2022 年 11 月 1 日

于广东社科中心

图书在版编目(CIP)数据

开放与创新：粤港澳大湾区建设国际金融枢纽研究 / 刘佳宁等著. -- 北京：社会科学文献出版社，2022.11
ISBN 978-7-5228-1038-6

Ⅰ.①开… Ⅱ.①刘… Ⅲ.①城市群-地方金融事业-经济发展-研究-广东、香港、澳门 Ⅳ.①F832.765

中国版本图书馆 CIP 数据核字（2022）第 203585 号

开放与创新
——粤港澳大湾区建设国际金融枢纽研究

著　　者 / 刘佳宁 等

出 版 人 / 王利民
组稿编辑 / 宋月华
责任编辑 / 韩莹莹
文稿编辑 / 王红平
责任印制 / 王京美

出　　版 / 社会科学文献出版社·人文分社（010）59367215
地址：北京市北三环中路甲 29 号院华龙大厦　邮编：100029
网址：www.ssap.com.cn
发　　行 / 社会科学文献出版社（010）59367028
印　　装 / 北京联兴盛业印刷股份有限公司

规　　格 / 开 本：787mm×1092mm　1/16
印 张：19　字 数：291 千字
版　　次 / 2022 年 11 月第 1 版　2022 年 11 月第 1 次印刷
书　　号 / ISBN 978-7-5228-1038-6
定　　价 / 258.00 元

读者服务电话：4008918866

版权所有 翻印必究